오늘의 미디어 문해력

오늘의 미디어 문해력

NEWS

전국사회교사모임 지음

초3부터 시작하는 사회 문해력

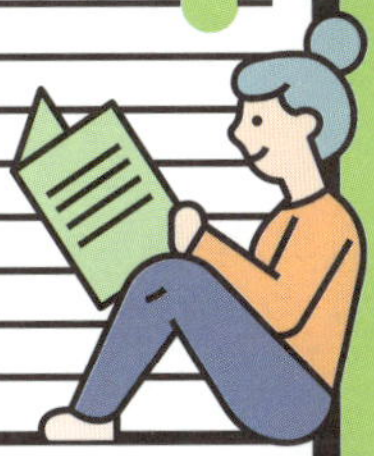

속보

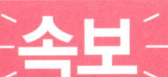

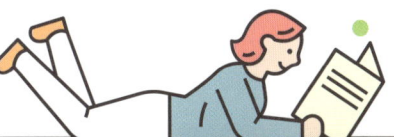

초등 문해력 수업 34시간 확대

고교 미디어 문해력 수업 강화
<2022 교육부 교과과정 시안>

전국
사회 교사 모임
강력 추천!

국민출판

머리말

신문과 TV, SNS 등 여러 경로를 통해 다양한 주장(message)이 흘러넘치는 상황입니다. 하지만 그 주장들의 옳고 그름을 구별하기가 쉽지 않습니다. 전달되는 내용의 옳고 그름에 대한 구별 못지않게 내용이 담긴 형식, 즉 매체(media)에 대한 이해도 중요합니다. 이러한 배경에서 근래 교육계, 언론계 그리고 시민 사회에서는 진실을 바로 볼 줄 아는 '미디어 문해력(media literacy)'이 강조되고 있습니다. 특히 최근에 2022년 교육 과정 시안에 따르면, 초등 문해력 수업을 34시간으로 확대하고, 고교 미디어 문해력 수업 또한 강화할 예정입니다.

'미디어 문해력'은 신문, 방송, 인터넷, SNS 등 미디어를 이해하고 해석할 수 있는 능력입니다. 즉, 미디어에 담긴 메시지를 있는 그대로 받아들이기보다는 미디어를 주체적이고 비판적으로 해석할 줄 아는 자세를 의미합니다. 우리가 자주 보는 미디어가 잘못된 정보나 거짓을 전달하고 있다면, 우리는 어떻게 해야 할까요? 그저 미디어가 보여주는 대로 믿으면 될까요? 당연히 아닙니다. 따라서 이러한 '가짜 뉴스'로부터 벗어나 세상을 바로 볼 줄 아는 미디어 리터러시가 우리에겐 절실히 필요합니다.

〈오늘의 미디어 문해력〉은 우리 학생들이 미디어 문해력을 함양함으로써 복잡다단한 사회 문제 속에서 참과 거짓을 분별해낼 수 있는 '민주 시민'으로 성장할 수 있도록 돕고자 합니다. 이를 위해 생생한 뉴스 사례를 제시하여 사회 개념을 배우고, 이를 바탕으로 미디어 문해력을 기를 수 있도록 책을 구성했습니다. 즉, 사회 교과 개념을 미디어 리터러시와 연결하여 진

실을 확인하고 깊이 생각할 수 있도록 기획하고 집필했습니다.

이 책이 나오기까지 많은 분들의 헌신과 노력이 있었습니다. 학교 현장에서 학생들의 성장과 배움을 위해 민주 시민 교육을 실천하고 있는 전국 사회 교사 모임의 각급 학교 선생님들이 책 집필을 위해 긴 시간 함께하였습니다. 서울, 경기, 울산, 전남 등 전국 각지에서 학생들과 함께 민주 시민 교육을 꿈꾸고 실천하는 강병희, 김준민, 김재윤, 박윤성, 서재민, 이인호, 장영주, 최지혜 선생님이 그 주인공입니다. 쉽지 않은 새로운 도전이었음에도 책 집필에 함께해주셔서 진심으로 감사합니다. 그리고 책이 나오기까지 많은 기다림과 친절한 도움을 아낌없이 주신 국민출판사 편집부에도 감사의 뜻을 전하고 싶습니다.

갈수록 진실과 거짓을 분별하기 쉽지 않은 세상이 될 것입니다. 이런 상황에서 〈오늘의 미디어 문해력〉이 진실을 추구하고자 하는 우리 아이들에게 하나의 등불이 되어주기를 기대합니다. 많은 학생들이 이 책을 읽었으면 좋겠다는 바람을 조심스레 내비치며, 이 책이 학생들이 미디어 리터러시를 함양하여 팩트체커가 되는 데에 도움이 되기를 간절히 바랍니다.

전국 사회 교사 모임 집필팀 일동

((차례))

1 정치

머리말		8
01. 인권이랑 기본권은 어떻게 다를까?	헌법	16
02. 무엇을 최우선으로 삼아야 할까?	헌법	21
03. 도덕적이지 않은 게 불법이라면?	헌법	27
04. 헌법과 법률은 어떤 관계일까?	헌법	32
05. 법원과 헌법재판소는 어떻게 다르지?	헌법	38
06. 사건마다 다른 재판의 이름!	법률	43
07. 법정의 주인공들을 소개합니다!	법률	48
08. 모두가 직접 정치에 참여할 수 없을까?	정치 체제	55
09. 많은 사람들이 동의하면 완벽할까?	정치 체제	61
10. 만 18세가 되면 저절로 생기는 것!	정치 체제	67
11. 교복 입은 정치인을 만날 수 있을까?	정치 체제	72
12. 권력은 누가 어떻게 갖는 거지?	정치사	79
13. 민주주의, 불의에 항거하다!	정치사	84
14. 앞서서 나가니 산 자여 따르라	정치사	90
15. 대통령이 없는 나라가 있다고?	정부 기구	96
16. 톰과 제리 같은 우리 사이	정부 기구	102
17. 비슷하면서도 다른 국민의 대표 기관	정부 기구	108
18. 풀뿌리 민주주의의 시작점	정부 기구	113
19. 국민의 마음을 얻고자 매일 서로 치열하게 다퉈요!	의사 표현	119
20. 우리 목소리를 전달하는 다양한 집단들!	의사 표현	124
21. 국제 사회의 주인공은 나야, 나!	의사 표현	130

2 사회 문화

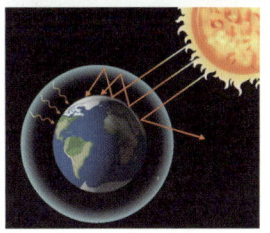

01. 온 국민의 인간다운 삶을 위하여	사회 복지	138
02. 할머니, 할아버지가 되어도 걱정 없지!	사회 복지	144
03. 모든 문화는 같으면서 다르다고?	문화 현상	150
04. 좋은 문화, 나쁜 문화가 따로 있을까?	문화 현상	156
05. 서로의 문화를 올바르게 존중하려면	문화 현상	162
06. 종교에 따라 다양해지는 생활 풍경	문화 현상	167
07. 차이는 왜 차별로 이어지나요?	사회 이슈	173
08. 사회적 소수자를 공격하는 혐오	사회 이슈	179
09. '여자답게, 남자답게'가 아닌 '나답게'!	사회 이슈	185
10. 적극적 우대 조치가 역 차별을 만든다고?	사회 이슈	190
11. 대한민국이 사라질 수도 있다고?	사회 변화	196
12. 국경이 낮아지는 지구촌	사회 변화	202
13. 뜨거워지고 있는 지구	사회 변화	207
14. 세계인은 하나야, 둘이 될 수 없어	사회 변화	212
15. 내 스마트폰이 두 얼굴을 가졌다고?	대중문화	218
16. 숙제할 때 남의 글을 베끼면 안 돼	대중문화	223

3 경제

01.	경제는 서로 연결되어 있어!	경제 활동	230
02.	가격은 누가 결정하는 걸까?	경제 활동	235
03.	물가는 계속 오르기만 할까?	경제 활동	241
04.	왜 소중한 것은 귀한 걸까?	경제 활동	246
05.	내가 쓰는 돈이 세상을 바꾼다고?	경제 활동	251
06.	노동자와 자본가는 이렇게 달라?	경제 체제	257
07.	우리나라의 국가 체제는 무엇일까?	경제 체제	262
08.	오르락내리락하는 물가는 누가 잡나요?	경제 체제	268
09.	경제가 성장했는지는 어떻게 알까?	거시 경제	273
10.	성장과 함께 생각해야 할 것들	거시 경제	278
11.	국가의 지갑이 텅 빈다면?	거시 경제	284
12.	우리나라가 가장 많이 파는 물건은?	국제 경제	290
13.	로마에 가면 로마의 돈을 써야지!	국제 경제	295
14.	생산품의 무게에 따라 구분되는 산업	국제 경제	302
15.	자유와 보호, 어떤 게 필요할까?	국제 경제	308
16.	주식이 곧 투자를 뜻할까?	금융 활동	314
17.	사람마다 돈을 모으는 방법은 달라!	금융 활동	320
18.	현금 없이도 물건을 살 수 있다!	금융 활동	326

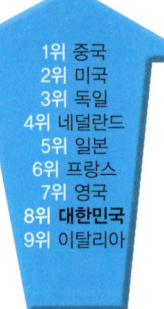

1위 중국
2위 미국
3위 독일
4위 네덜란드
5위 일본
6위 프랑스
7위 영국
8위 대한민국
9위 이탈리아

2021년

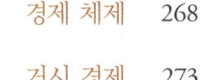

PART
01

정치

01 인권이랑 기본권은 어떻게 다를까?

헌 법 — 인권과 기본권

"우리는 노예가 아니다!" 이주 노동자 단체, 국회 앞 기자회견

이주 노동자 단체가 오늘 국회 앞에서 기자 회견★을 열었다. 그들은 "이주민★들은 국적과 피부색이 다르다는 이유로 수많은 차별을 겪고 있다. 일을 하다 다쳐도 제대로 치료나 보상도 받지 못하고, 임금★도 제때 받지 못하고 있다. 비인간적인 주거 상황과 함께 코로나19 방역에서도 소외되고 있다. 이주 노동자도 인간으로서의 존엄과 권리를 지키며 살 수 있도록 기본권을 보장해 주어야 한다!"라고 목소리를 높였다.

뉴스일보

★ 기자 회견(記者會見) 어떤 사건이나 현상을 설명하기 위해 언론 기자들을 불러 모아서 개최하는 모임
★ 이주민(移住民) 다른 지역으로 옮겨 가서, 또는 옮겨 와서 사는 사람
★ 임금(賃金) 노동의 대가로 받는 보수

외국인 노동자들도 인권이 있으니 당연히 그들의 권리를 주장할 수 있어.

대한민국 국민이 아닌 사람들이 기본권을 요구한다고?

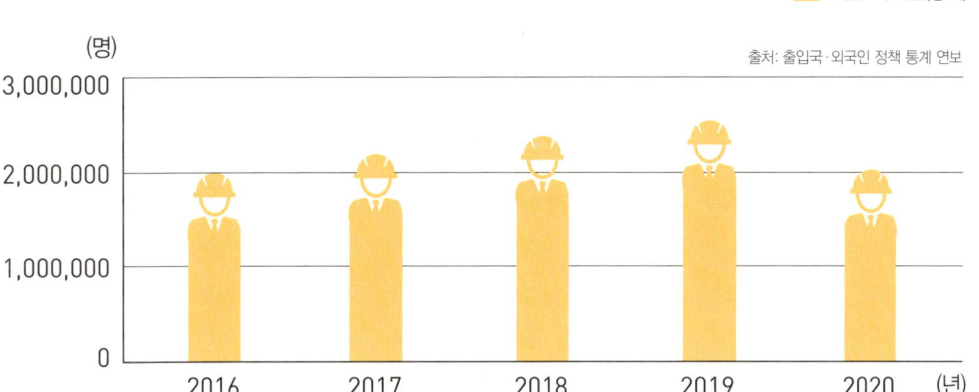

우리나라에 체류★ 중인 외국인 숫자를 보세요. 코로나19의 영향으로 2020년에는 감소하였지만, 2016년부터 꾸준히 증가했다는 것을 알 수 있지요? 대한민국은 200만 명 이상의 외국인이 살아가고 있는 다문화 사회가 되었답니다. 하지만 동시에 여러 사회 문제가 나타나게 되었는데요. 위 기사와 같은 외국인 노동자에 대한 인권 침해 문제도 그중 하나예요. 인권과 기본권의 개념을 생각해 보고, 우리 사회가 앞으로 나아가야 할 올바른 방향을 찾아볼까요?

★ 체류(滯留)
딴 곳에 가 머물러 있음

사람이라면 누구나 갖는 인권

인권은 '인간의 권리'를 줄인 말로, 인간으로서 당연히 누려야 할 기본적인 권리를 말해요. 당연히 누려야 할 권리라는 것은 무슨 뜻일까요? 사람이라면 누구나 자유롭고 평등하게 살아갈 권리가 있다는 뜻이에요. 이러한 인권에는 3가지 특징이 있어요.

우선 각자 다른 환경에서 태어나 살아가도 모두에게는 인권이 있다는 공통점이 있습니다. 이것을 인권의 보편성(普遍性)이라고 해요. 보편성은 시간과 공간을 넘어서 누구에게나 적용된다는 뜻이에요. 어느 국가 출신인지 피부색이 어떤지, 성별이 무엇인지 상관없이 누구에게나 인권이 있다는 뜻이지요.

또한 인권은 나라의 권력을 가진 왕이나 지도자가 준 것이 아니라 본래 태어나면서부터 주어지는 권리입니다. 이것을 어려운 말로 '천부인권(天賦人權)'이라고 해요. 영어로는 'natural right'로, '자연권'을 우리말로 번역한 말이지요. 자연스럽게 주어진 권리라는 뜻이에요.

마지막으로 인권은 누구도 침해★할 수 없는 권리예요. 침해할 수 없는 성질을 한자로 말하면 '불가침성(不可侵性)'이라고 해요. 돈과 힘을 앞세워 자신보다 약한 사람의 인권을 침해하면 안 된다는 뜻이지요.

★ 침해(侵害)
남의 권리나 땅에 멋대로 넘어와 해를 끼침

인권의 특징

보편성	천부성	불가침성
시간·공간을 넘어서 '누구나' 가지는 권리	태어나면서부터 '당연히' 가지게 되는 권리	어떤 누구도 '침해 할 수 없는' 권리

국민이라면 누구나 갖는 기본권

인권은 누구나 가지는 기본적 권리지만, 국가가 존재하지 않는 국민들은 인권을 보장받기가 어려워요. 왜 그럴까요? 국가는 질서를 유지하는 힘을 갖고 있어요. 그런데 이러한 국가가 없는 상태라면 사람들이 서로의 권리를 침해할 수도 있고, 강한 사람들이 약한 사람들을 괴롭힐 수도 있어요. 그래서 사람들은 인권을 지키기 위해 국가를 만들고 헌법을 만들게 된 것이지요. 헌법이란 나라를 다스리고 이끌기 위해 길잡이가 되는 법입니다. 헌법에는 국가가 사람들에게 보장★해야 하는 권리를 밝혀 두었는데, 이것을 '기본권'이라고 합니다. 우리나라 헌법 제2장 '국민의 기본적 권리'에 이 기본권이 등장해요.

헌법이 있는 나라의 국민이라면 누구나 자신의 권리를 국가에 주장할 수 있어요. 다른 사람이나 국가 기관★이 자신의 인권을 침해할 때 '나의 권리를 침해할 수 없도록 막아 주세요!'라는 요구를 할 수 있고, '침해당한 나의 권리에 대해 보상해 주세요'라고 요구할 수도 있어요. 국민은 기본권을 누릴 수 있는 주체이고, 국가는 기본권을 보장해야 할 의무가 있기 때문이에요. 그래서 국

★ 보장(保障)
어려움 없이 이루어지도록 보증하거나 보호함

★ 국가 기관
(國家機關)
국가의 정치를 이끌어 가기 위하여 설치한 국가적 기관을 통틀어 이르는 말

가는 헌법에 근거하여 관련 법률을 만들고, 다양한 제도와 정책을 통해 국민의 기본권을 보장하고 있답니다.

인권과 기본권을 구분해서 적용해야 할까?

앞에서 본 것처럼 우리나라는 이주민이 점점 증가하고 있는 반면에, 이주민에 대한 인권 침해 사례가 많이 발생하고 있어요. 외국인 노동자의 임금을 떼어먹고 하루 10시간 이상의 일을 시키는 등 노동을 착취★하기도 하고, 출신 국가나 피부색 등을 이유로 무시하고 학대하기도 해요.

★ 착취(搾取)
자본가가 근로자에게 일한 만큼 보수를 지급하지 않고 그 이익의 대부분을 가져가 버리는 일

이 문제가 점점 심각해지자, 기본권의 대상을 국민에서 '사람'으로 확대해야 한다는 주장이 등장했어요. 또한 헌법에 이주민을 위한 기본권 조항을 추가하여야 한다는 주장도 나오게 되었지요. 이 의견에 동의하는 사람들은 이주민도 우리나라의 국민처럼 기본권을 보장받을 수 있어야 한다고 생각해요. 인권은 헌법에 보장된 기본권을 통해 지켜질 수 있으니까요. 국가에서 살아가는 우리의 인권은 기본권을 통해 지켜질 수 있기 때문입니다. 아무리 '인권을 보장해주어야 해'라고 사람들이 외쳐도, 법으로 지켜주지 않는다면 인권 침해 문제는 사라지지 않을 것이라고 보는 거예요

그런데, 이러한 의견에 반대하는 사람들도 있어요. 이주민들은 우리나라 국민이 아니기 때문에 기본권을 요구할 수 없다는 입장이지요. 기본권은 그 나라의 국민만이 누릴 수 있는 권리라고 보는 거예요. 여러분은 어떻게 생각하나요?

우리나라는 K팝과 영화나 드라마, 코로나19 방역 등으로 국제 사회에서 점점 위상이 올라가고 있어요. 하지만 인권 문제에 있어서는 후진국★의 면모가 많이 나타나고 있어요. 이주민에 대한 편견과 차별은 날이 갈수록 더 심해지고 있거든요. '인권 선진국'으로 나아가기 위해 우리는 어떤 노력을 해야 할까요?

★ 후진국(後進國)
산업, 경제, 문화 따위의 발전 수준이 기준보다 뒤떨어진 나라

①
제10조 모든 국민은 인간으로서의 존엄과 가치를 가지며, 행복을 추구할 권리를 가진다.
제11조 모든 국민은 법 앞에 평등하다. 누구든지 성별·종교 또는 사회적 신분에 의하여 정치적·경제적·사회적·문화적 생활의 모든 영역에 있어서 차별을 받지 아니한다.
제12조 모든 국민은 신체의 자유를 가진다.

②
제10조 모든 사람은 인간으로서의 존엄과 가치를 가지며, 행복을 추구할 권리를 가진다.
제11조 모든 사람은 법 앞에 평등하다. 누구도 성별·종교·장애·연령·인종·지역 또는 사회적 신분을 이유로 정치적·경제적·사회적·문화적 생활의 모든 영역에서 차별을 받아서는 안 된다.
제12조 모든 사람은 신체의 자유를 가진다.

- 현재 우리나라의 헌법 조항은 ①번이에요. 새로이 제안된 ②번의 조항과 비교해 보면 다른 조항이 3가지가 있답니다. 무엇이 바뀌고 추가되었을까요?

- 헌법 조항을 ①번에서 ②번으로 바꾸게 된다면 그 이유는 무엇일까요?

- 이 변화에 대한 여러분의 생각은 어떤가요?

한 줄 정리

- ☑ **인 권**: 사람이라면 누구나 당연히 누려야 할 기본적 권리
- ☑ **기본권**: 국가의 헌법으로 보장하는 기본적 권리

02 무엇을 최우선으로 삼아야 할까?

헌법　　　　　　　　　　　　　　　　　　　－ 기본권 보장과 기본권 제한

> 코로나19로 인해 정부는 일상 회복을 위해 '백신 패스'를 적용하겠다고 밝혔는데요. 백신 패스는 코로나 백신 미접종자의 다중 이용 시설*을 제한하겠다는 것으로, 마트 같은 편의 시설도 해당되어 많은 논란이 일고 있습니다. 백신 패스에 반대하는 청원에는 며칠 만에 30만 명이 동참하였습니다.

*다중 이용 시설(多衆利用施設)
많은 사람이 사용하는 시설

'백신 패스'에 시민들 '기본권 침해' 반발

> 백신 패스를 도입하여 미접종자에게 불이익을 주는 것은 기본권 침해야.

> 모두의 생명권과 재산권을 지키는 방역을 우선해야지.

코로나19 감염병이 확산되면서 전염병을 예방해야 한다는 국가의 공공 이익과 개인의 기본권이 충돌하는 일이 발생하고 있어요. 실제로 2020년 초에 처음 코로나19가 등장했을 때 확진자의 동선을 자세히 공개해 문제가 되었고, 특정 종교와 성 소수자에 대한 혐오 등 코로나로 인해 기본권이 침해당하는 사례가 많아졌어요. 감염병을 막기 위해 사람들의 권리는 어디까지 제한될 수 있을까요? 제한과 침해는 어떤 차이가 있는지 생각해 봐요!

헌법에서 보장하는 기본권에는 무엇이 있을까?

1장에서 배운 것처럼 기본권이란 헌법으로 보장받을 수 있는 사람들의 자유와 권리를 말해요. 그리고 우리나라 헌법에는 제10조부터 제37조까지 우리가 누릴 수 있는 기본권의 종류가 쓰여 있습니다.

[대한민국 헌법] 제2장 국민의 권리와 의무

:

제10조 모든 국민은 인간으로서의 존엄과 가치를 가지며, 행복을 추구할 권리를 가진다. 국가는 개인이 가지는 불가침의 기본적 인권을 확인하고 이를 보장할 의무를 진다.
제11조 ① 모든 국민은 법 앞에 평등하다. …
제12조 ① 모든 국민은 신체의 자유를 가진다. …

★ **존엄(尊嚴)**
감히 범할 수 없을 정도로 높고 엄숙함

★ **전제(前提)**
어떤 사물이나 상황이 이루어지도록 먼저 내세우는 것

제10조는 인간으로서의 존엄★과 가치 및 행복 추구권이에요. 다른 기본권을 떠받치고 있는 가장 기본적인 조항이라고 할 수 있지요. 모든 권리는 결국 존엄하게 살아가기 위한 것이니까요.

제11조는 평등권이에요. 사람들은 누구나 차별받지 않고 평등하게 대우받을 권리가 있어요. 평등권은 다른 기본권의 전제★가 되는 조항이에요. 아무리 다른 기본권이 잘 보장된다고 하더라도 차별받게 된다면 무슨 소용이겠어요? 그래서 평등권은 다른 기본권에 앞서서 가장 먼저 지켜져야 하는 권리이지요.

제12조부터는 신체의 자유부터 재산을 보호받을 수 있는 등 자유권이 등장해요. 자유권은 인권의 개념 중 가장 먼저 발달한 것으로, 천부인권의 성격을 가

진 기본권이에요. 모든 사람은 타인이나 국가로부터 인권을 침해받지 않고 자유롭게 살 권리가 있습니다.

제24조와 제25조는 참정권이에요. 정치에 참여할 수 있는 권리이지요. 모든 국민은 선거권과 공무담임권 등을 가질 수 있어요. 선거권은 대통령, 국회 의원과 같이 국가 지도자를 선출할 수 있는 권리를 말해요. 현재 우리나라는 만 18세부터 선거권을 인정하고 있어요. 공무 담임권은 국가의 공무를 맡을(담임할) 수 있는 권리를 말해요. 우리가 원한다면 공무원이 된다거나 정치 지도자가 될 수 있는 것도 이 권리에 해당해요.

제26조부터 국가에 원하는 것을 요구할 수 있는 청구권이에요. 국가에 문서로 어떠한 요구를 할 수 있는 청원★권, 재판을 열어달라고 청구★할 권리 등이 이 권리에 속해요.

마지막으로 제31조부터는 사회권이에요. 사회권은 자유권과 달리 국가(사회)가 적극적으로 나서야 보장받을 수 있는 기본권이에요. 빈부★ 격차를 줄이는 것, 누구나 균등하게 교육을 받을 수 있는 것, 안전하게 일하며 일한 만큼 임금을 받을 수 있도록 하는 것처럼 사람들이 인간답게 살아갈 수 있도록 하는 권리들이지요.

★ 청원(請願)
국민이 어떠한 행위를 국회·관공서·지방 의회 등에 요구하는 일

★ 청구(請求)
누군가에게 특정한 행동을 요구하는 것

★ 빈부(貧富)
가난함과 부유함을 아울러 이르는 말

기본권을 제한할 수 있다고?

그런데 우리 헌법에는 기본권을 제한하는 조항도 있어요. 무슨 뜻이냐면, 기본적 권리를 누리는 데 있어 한계를 정해 둔다는 거예요. 국가는 아주 다양한 사람들이 살아가는 공동체입니다. 사람들의 자유와 권리가 제한 없이 보장된다면 공동체는 오히려 무질서에 빠지게 될 수 있어요. 나의 권리가 소중하면 타인이나 공동체 전체를 위한 권리도 중요하기 때문에 권리를 행사★하는 데는 한계가 있을 수밖에 없겠지요?

따라서 헌법에서는 기본권을 제한하는 목적과 방법에 대해서 밝혀 두었는데, 이걸 왜 굳이 헌법에 써 두었을까요? 만약 기준이 없다면 힘을 많이 가진 사람들이 이런저런 핑계로 사람들의 기본권을 침해하는 경우가 생길 수 있기 때문이랍니다. 기본권을 제한할 때는 헌법에 나와 있는 조건을 갖추어야 해요. 우리나라 헌법은 제37조에 기본권을 제한하는 조항을 명시★했어요.

★ 행사(行事)
어떤 일을 실제로 행함

★ 명시(明示)
분명하게 드러내 보임

헌법 제37조 2항 국민의 모든 자유와 권리는 국가 안전 보장·질서 유지 또는 공공복리를 위하여 필요한 경우에 한하여 법률로써 제한할 수 있으며, 제한하는 경우에도 자유와 권리의 본질적인 내용을 침해할 수 없다.

★ **공공복리(福利)**
공공의 행복과 이익

★ **민간인(民間人)**
관리나 군인이 아닌 일반 사람

　기본권 제한을 위한 요건 두 가지를 살펴볼게요. 첫 번째 요건은 국가의 안전 보장이나 질서 유지, 공공의 복리★를 위해서 꼭 필요한 경우에만 제한할 수 있어요. 예를 들어, 남한과 북한 사이에 있는 '민간인★ 통제 구역'으로 들어가지 못하게 막는 것은 국민의 안전을 위해 이동의 자유를 제한하는 것이지요. 사회의 기본 질서를 유지하고 청소년을 보호하기 위해 미성년자에게 술, 담배를 판매할 수 없도록 금지하는 것도 자유권을 제한하는 것이고요. 코로나19 감염이 퍼지는 것을 막기 위해 4명 이상 모임을 금지하는 것, 마스크를 의무적으로 착용하도록 하는 것은 감염병 예방을 위해 국민의 자유권을 제한하는 것이에요.

　두 번째 요건은 기본권을 제한하고자 할 때는 관련된 법이 있어야 한다는 거예요. 모임 금지, 마스크 의무 착용과 같은 기본권 제한을 위해서는 「감염병예방법」과 같은 법률을 그 까닭으로 제시해야 합니다. 관련된 법이 없는데 막무가내로 기본권을 제한하는 것은 기본권 침해가 될 수 있어요.

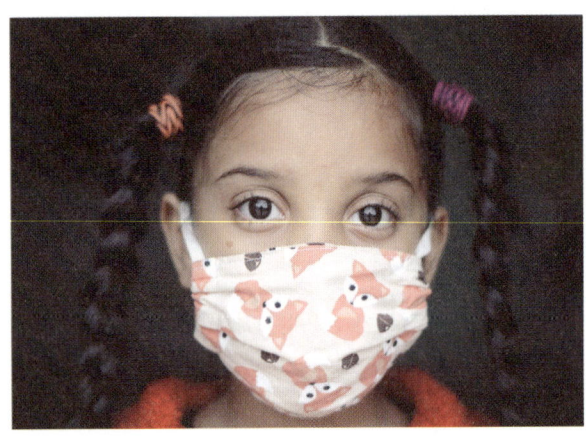

제한하는 것과 침해하는 것은 달라요

여러분의 교실을 생각해 볼게요. 수업 시간에 갑자기 일어나서 교실을 돌아다니는 것은 제한되지요. 수업 시간에 이유 없이 돌아다닌다면 다른 친구들과 선생님에게 피해를 주니까요. 그래서 수업 중 교실을 돌아다니지 않는다는 규칙은 학급을 위해 필요합니다. 이동할 수 있는 자유권을 제한하는 규칙이지만, 권리를 침해한 것은 아니에요. 그런데 만약 수업 중에 학생이 돌아다닌다고 해서 어딘가에 가둔다거나 쉬는 시간에도 움직이지 못하게 한다면 이것은 기본권 침해라고 할 수 있어요. 다시 말해, 기본권 침해라는 것은 제한을 과도하게 넘어서서 권리 자체를 누리지 못하게 하는 것입니다. 위의 헌법 조항에서 '제한하는 경우에도 자유와 권리의 본질적인 내용을 침해할 수 없다'라는 부분이 바로 이것을 말하는 것이에요.

그런데 언제나 제한과 침해를 명확하게 구분할 수는 없어요. 관점에 따라 누군가는 제한이라고 생각할 수도 있고, 누군가는 침해라고 생각할 수도 있어요. 처음 기사처럼 감염병을 막기 위해 백신 패스를 적용하는 것은 기본권을 제한하는 것일까요, 기본권을 침해하는 것일까요? 여러분은 어떻게 생각하나요?

이건 기본권 제한일까, 침해일까?

백신 패스 적용	(제한 / 침해)라고 생각해요. 왜냐하면 _____ _____
마스크 의무 착용	(제한 / 침해)라고 생각해요. 왜냐하면 _____ _____
성범죄자 전자 부착기 착용 (성범죄자 전자 발찌)	(제한 / 침해)라고 생각해요. 왜냐하면 _____ _____
흉악범★ 신상 공개	(제한 / 침해)라고 생각해요. 왜냐하면 _____ _____

★흉악범(凶惡犯) 흉악한 범죄 또는 그걸 저지른 사람

한 줄 정리

☑ **기본권 보장**: 헌법에 보장된 기본권이 지켜질 수 있도록 보호하는 것
☑ **기본권 제한**: 필요한 경우 헌법에 따라 기본권의 한계를 설정하는 것
☑ **기본권 침해**: 헌법에 나타나 있는 기본권을 과도하게 제한하여 해를 끼치는 것

03 도덕적이지 않은 게 불법이라면?

헌법 — 법과 도덕

뉴스일보

착한 사마리아인의 법 제정에 관한 청원

청원서 등록 — 동의 진행 중 — 동의 종료 — 위원회 회부

청원 분야	수사/법무/사법제도
동의 기간	202X-X-XX ~ 202X-X-XX
동의 수	6,000명
청원인	박**

"착한 사마리아인 법 제정하라" 청원 요청 올라와

2016년 어느 날, 두 명의 승객을 태운 택시 기사가 갑자기 심장마비로 쓰러졌다. 그러나 승객들은 119에 신고조차 하지 않았다. 그들은 오히려 운전석에 꽂혀 있던 열쇠로 트렁크 문을 열고 짐을 꺼내 그 자리를 떠나 버렸다. 택시 기사는 다른 시민의 신고로 병원으로 옮겨졌지만 안타깝게도 숨을 거두고 말았다. 비행기를 놓칠까 봐 그랬다는 문제의 승객들은 부도덕한 행위로 비난을 받았지만, 법적으로 두 사람을 처벌★할 법은 우리나라에 없다. 이 사건의 파장★이 커지자 '착한 사마리아인 법'을 도입해야 한다는 청원이 국회 청원 사이트에 올라왔다. 착한 사마리아인 법이란 어떤 사람이 위험한 상황에 놓였을 때, 그를 모른 척하며 구하지 않는 등 인간성을 저버리는 행위를 한 사람을 법으로 처벌하자는 법이다.

★ 처벌(處罰) 형벌에 처함
★ 파장(波長) 충격적인 일이 끼치는 영향을 비유적으로 이르는 말

'착한 사마리아인의 법'은 자신에게 특별한 부담이나 피해가 오지 않는데도, 다른 사람에게 중대한 위험이 발생하는 상황에서 구조에 나서지 않을 경우 처벌하는 법을 말합니다. 참고로 '사마리아인'은 기독교 성경에 나오는 비유예요. 길에서 강도를 만나 크게 다친 사람을 사마리아 사람만이 치료를 해 주고 돌보았다는 데서 비롯된 것이지요.

우리나라에는 이러한 법이 없지만 세계 여러 나라에서는 위험에 처한 사람을 일부러 돕지 않았을 경우 처벌받을 수 있습니다. 예를 들어 프랑스에서는 일부러 구조하지 않으면 5년 이하의 징역 또는 벌금형에 처한다고 규정★하고 있고, 독일에서는 1년 이하의 징역 또는 벌금형에 처한다고 해요. 그 외에도 포르투갈, 스위스, 네덜란드, 노르웨이, 덴마크 등에서 구조 거부 행위를 처벌하고 있습니다.

★ 규정(規定)
양이나 범위 등을 규칙으로 정함

사회에서는 꼭 지켜야 하는 규범이 있을까?

'규범(規範)'이란 마땅히 따르고 지켜야 할 판단의 기준을 가리켜요. 사회 구성원들 여럿이 함께 생활하다 보면 여러 가지 갈등 상황에 놓이게 되지요? 여러분의 반 풍경만 떠올려 봐도 그 사실을 알 수 있을 거예요. 이러한 갈등을 해결하기 위해서, 또는 사회 질서를 유지하기 위하여 사람들의 행동을 제재★하는 장치가 사회 규범이에요. 즉 사회 질서를 유지하고 사회생활을 바람직하게 이끄는 여러 규범들을 말합니다. 그리고 사회 규범은 관습, 도덕, 법을 모두 포함하는 아주 큰 개념입니다. 하지만 그 각각은 다른 특징을 갖고 있어요. 함께 들여다볼까요?

★ 제재(制裁)
일정한 규칙이나 관습을 어기는 것을 제한하거나 금지함

사회 규범의 종류

사회 규범	관습	도덕	법
예시	의식주, 관혼상제(冠婚喪祭)	어른 공경, 대중교통 약자에게 자리 양보	청소년 보호법, 교육기본법

먼저 관습은 한 사회에서 오랫동안 지켜져 내려온 행동 양식이 법처럼 자리 잡게 된 것을 말합니다. 예시로 쓰여 있는 '관혼상제'는 관례(성인식), 혼

례(결혼식), 상례(장례식), 제례(제사) 등 우리나라의 전통적인 문화 예절을 아울러 가리키는 말이에요. 이러한 관습은 지키지 않으면 주위의 비난을 받을 수 있지만 처벌받지는 않습니다. 마치 여러분이 젓가락질을 잘 못한다고 해서 잔소리는 들을지언정 벌을 받지는 않는 것처럼요!

도덕은 인간이 마땅히 지켜야 할 도리로서 양심과 관련 있는 규범을 말합니다. 관습처럼 지키지 않아도 처벌은 받지 않지만, 양심의 가책을 느끼게 되는 특징을 가진 규범입니다. 몸이 불편한 사람에게 버스 자리를 반드시 양보해야 하는 것은 아니지요. 하지만 모른 척했을 때 어딘가 마음 한구석이 불편하고 찜찜해진 경험이 있을 거에요. 그러한 규칙들이 바로 도덕이랍니다.

마지막으로 법은 국가에 의해 강제되는 사회 규범이에요. 다른 규범들과 달리 법은 강제성이 있어서 지키지 않으면 처벌받게 됩니다.

세상의 갈등과 문제는 어떻게 해결되고 있을까?

법은 자신의 의지와 상관없이 모든 국민이 지켜야 하는 규범이며, 도덕은 각자의 양심에 따라 스스로가 판단하여 지키는 규범입니다. 그래서 도덕을 실제로 행동으로 옮기는 건 사람마다 매우 다를 거에요. 나에게는 '쓰레기를 아무 데나 버리지 않기'까지가 쓰레기와 관련된 도덕적인 행동인데, 친구에게는 '쓰레기를 분리배출하기'까지가 도덕적인 행동일 수도 있어요. 이렇게 인간이 지켜야 할 도리나 행동의 기준은 제각각이랍니다. 그래서 '법은 최소한의 도덕'이라는 말도 있습니다. 사람이 갖고 있는 양심의 범위가 다르기에 '최소한 이렇게 해야 도덕적인 행동'이라고 법이 정해 놓기 때문이에요.

최근 「직장 내 괴롭힘 금지법」「혐오 표현 금지법」이 제정되었습니다. 과거 우리 사회는 직장 동료 사이에서 발생하는 괴롭힘을 큰 문제로 인식하지 못했습니다. 다 큰 어른들의 문제라는 것과 친해서 나오는 행동이라는 핑계가 통했던 거예요. 하지만 사람들이 점차 이 문제의 심각성을 깨닫고, 직장 내 괴롭힘 방지 교육 등 다양한 교육과 캠페인을 진행하게 되었지요. 그럼에도 피해자들은 늘어만 가고 괴롭힘의 수준이 개인의 양심에 맡기기 어려울 지경에 이르자, 끝내 법으로 '괴롭히지 마세요'라고 강제하는 금지 규정이 마련되었습니다. 사회 구성원들이 이 문제에 대해 경각심*을 느끼고 공감했기에

★ 경각심(警覺心)
정신을 차리고 주의 깊게 살펴 경계하는 마음

'남을 괴롭히면 안 돼요'라는 도덕적 규범이 '괴롭히면 처벌받습니다'라는 법 규범으로 전환된 사례예요!

한편 대중교통의 노약자석과 임산부 배려 좌석과 같은 교통 약자 배려석과 관련된 「교통 약자의 이동 편의 증진법」은 국가에겐 교통 약자를 위한 대책 마련을 하도록 강제하지만 시민들이 교통 약자 배려석에 앉았다고 해서 법적 처벌을 하지는 않습니다. 교통 약자 배려석은 사회의 필요에 의해 법적 제한을 두지만 도덕 규범이 함께 작동하게 되는 제도라 할 수 있어요.

더 알고 싶어요!

직장 내 괴롭힘 금지법

누군가가 직장에서의 직위를 이용해, 다른 사람에게 신체적·정신적 고통을 주거나 근무 환경을 악화시키는 행위를 직장 내 괴롭힘으로 정의합니다. 사용자(회사의 대표나 사장)는 이러한 직장 내 괴롭힘이 발생할 경우, 사실 여부를 조사하고 피해자를 보호해야 하며 괴롭힌 사람에게 조치를 취해야 해요.

법이 필요한 이유

법은 도덕과 달리 강제성을 갖고 있어서 누군가에게 처벌을 내려야 하기 때문에 그 기준과 내용이 명확합니다. 예를 들어 폭력을 휘둘러 남을 다치게 했다면 국가는 그 사람에게 형벌권을 행사해 벌을 주게 되는 것이지요.

법은 개인이나 집단이 가진 권리를 보호하고, 범죄로부터 국민의 안전을 지키며, 사회 질서를 유지하기 위해 필요합니다. 또한 공정한 기준과 절차를 미리 정해 놓는다면 갈등이 생겼을 때 '이렇게 하면 돼!'라는 기준이 있으니 해결이 쉽겠지요? 더 나아가 무엇이 법적으로 옳은가를 미리 알면 조심하게 되는 예방 효과도 있답니다. 이렇게 우리 사회의 정의를 실현하고 사회 구성원들의 행복과 이익, 즉 공공복리를 실현할 수 있게 되는 거예요.

그 외에도 우리의 일상생활 속에서 법의 필요성을 느끼게 되는 사건들이 많이 있습니다. 최근 통신 회사나 카드 회사에서 고객의 개인 정보가 유출되는 사건이 자주 일어나는데요. 다른 사람에게 누군가의 개인 정보를 팔거나 노출시킬 경우, 각종 범죄로 이어질 가능성이 높기 때문에 국가는 「개인 정보 보호법」을 만들어 국민들의 개인 정보를 보호하고 있습니다.

또한 해로운 약물이 청소년에게 유통되는 것을 막고, 술집과 같은 유해 업소에 출입하는 것 등을 막음으로써 청소년의 정신과 건강에 큰 상처를 주는 환경으로부터 청소년을 보호하는 「청소년 보호법」도 마련되어 있지요.

생각 플러스

■ 앞에서 등장한 '착한 사마리아인의 법'에 대해 여러분은 어떻게 생각하시나요? 아래 찬성과 반대 각각의 입장에 관한 논거를 찾아 작성해 봅시다.

[찬성] 공익을 위해서는 도덕을 강제할 수 있다.

-

-

[반대] 도덕은 도덕일 뿐, 법으로 심판할 수 없다.

-

-

■ 한 줄 정리 ■

- ☑ **도덕**: 인간이 마땅히 지켜야 할 도리로서 양심과 관계된 내면적인 규범
- ☑ **법**: 국가에 의해 강제되는 사회 규범이며, 위반 시 감금 또는 벌금형 등의 처벌을 받음

04 헌법과 법률은 어떤 관계일까?

헌법

― 헌법과 법률

전(前) 배우자로부터 양육비*를 받지 못한 부모들이 "양육비 미지급은 헌법에 보장된 아동의 기본권인 생존권을 침해하는 행위"라고 주장하며 이러한 갈등을 해결하라는 헌법 소원*을 제기한 결과, 양육비를 제대로 주지 않을 경우 최대 형사 처벌까지 가능해졌습니다.

★ 양육비(養育費) 아이를 돌보고 키우는 데 드는 비용
★ 헌법 소원(憲法訴願) 국가가 국민의 기본권을 침해할 때, 더 이상 기본권이 침해당하지 않도록 심판을 요청하는 것

A: 오늘 텔레비전에서 뉴스 봤어? 이제 양육비를 제대로 주지 않는 부모는 처벌받는대.

B: 맞아. 부부가 이혼하면 아이를 키우지 않는 쪽이 아이를 키우는 쪽에게 양육비를 줘야 하는데 제때 지급하지 않는 사람들이 무척 많았지.

A: 그런데 인터넷에 이름을 공개하면 명예가 훼손되거나 개인 정보가 지나치게 노출되는 거 아닐까?

B: 하지만 양육비를 주지 않는 부모가 겪는 불편함보다 제대로 양육비를 못 받아서 어렵게 살아가는 어린이들의 고통이 더 크다고 본 거야!

아이가 있는 부부가 이혼하게 될 경우, 두 사람 간 합의★를 통해 적당한 양육비를 정합니다. 그러고 나서 아이를 키우지 않는 사람이 아이를 키우는 사람에게 그 금액을 지급하게 되지요. 하지만 상대방이 한 번이라도 양육비를 제때 지급하지 않으면 법원에 대신 명령해 달라고 신청할 수 있어요. 만약 상대방이 직장인이라 확실한 급여가 있는데도, 정당한 이유도 없이 2회 이상 양육비를 주지 않는다면? 그럼 은행을 통해 강제로 상대방의 급여에서 양육비를 빼낼 수도 있답니다!

그런데 이렇게까지 하는 이유가 무엇일까요? 양육비를 한두 번 빠뜨릴 수 있지 않을까 싶은데 말이에요. 그 이유는 바로 헌법에 나와 있는 국민의 기본권 때문이랍니다. 헌법은 법 중에서도 가장 최고법이거든요!

★ 합의(合意)
둘 이상의 당사자들끼리 의견이 일치함.

가장 먼저 지켜져야 할 법 중의 법, 헌법!

앞서 배웠던 '규범'이라는 단어의 뜻을 다시 한번 생각해 볼까요? 규범은 단어 그대로 법 그 자체예요. 사람이 행동하거나 판단할 때에 이것을 기준으로 삼으라는 뜻이지요. 그리고 헌법은 우리나라 법 가운데 가장 기본적인 규범이에요. 왜냐하면 헌법은 우리나라가 '어떤 나라'인지를 규정해 놓았기 때문이에요.

여러분이 학급 내에서 친구들과 함께 사이좋게 지내기 위해 학급 규칙을 만들 듯, 대한민국에서도 나라를 어떻게 운영해야 할지, 국가 기관은 어떻게 이루어져야 하는지 등 국가가 기본적으로 지켜야 하는 규칙들이 적혀 있어요. 또한 대한민국 국민으로서 우리가 누릴 수 있는 권리와 지켜야 하는 의무, 즉 앞서 배운 국민의 기본권이 함께 담겨 있지요.

그런데 헌법이 '가장 기본적인 규범'이라는 것은 무슨 뜻일까요? 헌법은 가장 최상위의 법 규범으로서 모든 법의 기준과 근거가 된다는 것을 가리켜요. 즉 민법이나 형법, 행정법 같은 법률과 대통령령, 조례 등 모든 법령은 헌법 정신과 이념에 따라야 하고, 헌법이 보장하고 있는 국민의 기본권을 침해하지 않아야 합니다.

국가의 강제적 규범, 법률

여러분이 뉴스를 접하다 보면 이런 문장들을 듣거나 본 적 있을 거예요!

> 국회에서 ○○법을 통과시켰다.
> 이번 재판에서 ○○법의 적용으로, 그는 몇 년형에 처해지게 되었다.
> 법원에서 그에게 백만 원의 벌금형을 선고하였다.

★ **공포(公布)**
일반 국민들에게 널리 알림

여기서 '○○법'이란 국회 의원들과 대통령이 동의하고 공포★함으로써 성립하는 법률을 말합니다. 법률에는 헌법보다 훨씬 구체적으로 국민의 권리·의무에 관한 사항이 적혀 있습니다. 그래서 국가가 하는 일을 정하는 역할도 했다가, 우리들이 지켜야 할 규칙을 정해 주는 역할도 합니다. 또한 우리들의 권리를 보장하거나 일상을 규제하기도 하지요.

위의 기사에서처럼 양육비를 제대로 지급하지 않아 아이를 키우기 힘든 가정들이 늘어났어요. 그럼 국회에서는 이 문제를 해결하기 위해 논의를 한 결과, 양육비 지급 관련 법률을 제정하게 됩니다. 우리는 이 법률의 적용을 받게 되지요! 양육비를 주지 않으면 처벌을 받게 되는 거예요.

★ **채무자(債務者)**
누군가에게 돈을 갚아야 할 의무가 있는 사람

★ **개정(改正)**
문서의 내용을 바르게 고침

실제로 최근에 여성가족부는 이 법률에 따라 제대로 양육비를 주지 않은 6명에게 '운전면허 정지 처분'을 요청했습니다. 경찰들은 그 채무자★의 운전면허를 정지시켰지요. '이렇게 하면 저렇게 됩니다'라고 법률로 정해 놓은 대로 갈등을 해결한 거예요! 한편, 이러한 처벌을 피하려고 꼼수를 부리는 사람들이 늘고 있다는 뉴스도 들리고 있습니다. 양육비 지급 관련 법률을 만들었는데, 또 새로운 문제가 발생한 거예요. 그럼 또다시 양육비를 받지 못한 부모들은 이 법률을 수정해야 한다는 목소리를 낼지도 몰라요. 그렇게 되면 국회에서는 다시 한번 국민들의 의견을 듣고, 여러 논의를 거쳐 이 법률에 대한 개정★을 하게 된답니다.

법률 예시

■ 도로 교통 법률 제12조(어린이 보호구역의 지정 및 관리)
① 시장 등은 교통사고의 위험으로부터 어린이를 보호하기 위하여 필요하다고 인정하는 경우에는 다음 각 호의 어느 하나에 해당하는 시설이나 장소의 주변도로 가운데 일정 구간을 어린이 보호구역으로 지정하여 자동차나 노면 전차의 통행 속도를 시속 30킬로미터 이내로 제한할 수 있다.

이렇게 '무엇을 무엇으로 정한다' 또는 '이것은 저렇게 한다'라고 정하는 것이 법률!

헌법이 법률보다 위에 있다고?

법에는 헌법과 법률만 있는 게 아니에요. 법에는 헌법, 법률, 명령(대통령령), 조례, 규칙 등이 있습니다. 그리고 이 법들 사이에는 위아래가 있습니다. 다시 말해, 가장 힘이 센 법과 가장 힘이 약한 법이 따로 있다는 뜻이지요!

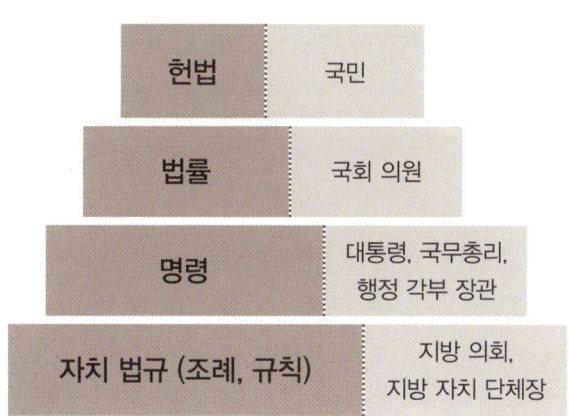

이 도표는 법의 순서를 나타낸 거예요. 가장 위에 있는 법은 역시 우리나라 최고법인 헌법이네요. 모든 법률은 헌법 아래에 있기 때문에, 헌법에 어울리지 않는 법률은 존재할 수 없습니다. 만약 어떤 법률이 헌법에 위배된다면 헌

★ 위배(違背)
법률, 명령, 약속 따위를 지키지 않고 어김

법재판소에서 실제로 그러한지 아닌지를 판단한답니다. '헌법에 위배★되다'라는 것을 한 단어로 '위헌'이라 부르는데요. 헌법재판소에서 어떤 법률이 위헌이라고 판결 내리면 그 법률은 삭제되거나 수정을 해야만 해요.

법률의 아래에는 명령과 자치 법규가 있어요. 대통령이 만드는 법인 '대통령령', 국무총리가 만드는 '총리령' 등이 명령에 해당됩니다. 명령은 보통 법률에 대한 세세한 내용을 담고 있어요. 마지막으로 자치 법규인 조례와 규칙은 법령의 범위 안에서 지방 자치 단체가 제정하는 자치에 관한 규정으로 그 지역 주민에게 적용되는 법입니다. 법률이 헌법의 말을 꼭 들어야 하는 것처럼, 법률 아래에 있는 명령과 조례도 헌법의 영향을 받아요. 그래서 헌법을 '법 중의 법', '최고법', '법의 왕'이라고도 하는 거랍니다.

생각 플러스

- 나라마다 환경과 문화가 다르듯, 법 역시 나라마다 다릅니다. 물론 헌법과 그 안에 담겨 있는 기본권도 다릅니다. 그러나 기본권은 보편적인 인권에 대한 사상을 기반으로 하기 때문에 그 내용은 대체로 비슷한 편이에요. 세계 각국의 헌법 1조를 한번 찾아볼까요?

> **예〉 대한민국 헌법 1조**
> **제1항** 대한민국은 민주 공화국이다.
> **제2항** 대한민국의 주권은 국민에게 있고, 모든 권력은 국민으로부터 나온다.

미국:

일본:

중국:

- 시민들은 국회가 법률을 제정하도록 직접 요구하기도 합니다. 실제 뉴스 기사를 살펴보세요!

> "20대 국회, 양육비 이행 강화 법안 제정하라" [KBS 2TV 2020.05.06.]

스마트폰으로 오른쪽 QR 코드를 찍어 보세요!

─ 한 줄 정리 ■

☑ **헌법**: 국가를 운영하는 기본 원리 및 국민의 기본권을 보장하는 근본 규범
☑ **법률**: 국회를 거쳐서 대통령이 서명·공포함으로써 만들어지는 규범

05 헌법 — 법원과 헌법재판소는 어떻게 다르지?

- 법원과 헌법재판소

'양심적 병역 거부' 관련 대체 복무 허용

2018년, 헌법재판소는 양심적 병역 거부 사건과 관련하여 병역법에 따라 그들을 처벌해 온 것에 대해 "대체 복무제를 규정하지 않은 병역법 제5조 1항은 양심적 병역 거부자의 양심의 자유를 침해한다"라며 재판관 6대 3의 의견으로 헌법 불합치★ 결정을 내렸다. 현행★ 병역법에는 양심적 병역★ 거부자가 선택할 수 있는 '대체 복무제'가 빠져 있는데 그런 상황에서 양심적 병역 거부자를 처벌하는 것은 양심의 자유를 침해한다고 판단한 것이다.

★ **불합치**(不合致) 의견이나 주장 등 방향이 서로 맞아 일치하지 않음
★ **현행**(現行) 현재 실제로 해 나가고 있음
★ **병역**(兵役) 국민으로서 수행해야 하는 국가에 대한 국가적 의무

양심적 병역 거부자들은 과거에 병역법 위반으로 처벌을 받았었구나.

하지만 헌법재판소에서 헌법 불합치 결정을 내렸으니 대체 복무 제도가 마련될 거야.

우리나라는 1950년 6월 25일부터 3년간 북한과 남한으로 나뉘어 6·25 전쟁을 치렀지요. 그런데 대한민국은 전쟁이 끝난 것이 아니라, 잠시 멈춘 휴전 국가입니다. 어느 날 갑자기 다시 전쟁이 시작될지도 모르기 때문에 우리나라 국민에게는 국가를 지킬 의무인 병역 의무가 존재해요. 그 내용을 법으로 만든 것이 병역법입니다. 하지만 폭력적인 전쟁에 반대하는 사람들은 자신의 신념에 따라 이 의무를 거부하기도 합니다. 스스로 선과 악을 판단하는 양심에 따라 총을 들지 않기로 결정하는 것, 이것이 '양심적 병역 거부'입니다.

과거에 양심적 병역 거부자들은 병역법을 위반한 것이기 때문에 처벌을 받아 왔어요. 그러자 많은 사람들이 '양심의 자유'를 지켜 주는 헌법의 기본권(제19조)을 병역법이 침해한다고 주장했어요. 그 결과, 헌법재판소는 다른 업무로 군대 일을 대신할 수 있는 '대체 복무 제도'가 없는 것은 헌법에 어긋난다고 판단했습니다. 덕분에 2020년부터 대체 복무 제도는 활발히 시행★되고 있지요. 그런데 왜 헌법재판소가 법률을 판단하는 재판을 열까요?!

★ 시행(施行)
실제로 행함

재판이 열리는 법원 🔊

우리나라의 국가 기관 가운데에는 법을 해석하고 적용하는 사법부(司法府)가 있습니다. '법을 맡은 부서'라는 뜻을 가진 사법부가 무엇인지 헷갈린다면 흔히 법원을 떠올리면 돼요. 어떤 사건이 벌어졌을 때, 법원에서 사건에 휘말린 사람들을 모아 놓고 각자의 이야기를 듣는 재판을 열지요. 즉 사법부에는 재판을 할 수 있는 권한이 있는데, 이것을 '사법권'이라고 합니다. 사법권은 국민의 기본권을 지키고 자유를 수호해 주는 힘이기 때문에, 헌법과 법률만을 토대로 삼아 다른 권력에 흔들리지 않는 것이 중요하답니다.

우리나라의 법원 종류					
대법원	고등 법원	특허 법원	지방 법원	가정 법원	행정 법원

법원에는 위 표처럼 다양한 종류의 법원이 있습니다. 어디에 있는지, 또는 어떤 재판을 하는지에 따라서 분류해 놓은 거예요. 그런데 법원에서 항상 재판을 통해서만 다툼을 해결하는 것은 아니에요. 다툼의 당사자들이 서로 양보하고 타협하도록 설득하는 것도 법원의 임무입니다. 이것을 조정★과 화해라고

★ 조정(調停)
갈등이 일어났을 때 서로 타협점을 찾아 합의하도록 함

합니다.

  사법부는 재판이 공정하게 이루어졌다는 것을 알리기 위해 재판의 과정과 결과를 전부 공개하고 있습니다. 또한 오로지 증거를 기반으로 사실을 판단하는 증거 재판을 원칙으로 따르고 있지요. 마지막으로 억울한 사람이 생기지 않도록 재판의 기회를 여러 번 주는 심급 제도를 두고 있습니다. 우리나라는 대부분 3심제를 채택하여 원한다면 총 3번의 재판을 받을 수 있어요.

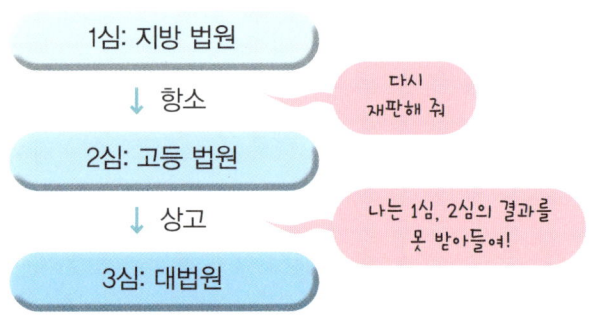

헌법 수호 및 기본권을 보장하는 헌법재판소

  헌법 재판은 사법부를 비롯해 하나의 국가가 운영되는 데 필요한 모든 국가 기관의 균형이 잘 이뤄질 수 있도록 하는 장치입니다. 그리고 법치주의★ 질서 속에서 헌법에 모순되는 법률이 생길 때 법의 질서를 바로잡는 역할을 합니다. 따라서 잘못된 법은 고치고, 그 법으로 인해서 불이익을 받아 왔던 국민들의 기본 권리를 보장하는 것이 헌법 재판의 목적이에요. 어떤 의미로는 법과 법률들의 재판을 여는 것이지요! 그러한 헌법 재판을 하는 기관이 바로 헌법재판소예요. 줄여서 '헌재'라고도 부릅니다.

★ **법치주의**
(法治主義)
국회에서 만들어진 법률로 나라가 운영되는 원칙

★ **해산**(解散)
집단, 조직, 단체 등을 없어지게 함

★ **쟁의**(爭議)
서로 자기 의견을 주장하며 다툼

★ **고위 공직자**
(高位公職者)
높은 직급의 국회 의원이나 공무원

위헌 법률 심판	탄핵 심판	정당 해산★ 심판	권한 쟁의★ 심판	헌법 소원 심판
잘못된 법을 삭제한다.	잘못을 저지른 고위 공직자★를 그 자리에서 물러나게 한다.	문제가 있는 정당을 해산시킨다.	행정 기관 사이에서 일어나는 갈등을 해결한다.	국민의 기본권을 지킨다.

헌법재판소는 5가지 기능을 해요. 첫째, 위헌 법률 심판은 법률이 헌법에 맞는지 여부를 판단합니다. 그래서 헌법에 맞지 않는 잘못된 법을 없앨 수 있지요. 둘째, 탄핵 심판으로 대통령 같은 높은 직책의 공무원이 헌법이나 법을 어긴 경우 그 자리에서 물러나게 하는 것입니다. 셋째, 정당 해산 심판으로 어떤 정당이 추구하는 바가 헌법에서 정한 우리나라의 이념과 가치에 어긋나는지를 판단하여 그 정당을 없앨지의 여부를 결정합니다. 넷째, 권한 쟁의 심판으로 국가 기관과 지방 자치 단체 등 기관 사이에서 발생하는 권한 다툼을 해결합니다. 마지막 기능인 헌법 소원 심판은 국가 권력★이 국민의 기본권을 침해할 때, 국민은 헌법재판소에 헌법 소원 심판을 요청하여 부당한 국가 권력이 더 이상 국민의 기본권을 침해하지 못하도록 막을 수 있습니다.

> ★ **국가 권력 (國家權力)**
> 국가가 나라의 정치적 기능을 수행하기 위해 행사하는 권력

헌법재판소와 법원은 한 식구일까?

법원은 법률을 바탕으로 여러 가지 재판을 하는 곳입니다. 헌법재판소는 헌법과 반대되는 법률 조항이나 국민의 자유를 제한하는 국가 권력을 바로잡음으로써 문제를 해결하려는 헌법 재판을 다루는 곳이지요. 앞서 설명했듯이 법을 해석하고 적용하는 재판이 열리는 법원은 사법부에 해당합니다. 그러나 헌법재판소는 사법부에 속하지 않는 독립된 기관이에요!

그럼 맨 처음에 읽어 본 기사를 떠올려 볼게요. 대체 복무 제도가 만들어지기 전, 법원에서는 재판을 열어 병역 의무를 다하지 않는 사람에게 병역법을 적용해 그들을 처벌했습니다. 반면, 헌법재판소는 양심적 병역 거부자들의 대체 복무제 도입을 두고 헌법 재판을 열었지요. 그리고 우리나라 병역법이 대체 복무제를 규정하지 않고 있어 국민의 자유를 침해했기에 관련 조항을 개정하라는 결정을 선고했습니다.

생각 플러스

- 헌법재판소의 결정으로 수정된 법률이나 삭제된 법률 사례를 찾아볼까요? 아래 공간에 적은 후 우리 사회에 어떤 변화를 가져왔을지 신문 기사 검색하거나 자신의 생각을 적어 보세요.

> **참고>** '어린이 헌법재판소' 사이트 '만화로 보는 결정' 게시판

스마트폰으로 오른쪽 QR 코드를 찍어 보세요!

- 헌법재판소는 모든 나라에 있나요? 있다면 우리나라 헌법재판소와 같은 기능을 하나요?

한 줄 정리

☑ **헌법재판소**: 헌법을 바탕으로 잘못된 법을 고치고, 그 법으로 인해서 불이익을 받아 왔던 국민들의 기본적 권리를 보장하는 헌법 재판을 하는 기관

☑ **법원**: 국민의 기본권을 보장하기 위해 법을 적용하고 해석하는 재판을 담당하는 국가 기관

06 법률

사건마다 다른 재판의 이름!
- 민사 재판과 형사 재판

청소년 집단 따돌림 피해자, 손해 배상 청구 승소

뉴스일보

청소년들의 집단 따돌림, 즉 '왕따 현상'과 관련된 소송이 끊이지 않고 있다. 지난 1월 3일 ○○ 지방 법원은 ○○시의 어느 중학교 학생들이 다리가 불편한 친구를 장애가 있다는 이유로 1년 가까이 괴롭힌 사건과 관련하여, 피해자 A군(16세)의 가족이 가해 학생의 학부모와 해당 중학교를 상대로 한 손해배상 청구 소송에서 원고 승소 판결을 내렸다. 재판부가 피고 측에 지급하라고 판결한 손해 배상 액수는 총 5,000만 원이다.

뉴스에서 본 사건이 재판을 받게 되었구나!
그런데 손해 배상은 뭐고, 원고 승소는 결과가 어떻다는 거지?

우리가 살아가는 사회에서는 늘 많은 갈등과 다툼이 일어납니다. 이러한 다툼의 옳고 그름을 가리기 위해 법원에서 재판이 이루어지지요. 재판이 열리면 피해자와 가해자는 법원에 나와서 자신의 입장을 밝히고, 여러 차례에 걸쳐 재판을 받게 된답니다. 재판의 종류는 아주 다양하지만 우리의 생활과 밀접하게 관련이 있는 두 가지의 재판에 대해서 알아보도록 해요!

사람과 사람 간에 일어나는 민사 재판

사람들 사이에 다툼이 발생했을 때 민사 재판을 통해서 해결해요. 민사(民事)라는 것은 개인과 개인 간의 관계에서 일어나는 일이라는 뜻이에요. 누구에게 돈이나 물건을 빌려 주었는데 돌려받지 못하고 있다거나, 누군가에게 괴롭힘을 당해 정신적으로 힘든 경우 등이 여기에 속해요. 한마디로 민사 재판은 개인 간에 일어난 다툼이나 갈등을 법으로 해결하기 위한 재판이에요.

앞선 기사 속 왕따 현상도 개인 간에 일어난 일이지요. 가해자가 피해자를 1년간 괴롭혔으니 피해자는 매우 고통스러웠을 거예요. 피해 사실이 확실해지면 가해자는 손해를 입은 사람에게 충분히 사과하고 금전으로 갚아 주어야 해요. 남에게 끼친 손해를 물어 주는 일을 손해 배상(損害賠償)이라고 합니다. 이때 가해자가 이 사실을 인정하고 진심으로 사과하며 피해자에게 손해를 배상해 준다면 문제가 없겠지만, 그렇지 않을 경우 피해자는 법원에 소송(訴訟)을 제기할 수 있어요.

피해자 = 원고
: 피해를 입은 사람

가해자 = 피고
: 피해를 일으킨 사람

소송 제기
"5000만 원을 보상하세요!"

소송은 재판해 달라고 법원에 요청하는 것을 말합니다. '5,000만 원 금액의 손해 배상 청구 소송'이라는 말은 피해자가 가해자에게 5,000만 원을 배상하라고 요구하며 법원에 재판을 신청했다는 뜻입니다. 이 금액은 피해자가 입은 신체적, 정신적 피해에 대한 것이지요. 이때 소송을 제기한 사람을 원고(原告)라고 해요. 반대로 소송을 당한 사람을 피고(被告)라고 합니다. 앞선 기사 속에서 피해자측이 원고이고, 손해 배상을 요구받은 가해자 측이 피고가 되겠지요?

그런데 재판은 마치 시합처럼 승패가 존재한다는 사실을 알고 있나요? 판사의 판결에 따라 재판의 승패가 갈리게 되는데, 이때 원고가 이길 수도 있고 피고가 이길 수도 있습니다. 승소라는 것은 소송에서 이기는 것을 말하고, 패소는 소송에서 지는 것을 가리켜요. 앞선 기사에 '원고 승소'라고 쓰여 있었으니, 판사가 원고의 손을 들어주었다는 뜻이랍니다.

피고인을 처벌하기 위한 형사 재판

이제 형사 재판을 살펴볼까요? 형사 재판은 형벌(刑罰)과 관련된 재판이기 때문에 형사 재판이라고 부른답니다. 형사 재판은 살인, 폭행, 사기 등 사회에서 허용하지 않는 범죄 행위를 했을 때 국가가 사람들을 처벌하기 위해 여는 재판이에요. 형벌은 사람의 자유권을 제한하는 것이기 때문에 반드시 재판을 통해 이 사람에게 정말로 죄가 있는지를 따져야 합니다. 유죄인지 무죄인지를 가려야 한다는 것이지요. 또한 죄가 있다면 얼마나 벌을 받을지도 형사 재판에서 결정해요.

민사 재판이 피고와 원고 사이에서 벌어지는 다툼이라면, 형사 재판은 검사 대 피고인(被告人)의 다툼이에요. 검사는 피고인이 죄가 있으니 벌을 받아야 한다고 주장할 것이고, 피고인은 죄가 없다고 주장하거나 있더라도 더 낮은 형벌을 받게끔 주장할 테지요. 재판 결과에 따라서 피고인의 처벌이 크게 달라지므로, 형사 재판에서는 증거를 매우 중요하게 생각해요. 그리고 피고인의 인권을 보장하기 위해서 여러 제도를 두고 있어요.

더 알고 싶어요!

피고와 피고인은 달라요!

민사 재판에서 소송을 당한 사람은 '피고'라고 부르지만, 형사 재판에서 소송을 당한 사람은 피고가 아닌 '피고인'이라고 부릅니다. 재판의 종류에 따라 절차가 다르기 때문에 부르는 용어가 다르답니다. 그 이유는 다음 장에서 조금 더 자세히 다룰 거예요!

누구나 재판받을 권리가 있다

민사 재판과 형사 재판의 다른 점을 알게 되었나요? 법원에서는 민사 재판과 형사 재판 이외에도 다양한 재판이 이루어져요. 가정 폭력 사건, 이혼 소송과 같은 가사(家事) 재판도 있고, 나라를 다스리는 행정 작용에 대해서 불만을 제기하는 행정 재판도 있어요. 저작권, 발명품, 특허 관련 재판을 다루는 특허 재판도 있고요. 대통령이나 국회 의원 등 중요한 공직자를 뽑는 선거와 관련된 선거 재판, 군대에 복무하는 사람들 사이에서 일어난 사건을 다루는 군사 재판도 있어요.

사회가 다양하고 복잡할수록 다툼과 갈등이 많아지는 것은 당연한 현상입니다. 재판은 사회 구성원 사이에 일어난 문제들을 해결하는 중요한 수단이 되지요. 그런데 재판을 받는다는 것은 몸과 마음 모두가 힘든 일이기 때문에 평생 재판받을 일은 없었으면 좋겠다는 생각이 들지도 몰라요. 하지만 살아가면서 피치 못하게 손해를 입거나, 억울한 일을 당할 때 재판을 통해 법의 보호를 받아야 할 때도 있답니다. 그러한 까닭에 헌법에는 모든 국민이 재판을 받을 수 있으며, 재판을 청구할 수 있는 '재판 청구권'을 보장하고 있습니다.

생각 플러스

우리나라에서 민사 재판을 받을 수 있는 나이는 만 19세부터입니다. 그럼 형사 재판은 어떨까요? 우리나라는 만 14세이상이 되어야 형사 처벌을 할 수 있어요. 법적으로 만14세가 되지 않으면 처벌 대신 보호 처분을 받게 되어 있어요. 그러한 법이 존재하는 까닭은 아직 어린 피고인에게는 처벌보다는 앞으로 범죄 행위를 하지 않도록 잘 이끄는 것이 더욱 중요하다고 생각하기 때문이에요.

그런데 가끔씩 청소년들이 저지르는 끔찍한 범죄 행위가 뉴스에 보도되곤 합니다.

하지만 어리다는 이유로 가해자를 처벌하지 못하는 경우가 있지요. 그래서 '만14세 미만의 미성년자들도 잔인한 범죄 행위를 하면 어른처럼 처벌해야 한다'라는 주장이 나오기 시작했어요. 형사 처벌을 할 수 있는 나이를 만 12세로 낮추자는 의견도 그러한 의견 중 하나에요. 아래 두 사람의 대화를 듣고 여러분의 생각을 적어볼까요?

형사 처벌할 수 있는 나이를 만12세로 낮추어야 합니다. 나이가 어리다는 이유로, 잔혹한 범죄를 저지르고도 처벌을 받지 않는 것은 잘못되었습니다. 청소년들의 범죄에 대해서도 강력하게 처벌해야 합니다.

정신적으로 미성숙한 청소년 시기에 저지른 범죄 행위를 무조건 처벌하는 것은 효과 적이지 않습니다. 계속해서 범죄를 저지르지 않도록 교육하는 것이 더욱 중요합니다. 어린 나이에 전과자로 낙인찍힐 경우, 결국 다시 범죄자가 될 가능성이 높습니다.

나의 주장 :

이유 :

한 줄 정리

- ☑ **민사 재판**: 개인 간의 분쟁을 해결하기 위한 재판
- ☑ **형사 재판**: 국가가 개인의 범죄 행위를 처벌하기 위한 재판

07 법정의 주인공들을 소개합니다!

법률
- 검사와 변호사, 판사

```
    OO 지 방 법 원
      제 1 민 사 부
         판 결

사  건  2022나 손해 배상
원  고  A
         소송 대리인 김OO
피  고  B
         소송 대리인 이OO
판결 선고  2022. 3. 2.
```
〈민사 재판의 판결문〉

```
    OO 지 방 법 원
      제 1 형 사 부
         판 결

사  건  2022 고합 사기
피고인  김OO, 1982년생, 남, 무직
검  사  이OO(기소), 최OO(공판)
변호인  변호사 박OO
판결 선고  2022. 3. 2.
```
〈형사 재판의 판결문〉

우와, 판결문은 처음 봐! 그런데 민사 재판에는 소송 대리인이 있고, 형사 재판에는 변호인이 있네?

검사는 형사 재판에만 있어? 왜 참여하는 사람들이 다른 거지?

앞장에서 파헤쳐 본 민사 재판과 형사 재판의 차이점에서 보았듯이 재판은 종류에 따라 그 목적과 형식이 다릅니다. 민사 재판은 개인 간의 갈등을 해결하기 위한 재판이었지요? 그래서 민사 재판의 판결문을 보면 소송을 거는 원고와 소송을 당한 피고 그리고 소송을 도와주는 소송 대리인*이 등장해요. 이번에는 형사 재판 판결문을 볼까요? 민사 재판과 달리 검사가 등장하네요! 소송 대리인 대신 변호인이 있고요. 그리고 피고가 아니라 피고인이 있네요. 재판에 따라서 등장인물이 달라진답니다.

★ 대리인(代理人)
다른 사람을 대신하는 사람

형사 재판에서 진실을 파헤치는 검사

법정에서 국가를 대신해 재판을 요청하고 벌을 주는 역할을 하는 사람들은 검사(檢士)예요. 검사는 공무원으로서 검찰(檢察)에 속해 있는데, 검찰은 범죄를 수사하고 재판을 열어 형벌을 주는 국가 기관입니다. 그렇기에 검사는 형사 재판에만 등장해요.

범죄가 발생하면 먼저 수사를 해야겠지요? 경찰들이 맡아서 진행하는 수사는 사건을 조사하고 피의자가 범죄를 행했다는 증거를 찾는 업무예요. 수사를 통해 경찰이 유력한 용의자*를 발견하면 그 사람을 '피의자'*로 부르고 검찰로 보내게 됩니다. 검사는 수사 기록을 살펴본 후, 피의자가 형사 재판을 받도록 법원에 기소(공소제기)를 해요.

★ 용의자(容疑者)
범죄의 가능성이 뚜렷하지 않은 수사 대상

★ 피의자(被疑者)
범죄의 가능성을 확인되었으나 아직 재판을 받지는 않는 사람

검찰	→	형사 재판
피의자	기소 (공소 제기)	피고인

더 알고 싶어요!

왜 이름을 자꾸 바꾸는 건가요?

용의자(또는 가해자)였다가 피의자, 피고인으로 이름을 계속 바꾸는 데에는 이유가 있어요. 형사 재판은 개인의 자유권을 강력하게 제한시킬 수 있는 재판이기에, 증거가 뚜렷하지 않다면 함부로 그 사람을 '확실한 범인'이라 단정 짓지 않습니다. 그래서 범죄 가능성이 얼마나 확실한지를 세세하게 나누어 이름을 붙이는 거랍니다.

그런데 검사가 모든 피의자를 다 기소하는 건 아니에요. 검사가 수사 기록을 보면서 증거가 확실하다고 판단하면 피의자를 기소하고, 그렇지 않다면 하지 않을 수도 있답니다.

검사가 공소를 제기하면 피고인은 형사 재판을 받게 됩니다. 그 과정에서 피고인에게 죄가 있음을 밝혀내는 것은 검사의 역할이에요. 그리고 마지막으로 피고인이 유죄라면 이만큼의 벌을 받아야 한다고 처벌의 정도를 계산해 판사에게 요청합니다. 이것을 구형(求刑)이라고 해요. 영화 드라마에서 본 것처럼 "존경하는 재판장님, 피고인은 흉악한 범죄를 저질렀으니 무기 징역에 처할 것을 요청드립니다!"라고 말하는 것이지요.

이렇게 검사는 형사 소송의 모든 과정을 이끌어 가요. 따라서 검사의 판단은 정확하고 공정해야 합니다. 기소를 할 사람을 기소하고, 풀어 주어야 할 사람을 풀어 주는 것이 무엇보다 중요하겠지요? 그 모든 판단은 법과 증거에 의한 것이어야만 해요.

누구도 억울하지 않도록 보호하는 변호사

형사 재판에만 등장하는 검사와 달리 변호사(辯護士)는 모든 재판에 등장해요. 변호사는 다른 사람의 이익을 위해 법률적인 도움을 주는 역할을 합니다.

민사 사건에서는 소송 대리인으로서 원고와 피고를 도와 변호를 합니다. 원고와 피고 모두 변호사를 선임★할 수 있기에, 변호사는 원고 측 대리인 또는 피고 측 대리인으로서 법정에 참석해 각자의 입장을 대신해 서류를 작성하고 판사를 설득해요.

형사 사건에서 변호사는 용의자나 피의자, 피고인을 도와주는 변호인이 돼요. 형사 피의자는 조사를 받는 모든 과정에서부터 변호인의 도움을 받을 수가 있어요. 이후에 형사 재판을 받게 된다면 변호인의 도움은 더욱 절실해지겠지요? 변호인은 피고인에게 죄가 없다고 변호하거나 만약 죄가 있는 것을 인정할 경우, 최대한 형벌을 적게 받을 수

★ 선임(選任)
여러 사람들 가운데 어떤 임무나 직무를 맡을 사람을 골라냄

있도록 힘써요.

판사나 검사와 달리 변호사는 공무원이 아니기 때문에 변호사의 도움이 필요할 때는 직접 돈을 내고 변호사를 구해야 하는데요. 만약 형사 재판의 피고인이 변호사를 구하지 못하면 나라에서 시행하는 국선(國選) 변호인 제도를 이용할 수 있어요. 국선 변호인이란 국가가 선택해 주는 변호인이라는 뜻으로, 피의자나 피고인이 변호사를 고용할 돈이 없거나 변호해 주겠다고 나서는 변호사가 없는 경우에 무료로 변호를 받을 수 있는 제도예요. 형사 재판에만 국선 변호인 제도가 존재하는 이유는 그만큼 형사 재판의 결과가 다른 재판들보다 무겁기 때문이에요. 피고인의 인권을 지켜 주기 위한 제도라고 할 수 있지요!

공정함과 정확함으로 판결을 내리는 판사

판사(判事)는 법과 양심에 따라 재판을 하고 판결을 하는 역할을 해요. 판사의 역할은 재판을 심리하고 판결을 하는 것이에요. 심리(審理)란 검사와 변호사가 제출한 서류를 보고, 재판을 받는 사람들의 주장을 직접 들어 보는 과정을 말해요. 진실을 파악하고 올바른 판결을 내기 위해서 반드시 필요한 과정이지요. 민사 재판에서 판사는 원고와 피고의 말을 듣고, 형사 재판에서는 검사와 피고인의 입장을 각각 듣습니다. 판결을 가르는 중요한 과정이기에 심리는 여러 차례에 걸쳐서 이루어져요.

판사가 심리를 통해 사건의 내막을 다 파악하고 나면 검사나 원고가 요청한 내용을 두고 판단합니다. 검사가 구형한 형량★이 적당한지, 원고 측 변호인이 주장하는 배상 금액이 적당한지를 확인하는 거지요. 결정이 되면 판사는 '피고는 원고에게 100만 원을 지급하라', '피고인을 징역 1년에 처한다'와 같이 최종 판결을 내립니다.

재판의 승패를 가를 수 있는 판사에게 가장 중요한 것이 있다면 바로 공정함일 거예요. 판사는 정확한 판단을 하기 위해 최선을 다해야 해요. 재판의 결과는 강제력★을 가지기 때문에 잘못된 판결 때문에 억울한 사람이 생기면

★ 형량(刑量)
죄인에게 내리는 형벌의 정도

★ 강제력 (強制力)
국가가 국민에게 명하여 그 명령을 강제하는 권력.

안 되겠지요. 공정한 재판을 위해 판사 한 사람 한 사람은 헌법 기관으로서 법과 양심에 따라 재판을 진행해야 합니다.

더 알고 싶어요!

법관과 판사는 다른 걸까?

법관(法官)과 판사는 거의 같은 의미지만, 어느 법원에서 일하느냐에 따라 조금 다릅니다. 우선 법관은 법원에서 사건의 판결을 내리는 사람들을 말해요. 우리나라의 법원은 대법원, 고등 법원, 지방 법원 등으로 구성이 되어 있지요? 이 중에서 판사는 보통 대법원에서 일하지 않는 법관을 말해요. 반면 대법원에서 일하는 대법원장과 대법관은 법관이지만, 판사는 아니랍니다.

더 알고 싶어요!

헌법재판소 재판관

헌법재판소 재판부는 법관의 자격을 가진 9명의 재판관으로 구성돼요. 3명은 국회에서 선출하고, 또 다른 3명은 대법원장이 지명하며, 나머지 3명은 대통령의 추천으로 임명됩니다. 임기★는 총 6년이며, 그중에서도 헌법재판소의 장★인 헌법재판소장은 국회의 동의를 얻어 9명의 재판관 가운데 1명을 대통령이 임명해요.

★ 임기(任期)
임무를 맡아보는 일정한 기간

★ 장(長)
어떤 조직이나 부서의 우두머리

생각 플러스

앞서 법원을 공부할 때 우리나라는 재판을 여러 번 할 수 있도록 하는 제도가 있다는 것을 기억하고 있나요? 법원의 급을 달리하여 여러 번 재판할 수 있도록 하는 제도라서 '심급제도'라고 하고, 총 3번까지 가능하기에 '3심제'라고도 불러요. 그런데 사건의 종류에 따라 3심제가 다르게 적용된답니다. 법원에서는 사건을 보통 경(輕)한 사건과 중(重)한 사건으로 구분을 해요. 경한 사건은 비교적 간단한 사건을 말해요. 형사 사건을 예로 들면 가벼운 절도, 폭행 등과 같은 사건이지요. 반면 중한 사건이란 강도, 살인 등과 같이 무거운 사건을 말해요. 경한 사건과 중한 사건은 3심제가 다르게 적용이 되고 있어요.

먼저 경한 사건을 볼까요? 경한 사건의 1심은 그 해당 지역의 지방법원의 한 명의 판사(단독판사)에게 재판을 받아요. 비교적 가벼운 사건이기 때문이에요. 이 사건의 2심을 신청하게 되면 같은 지방법원의 3명의 판사(합의부 판사)에게 재판을 받을 수 있어요. 그리고 최종심인 3심은 대법원에서 이루어져요.

중한 사건은 어떨까요? 중한 사건의 1심은 그 해당 지역의 지방법원의 3명의 판사(합의부)의 재판을 받아요. 무거운 사건이기 때문에 1명의 판사가 판단하기는 어렵기 때문이겠지요. 중한 사건의 2심은 경한 사건과 달리 해당 지역에 해당하는 고등(高等)법원에서 이루어져요. 마지막 3심은 경한 사건과 마찬가지로 대법원에서 진행이 됩니다. 경한 사건이든 중한 사건이든 모두 3심은 대법원에 이루어지는 것을 알 수 있지요.

지방법원 단독 판사

지방법원 합의부 판사

서울 고등법원

대법원

1. '3심제'에서 가벼운 사건과 무거운 사건의 1심 재판의 공통점과 차이점은 무엇인가요?

2. 여러분이 사는 지역에서는 중한 사건의 경우 2심은 어느 법원에서 하는지 찾아볼까요?

3. 여러 번 재판을 받을 수 있도록 하는 3심제의 목적은 무엇일까요?

한 줄 정리

- ☑ **검사**: 피의자를 기소하여 형사 소송의 모든 과정을 지휘하고 집행하는 역할을 담당
- ☑ **변호사**: 사건의 당사자를 대신해 민사 소송에서는 소송 대리인의 역할을, 형사 소송에서는 변호인의 역할을 담당
- ☑ **판사**: 재판에서 사건의 심리와 판결의 역할을 담당

08 모두가 직접 정치에 참여할 수 없을까?

정치 체제
- 직접 민주주의와 대의 민주주의

국민 투표는 국가 정치의 중요한 내용을 결정하기 위해 온 국민이 시행하는 투표를 말하지요. 1년에 한 번 할까 말까인 이 투표를 매해 여러 차례, 그것도 직접 모여서 거수★로 투표하는 마을이 있다고 합니다. 스위스의 란츠게마인데(Landsgemeinde) 행사를 함께 만나 보시지요.

★ 거수(擧手) 찬성과 반대, 경례 등을 나타내기 위해 손을 위로 들어 올림

국민 투표가 일상인 스위스 도시가 있다?

란츠게마인데 제도가 있어서, 스위스는 매년 국민 투표를 가장 많이 하는 나라래.

매년 몇 번씩이나 저렇게 모이기 쉽지 않았겠는 걸?

국가 혹은 도시의 중요한 일들을 몸소 결정하기 위해 모든 시민이 광장에 모여 의사 결정을 하는 도시가 바로 스위스의 글라루스와 아펜첼이에요. 란츠게마인데 제도는 스위스에서도 이 2곳에서만 이루어지긴 하지만, 이 제도가 아니더라도 스위스는 세계에서 국민 투표를 가장 많이 시행한 나라입니다. 1848년 이후 치러진 국민 투표가 자그마치 600건 이상이라네요! 한편 이렇게 시민이 직접 정치 결정에 참여하는 경우도 있지만 요즘 많은 국가에서는 대표자를 통해 대부분의 정치적 결정을 하곤 합니다.

민주주의의 시작, 직접 민주주의!

민주주의란 국가의 주권이 국민에게 있으며, 국민을 위해 정치를 행하는 제도로 다수에 의한 지배를 의미합니다. 따라서 모든 사람이 자유롭고 평등하게 의사 결정에 참여하는 정치 형태를 갖고 있지요. 이러한 민주주의는 고대 아테네에서 직접 민주주의로부터 처음 시작됩니다. 아테네 시민들은 법률과 정책★을 스스로 결정함으로써 직접 지배가 이뤄지는 '직접 민주 정치'를 누렸습니다. 이를 위한 주요 정치 기구로 민회, 평의회 등이 있었어요.

민회에서는 자유로운 토론을 통해 정책을 결정하고, 평의회에 속할 공직자를 추첨제와 윤번제로 정했습니다. 윤번제란 차례를 정해 돌아가면서 임무를 맡는 방식이에요. 민회에서 추첨으로 500명을 뽑고, 거기서 평의회에서 일할 사람을 차례대로 정한 것이지요. 평의회는 민회에서 결정된 사항과 행정 업무를 처리하고, 아테네 시민이면 누구나 참여할 수 있었습니다.

★ **정책(政策)**
정치적 목적을 실현하기 위한 방안 또는 방법

그런데 정말 중요한 몇 가지 사항이 아니라 국가의 모든 것을 다 함께 토론해 결정하기란 쉽지 않았을 거예요. 아테네는 어떻게 그게 가능했던 걸까요? 사실 당시 아테네는 영토가 작고 인구가 적은 도시 국가★였고, 노예들이 대부분의 노동을 도맡아 하고 있었습니다. 그 때문에 시민들은 정치에 참여할 시간과 여유가 있었던 거지요. 그럼 일하느라 바빴을 노예들은 참여할 시간이 없지 않았을까요? 맞아요, 이 지점이 아테네의 직접 민주주의가 가진 한계점이에요. 모든 시민이 직접 참여하는 정치 형태라고 말했지만, 실제로 시민에는 성인 남자만 해당하고 여성과 노예, 외국인에게는 이러한 권한이 주어지지 않았거든요. 그러니 '모두'가 참여했다고 말하긴 어렵겠지요?

★ **도시 국가 (都市國家)**
고대와 중세에 도시 자체가 정치적으로 독립하여 국가를 이루던 공동체

오늘날의 민주 정치, 대의 민주주의

대의(代議)는 대신 의논한다는 뜻이에요. 그래서 '대의 민주주의'란 국민들이 투표를 통해 대표자를 뽑고, 그들이 국민들을 대신하여 국가의 중요한 일에 의견을 내고 결정하는 제도입니다. 오늘날 국가들은 넓은 영토와 많은 인구로 이루어져 있기에, 모든 국민이 모여 한자리에 모여 정치에 토론하기가 어렵습니다. 그래서 대체로 대의 민주주의 형태로 국가가 운영되고 있지요.

지금까지 존재하는 정치 제도들 가운데 가장 이상적인 제도로 보이는 대의 민주주의는 '인류 최고의 발명품이자 최고의 정치 제도'라고도 불려요. 하지만 여기에도 여전히 고쳐지고 나아가야 할 지점은 존재합니다. 국민의 대표자여야 할 국회 의원들이 우리의 이익이 아니라 자신들의 이익을 대변★한다는 의구심이 드는 사건들이 전 세계적으로 많았기 때문이에요.

우리나라에서도 정치부 뉴스와 신문을 보다 보면 "○○○ 의원 비리 의혹", "△△△ 후보 논란" 등 하루가 멀다 하고 가슴이 답답한 기사가 잔뜩 쏟아지곤 합니다. 그래서 '누구를 뽑아도 정치인은 똑같아'라며 정치 자체를 외면하는 사람들이 점차 늘어나기도 했습니다. 지금과 같은 상태로는 투표를 해 봤자 의미가 없다고 생각하는 것이기에 자연스럽게 투표율도 떨어지게 되었지요. 이러한 분위기가 퍼지는 것을 두고 '대의 민주주의의 위기'라고 표현합니다.

두 가지 정치 제도를 섞을 수는 없을까?

오랜 세월 동안 제기되어 온 대의 민주주의의 한계를 극복하기 위해 직접 민주주의 관련 제도적 장치를 도입하기도 한답니다. 대표적인 예가 국민 투표, 국민 발안, 국민 소환이에요. 먼저 국민 투표는 국가의 중요 의사 결정을 국민이 모두 참여하여 투표하는 것으로, 우리나라는 헌법 제72조와 제130조에 따라 대통령이 함께 토의해 보자고 제안하는 헌법의 내용이나 나라의 중요한 정책들은 국민 투표로 결정할 수 있습니다. 국민 발안은 국회 의원이 아니라 국민이 일정한 수의 동의를 얻어서 법률안★을 제출하는 제도입니다. 참고로 우리나라는 이 제도를 도입★하지 않아서, 법률안을 제안할 수 있는 것은 국회 의원과 정부만이 할 수 있고 국민은 법률안을 제안할 수 없습니다. 국민 소환은 국민이 뽑은 대표자인 대통령, 국회 의원 등을 국민 투표를 통해 그 자리에서 파면★하는 제도입니다. 국민 소환 역시 우리나라에는 없는 제도예요.

한편 직접 민주주의가 더해진 제도가 국가 단위로만 있는 건 아니에요. 지역 주민들이 자신이 사는 지역에서 벌어지는 사안에 대해 직접 토론과 결정에 참여하는 주민 투표, 주민 발안, 주민 소환이 있습니다. 내용과 방식은 국민 투표, 국민 발안, 국민 소환과 유사해요. 그러나 그중에서 우리나라는 국민 투표만 시행되고 있는 것과 달리, 주민 투표와 주민 발안 그리고 주민 소환은 모두 시행되고 있어요.

★ **대변(代辯)**
어떤 사람이나 단체를 대신해 그들의 의견을 내비침

★ **법률안(法律案)**
법률이 될 사항을 정리해 국회에 제출하는 문서

★ **도입(導入)**
기술이나 방법 등을 끌어 들임

★ **파면(罷免)**
잘못을 저지른 사람에게 직무나 직업을 그만두게 함

우리나라의 최초 주민 소환 사례는 2007년에 경기도 하남시에서 진행되었습니다. 2006년 당시의 하남시장은 주민들의 반대에도 불구하고 무리하게 경기도 광역 화장터★를 짓겠다고 발표했습니다. 이에 주민들은 주민 소환 운동을 전개하였고, 2007년 12월 12일에 하남시장을 비롯해 시의원 4명에 대한 소환 찬반 의견을 묻는 주민 소환 투표가 전국에서 최초로 실시되었습니다. 개표 결과, 하남시장과 시의회 의장은 투표율 미달로 소환이 이루어지지 못했고, 두 시의원은 소환이 확정되어 의원직이 상실되었지요.

★ 화장터
시체를 화장하는 시설을 갖추어 놓은 곳

더 알고 싶어요!

숙의 민주주의

숙의(熟議)란 깊이 생각하여 충분히 의논한다는 뜻으로, 숙의 민주주의는 여러 사람이 하나의 문제에 대해 오랜 시간을 들여 고민하는 과정을 중요하게 여겨요. 시민들이 직접 토론을 진행해 합의에 도달하는 민주적인 절차이기에, 시민들의 직접적인 정치 참여를 확대하고 대다수가 만족하는 합의점을 찾을 수 있어 관심이 높아지고 있지요!

예> 신고리 원자력 발전소 5, 6호기 재건설 문제
: 시민 참여단과 전문가 집단이 함께하는 '신고리 공론화 위원회'를 구성하여 한 달간 숙의 과정을 거쳐 사회적 갈등 사항을 해결함.

"2021년 여성 국회 의원 비율 19%, 국제 순위 121위인 한국"
"20대 당선 국회 의원 82%가 50·60대… 젊은 층 대변할 청년 실종"
"1대~19대 역대 의원들 가운데 '57% 이상 SKY 대학 출신'"

위 문장들은 '대의되지 않는 대의 민주주의'라는 비판이 담긴 신문 기사의 제목들입니다. 조사에 따르면 우리나라 국회 의원들은 대다수 높은 수준의 교육을 받은 중년 남성들 위주로 구성되어 있지요. 국회 의원은 모든 국민의 목소리를 대변해야 하는데, 특정 집단의 관점으로 정책이 만들어지고 있다는 뜻이지요.

■ 민주주의 의미를 잘 살려 시민 모두의 목소리를 잘 담아내려면 국회의원의 구성은 어떻게 꾸려져야 할까요? 그것을 가능하게 하는 방법은 무엇이 있을까요? 혹은 그로 인해 발생한 문제점은 없는지 생각해 볼까요?

내 생각에는

한 줄 정리

☑ **직접 민주주의**: 대표자 없이 국민들이 모두 직접 의사 결정에 참여하는 제도
☑ **대의 민주주의**: 국민들이 대표자를 선출해 정부나 의회를 구성하여 정책 문제 등을 처리하도록 하는 간접 민주주의의 한 형태

09 많은 사람들이 동의하면 완벽할까?

정치 체제 — 다수결의 원칙과 중우 정치

'차별 금지법' 관련 D 교수와의 특별 인터뷰

차별 금지법 법률안을 두고 뜨거운 토론이 이어지고 있습니다. 과거에 비하면 성소수자의 인권에 대한 인식이 높아졌으나 몇몇 종교 단체들이 강하게 반대하고 있어 법률이 만들어지기 어려운 상황인데요. 교수님, 어떻게 생각하시나요?

D 교수: 법률을 만들 것이냐 말 것이냐를 논의할 때에는 당연히 사회 구성원들 대다수가 동의하는 '사회적 합의'가 중요합니다. 그러나 사안에 따라서는 조금 다른 접근이 필요하다고 생각됩니다. 역사상 소수자*의 인권 보호가 다수결로 확보된 적은 한 번도 없습니다. 인권이 무엇인가를 다시금 생각해 봐야 할 시점입니다. 정치 지도자는 그 의미를 판단해 결단을 내릴 수 있어야 합니다. 한동안 갈등이 있겠지만, 시간이 지나면 그러한 결단들은 인권이 진보하는 데 결정적으로 중요한 역할을 하게 될 것입니다.

★소수자(少數者) 신체적, 문화적 특징으로 인해 사회의 주요 집단과 구별되어 차별적 대우를 받는 사람

더 알고 싶어요!

차별 금지법

성별, 인종, 장애, 외모, 출신지, 국적, 가족 형태, 성적 지향, 성 정체성, 학력, 종교 등의 사유로 고용이나 승진에서 불이익을 주거나, 누구나 누려야 할 교육·의료 등에서 차별을 해서는 안 된다는 내용을 담고 있다.

대한민국 헌법은 누구든 차별을 받지 아니한다고 규정하고 있습니다. 하지만 '그러지 말아야 한다!'라는 선언적 의미가 강할 뿐, 뚜렷한 법적인 제재는 없습니다. 헌법 정신대로 장애인 차별 금지, 성 차별 금지 등 사회에서 발생할 수 있는 몇 가지 차별들은 이미 법으로 금지하고 있지만, 시대가 바뀌며 사회 구성원들의 가치관이 다양해지면서 좀 더 포괄적★인 차별 금지법을 만들어야 한다는 의견이 많아지고 있어요.

그리하여 국회 의원들이 법안★을 제출하였으나 부작용을 우려하며 의견이 갈리고 있습니다. 다수가 반대하는 법률을 쉽게 통과시킬 수 없기에 이 논쟁은 무려 15년 넘게 지속되고 있습니다. 하지만 D 교수의 말처럼 인권의 의미를 생각하면 인권 보호 문제에 다수결의 원칙을 적용하는 게 맞느냐는 목소리도 높아요. 오늘 다수결의 원칙에 대해 생각해 보는 시간을 가져 봐요!

★ 포괄적(包括的)
일정한 대상이나 현상 따위를 어떤 범위나 한계 안으로 모두 끌어넣는 것

★ 법안(法案)
법률안과 같은 뜻의 단어

민주주의의 기본인 다수결의 원칙

우리는 중요한 결정을 내릴 때 민주적인 방법을 따르자고 말하곤 합니다. 민주적 의사 결정 원리는 대화와 타협 그리고 다수결의 원칙을 따르는 것을 가리켜요. 그중에서도 '다수결의 원칙'은 의사를 통일하는 원칙 가운데 하나로, 무언가를 결정할 때 다수의 의견을 따르는 방법입니다. 민주 사회에서 가장 이상적인 방법이라면 역시 전원 일치지만, 실현하는 데 어려움이 많으므로 우리 사회에서는 중요한 선택이 필요한 상황에서 다수결의 원칙을 적용하고 있습니다. 대통령과 국회 의원 등 국민의 대표를 뽑을 때나 학교에서 우리 학교의 대표인 전교 회장을 뽑을 때에도 이 원칙은 적용되고 있고요.

다수결의 원칙을 따르면 각자 의견을 동등하게 표현할 수 있으며, 복잡하고 다양한 이해관계★가 얽혀 있는 현대 사회에서 빠른 결정을 이끌어 낼 수 있어 효율적이라고 여겨져요. 또한 소수보다는 다수의 판단이 공동체 전체의 이익을 보장할 수 있으니 올바르고 합리적인 결과일 확률이 높다고 보는 것이지요. 많은 사람들의 이익과 욕구가 충족되는 것이 사회 전체 이익을 높이는 데 기여한다는 점에서 다수결의 원칙은 다양한 곳에서 사용되곤 해요.

★ 이해관계
(利害關係)
서로 이익과 손해가 걸려 있는 관계

　그러나 다수결의 원칙에 따르는 것이 늘 최선의 선택이 되거나 옳은 결정이 되는 것은 아닙니다. 많은 사람들이 뜻을 모으게 된 과정과 이유를 생각하지 않는다면, 단순한 숫자 싸움으로 그치거나 한쪽의 일방적인 횡포★가 일어날 수도 있습니다. 합리적이고 올바르게 판단하기보다 자신들의 이익만을 위해 똘똘 뭉쳐 의견을 낼 수도 있으니까요. 그럼 또 다른 다수의 독재★로 이어져 다양한 의견을 존중하고 약자를 보호한다는 민주 사회의 중요한 원칙에 어긋나게 되지요. 또한 다수의 이익을 위한 소수의 희생을 정당화할 위험이 있으므로 이에 대한 고려도 필요합니다.

★ 횡포(橫暴)
제멋대로 굴며 몹시 난폭함

★ 독재(獨裁)
개인이나 단체, 계급 등이 어떤 분야에서 모든 권력을 차지하고는 모든 일을 마음대로 처리하는 것

어리석은 다수가 이끄는 중우 정치

　고대 그리스의 철학자인 플라톤(Platon)은 이미 다수결의 원칙이 가진 이러한 한계를 내다보았어요. 그는 타락한 민주주의를 비판하며 '중우 정치(衆愚政治)'라는 표현을 썼는데요. 중우 정치란 어리석은 사람들이 하는 정치를 뜻해요. 그는 아테네에서 시작된 민주주의는 올바른 선택을 위한 제도가 아니라 많은 사람들이 개인의 이익을 차지하기 위해 이용하는 제도일 뿐이라고 말했어요. 게다가 다른 사람의 말에 휩쓸리기 쉬운 어리석은 시민들이 많아지면, 그들이 대중 매체의 수많은 정보에서 가짜 뉴스를 헤아려 내지 못할 테니 국가는 잘못된 선택을 하게 된다고 생각했습니다. 따라서 플라톤은 지혜를 사랑하는 철학자가 국가를 통치해야 한다는 '철인 정치(哲人政治)'를 주장하였습니

다. 소수의 현명한 사람이 더 나은 방향을 선택할 수 있으며 더 적은 위험성을 가진다고 본 것이지요.

플라톤의 걱정이 현실이 된 예시가 있어요. 1939년 제2차 세계 대전을 일으켰던 독일의 나치(nazi) 정권입니다. 1919년에 독일은 민주주의의 원칙에 바탕을 둔 현대적인 헌법을 갖추고 있었어요. 그럼에도 국민들은 1934년에 '유대인을 몰아내야 우리가 위대해진다'라는 폭력적인 주장을 내세운 아돌프 히틀러(Adolf Hitelr)를 국가 원수★로 뽑았습니다. 선거를 통해 정당하게 당선된 히틀러의 나치 정권은 점차 독재주의로 독일을 물들였고, 결국 인류 최악의 전쟁으로 기록된 2차 세계 대전까지 일으키고 말았지요. 민주주의의 꽃이라는 투표로 너무나도 끔찍한 의사 결정을 만들어 낸 거예요.

★ 국가 원수
(國家元首)
으뜸가는 권력을 지니고 나라를 다스리는 사람

다수결로 민주주의의 본질을 지켜 나갈 방법

다수결의 원칙을 적용하되, 플라톤이 우려한 중우 정치에 빠지지 않기 위해서는 다음과 같은 조건이 필요합니다. 먼저 대화와 토론을 거쳐 절충과 타협을 논의해 보는 과정이 우선되어야 해요. 이 토론의 과정에서는 자유롭고 평등한 토론에 참여할 수 있는 개방적인 문화와 참여에 대한 자율성이 보장되어야 하고요. 무엇보다 소수의 의견도 귀담아 듣는 등 다양한 사람들의 생각을 존중하는 문화가 필요할 거예요.

여기서 잠시 우리나라의 선거 제도를 살펴볼까요? 대통령 선거나 국회 의원 선거에서 단 1표라도 가장 많이 득표한 1위가 당선이 되는 단순 다수결을 원칙으로 합니다. 예를 들어, 30명이 살고 있는 국가의 대통령 선거에서 A, B, C라는 후보가 나와서 각각 11표, 10표, 9표를 얻었다면 A가 당선이 되겠지요? 하지만 이때 뒤집어 생각하면 A를 선택하지 않은 국민이 2/3나 된다는 사실도 고려해 봐야 해요.

우리 역사 속에서도 참고해 볼 만한 제도가 있어요! 바로 신라의 화백(和白) 제도입니다. 신라의 화백 회의는 귀족들이 참여하여 국가의 중요 사항을 합의해 처리하는 회의 기구를 말해요. 이 회의의 특징은 '만장일치'로만 운영이 되었다는 거예요. 모든 사람들의 참여해 동의해야만 나랏일을 결정할 수 있었지요. 의견이 일치하지 않으면 잠시 회의를 중단합니다. 그러고는 각자 차분히 생각할 시간을 진 뒤에 다시 회의를 이어가게 됩니다. 즉, 만장일치 제도의 핵심은 의결의 과정입니다. 끊임없이 설득하고 토론하고 다시 조율하며 의견을 개진해 합의를 끌어내는 과정이 중요한 것이지요. 물론 시간이 아주 오래 걸리는 방식이라 현실적인 대안은 아니에요. 하지만 우리가 오늘날 의사 결정 과정에서 놓치고 있는 중요한 요소를 여기서 발견할 수 있답니다.

더 알고 싶어요!

민주주의를 지탱하는 다섯 가지 마음의 습관

① 우리는 모두 함께 있다는 것을 이해해야 한다.
② 우리는 다름의 가치를 인정할 줄 알아야 한다.
③ 우리는 생명을 북돋는 방식으로 긴장을 끌어안는 능력을 길러야 한다.
④ 우리는 개인적인 견해와 주체성에 대한 의식을 가져야 한다.
⑤ 우리는 공동체를 창조하는 능력을 강화해야 한다.

– 파커 J. 파머, 『비통한 자들을 위한 정치학』

생각 플러스

① 아테네가 인정하는 신들을 부정했다는 까닭으로 체포되어, 법정에서 다수결로 사형 판결을 받은 소크라테스
② 새로운 학급 회장이 회의를 열어 학급 규칙을 제정함
③ 우리 지역에 쓰레기 매립장 건설 결정을 위해 주민 투표를 시행
④ 지구가 태양 주변을 돈다고 주장해 종교 재판에 넘겨진 이탈리아의 과학자 갈릴레오 갈릴레이
⑤ 중학교에서 교복을 입을 것인지, 혹은 어떤 교복으로 선정할 것인지 학생들에게 의견을 물어 결정함
⑥ 선거로 뽑힌 공직자 가운데 부적격하다고 생각하는 자를 임기가 끝나기 전에 국민 투표 등 다수결에 의해 파면시킴
⑦ 환경 오염과 생태계 파괴의 우려가 있는 하천 사업에 대해 지역 주민들이 투표로 사업 시행을 결정함

■ 위 사례 가운데 오늘날 다수결로 결정할 수 없는 사례는 무엇이고, 그 이유는 무엇인가요?

한 줄 정리

- ☑ **다수결의 원칙**: 민주적인 의사 결정 방식으로, 집단의 의사를 다수 의견에 의하여 결정하는 원칙
- ☑ **중우 정치**: 어리석은 사람들이 하는 정치를 뜻하며, 플라톤이 타락한 민주주의 모습을 비판하며 한 말

10 만 18세가 되면 저절로 생기는 것!

정치 체제 — 보통 선거와 평등 선거

청소년 유권자들의 첫 '투표 인증'

2020년 제 21대 국회 의원 선거는 조금 특별한 선거가 되었다. 2019년에 선거법이 개정되어 만 18세가 된 청소년이 처음으로 선거에 참여하게 되었기 때문이다. 우리나라는 2006년 지방 선거부터 만 19세 선거권을 적용해 오다, 최근에야 만 18세로 선거 연령이 조정되었다. 이로 인해 생일이 이른 일부 고등학생도 선거에 참여하게 된 것이다.

뉴스일보

아까 너 SNS에 투표인증 사진 올렸더라? 누굴 뽑을지 결정하기 어렵지 않았어?

열심히 공부했지! 첫 투표니까 정당도 살펴보고, 선거 공보물도 꼼꼼히 읽어서 결정했어!

앞서 투표는 민주주의의 꽃인 동시에 중우 정치라는 위험을 갖는다고 배운 것을 기억하나요? 그래서 오늘날 민주주의 국가들은 투표할 수 있는 권한인 '선거권(투표권)'이 주어지는 나이를 제한하고 있습니다. 스스로 상황을 생각해서 판단할 수 있을 만큼 성숙한 나이를 정해 놓은 것이지요. '선거 연령'이라 불리는 이 나이는 대체로 만 18세인데요. 우리나라에서는 2004년까지 만 20세였어요. 2005년이 되어서야 만 19세로 나이를 낮추었고, 2019년에 드디어 첫 청소년 유권자가 탄생하게 되었답니다.

하지만 이 선거법 개정을 두고, 청소년을 미성숙한 존재로 보지 말아야 한다는 찬성 측과 아직 청소년의 선거 교육이 이루어지지 않았다는 반대 측으로 의견이 나누어졌지요. 물론 교육이 부족하다는 지점은 시간을 들이면 충분히 극복할 수 있을 거예요. 그런데 사실 훨씬 더 옛날에는 나이만으로 선거권을 제한하지 않았어요. 무려 성별, 직업, 재산을 따지면서 선거권을 부여하던 시절이 있었어요. 함께 알아볼까요?

모든 사람이 투표할 수 있는 보통 선거

고대 아테네에서 시작된 직접 민주 정치는 사실 무척이나 예외적인 사례였어요. 우리나라를 비롯해 많은 국가들은 수천 년 동안 군주 제도★나 봉건 제도★를 채택해 나라를 다스렸답니다. 그러다 권력자의 횡포에 들고 일어선 근대의 시민들이 여러 혁명들을 일으키며 정치는 시민들에게 돌아가게 되었지요. 이와 함께 법에 의해 나라가 운영되는 법치주의도 마련되었습니다.

그럼에도 한동안 참정권은 아테네처럼 일부 사람들만의 것이었어요. 영국에서는 귀족과 산업 자본가에게만 제한적으로 선거권을 보장했었습니다. 말도 안 되지만, 신분이 높거나 돈이 있어야만 투표를 할 수 있다는 거예요! 이에 맞서 1838년에 영국 노동자들은 힘을 모아 차티스트(chartist) 운동★을 전개했어요. 운동 자체는 실패했지만, 그 영향을 받아 1867년에 이르러 노동자에게도 선거권이 주어졌습니다.

> ★ **군주 제도**
> (君主制度)
> 혈통 등으로 군주 지위를 물려받아 나라를 다스리는 정치 형태
>
> ★ **봉건 제도**
> (封建制度)
> 권력자가 신하들에게 토지를 나누어 다스리게 하는 통치 형태
>
> ★ **차티스트 운동**
> 노동자들이 자신들의 권리를 보장받기 위한 선거권 확대 운동

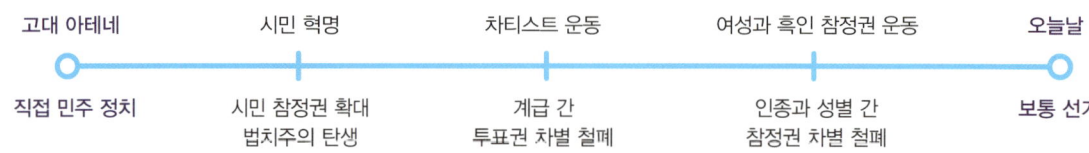

고대 아테네	시민 혁명	차티스트 운동	여성과 흑인 참정권 운동	오늘날
직접 민주 정치	시민 참정권 확대 법치주의 탄생	계급 간 투표권 차별 철폐	인종과 성별 간 참정권 차별 철폐	보통 선거

그런데 여전히 여성과 흑인들에게는 선거권이 주어지지 않았습니다. 따라서 또 오랜 세월 사람들은 여성 참정권과 흑인 민권★ 운동을 지속해서 진행했지요. 그들의 운동 덕분에 나라마다 시기는 조금씩 다르지만 20세기 중반에 이르러 오늘날 '보통 선거(普通選擧)'라는 현대 민주 정치의 모습이 갖추어졌습니다.

★ 민권(民權)
국민의 권리로, 특히 참정권을 뜻함

보통 선거란 일정한 나이가 되면 성별, 종교, 재산, 교육 수준에 상관없이 모두 투표할 수 있다는 선거 원칙을 말합니다. 이로써 모든 사회 구성원들이 자신의 의견을 말할 수 있게 된 거예요! 우리나라 최초의 보통 선거는 1948년 5월 10일 총선거부터 시작했으니, 이 원칙이 지켜진 지는 채 100년이 넘지 않았어요. 생각보다 매우 짧은 기간이지요? 그만큼 보통 선거라는 우리의 권한을 얻기 위해 많은 사람들이 노력했다는 것을 잊으면 안 돼요!

누구나 한 표씩만 투표하는 평등 선거

한편 19세기 초, 몇몇 나라에서는 재산이 많거나 신분 또는 사회적 지위가 높은 사람에게 2표 이상의 투표권을 주는 '차등 선거'가 이뤄진 적이 있습니다. 차등(差等)이란 동등하지 않고 차별이 있다는 뜻이에요.

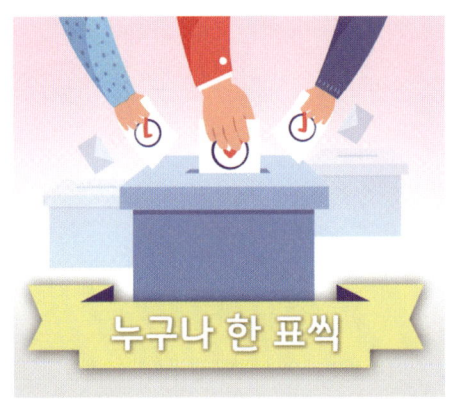

하지만 이제 대부분의 민주주의 국가에서는 차별 없이 모두 평등하게 1표씩 가지는 '평등 선거' 원칙이 지켜지고 있습니다. 우리나라에서 이 원칙은 헌법을 통해 법으로도 지켜지고 있지요.

그런데 평등 선거는 1인 1표라는 단순한 숫자가 가진 평등을 의미하지 않아요. 모든 사람이 선거에 기여한 정도가 평등해야 함을 의미합니다. 국회 의원을 뽑을 때 그가 대표할 구역을 정하게 되는데요. 그때 인구 분포가 너무 차이 나지 않도록 설정하는 것도 평등 선거의 원칙을 따르는 거예요. 예를 들어 A시의 ○구에 살고 있는 주민들은 200명인데, △구의 주민 수는 20명밖에 안 된다고 생각해 보세요. ○구에서 뽑힌 국회 의원과 △구에서 뽑힌 국회 의원이 비슷한 인구의 입장을 대표한다고 보기 힘들겠지요?

하지만 어떤 방식으로 선거구를 획정*하더라도 도시나 농촌, 지역의 넓이 등 여러 요인 때문에 선거구끼리의 인구수 차이를 줄이거나 없애기 쉽지 않습니다. 선거구 획정 기준은 시대별 정치적·사회적 상황에 따라 달라질 수 있긴 합니다만, 공정하게 이뤄지도록 우리나라는 공직 선거법으로 규정을 만들어 두었습니다.

★ 획정(劃定)
경계를 명확히 구별해 정함

더 알고 싶어요!

공정한 선거를 위한 4대 원칙 _ 보통 선거 / 평등 선거 / 직접 선거 / 비밀 선거

직접 선거: 대리인을 통하지 않고 유권자가 투표소에서 직접 투표를 하는 제도
비밀 선거: 투표자가 누구에게 투표했는지 알 수 없게 하는 제도

생각 플러스

- 평등 선거 원칙이 제대로 이뤄지기 위해서는 모든 구성원이 온전히 한 표를 행사할 수 있도록 보편적이고 평등한 투표 환경이 필요합니다. 우리나라의 선거, 투표권은 평등할까요? 아래의 내용을 읽고 무엇이 부족하고, 어떻게 해결되어야 할까요?

① 장애인에게는 투표하기 편한 환경이 보장되지 않는 경우가 많습니다. 투표소에 승강기가 설치되지 않은 곳이 간혹 있기도 하고, 시각 장애인이나 청각 장애인을 위한 수어 통역사 또는 보조 용구도 충분히 제공되지 않아요. 투표소가 아예 접근하기 어려운 곳에 설치될 때도 많아요. 지체 장애인에 대한 지원은 여전히 불완전하고, 발달 장애인에 대한 것은 이뤄지지 않고 있습니다. 누구나 한 표를 가지고 있지만, 모든 환경이 비장애인의 기준에서 설계되어 있는 게 현실입니다.

② 투표일은 설날이나 추석처럼 나라에서 정한 휴일인 '법정 공휴일'이에요. 모든 사람들이 시간이 없어서 투표를 못 하는 상황이 생기지 않도록 막아 두는 것이지요. 노동법에도 노동자의 선거 참여 시간을 보장하라고 적혀 있지만, 조사에 따르면 투표일에 출근하는 노동자가 많다고 해요. 비정규 노동자일수록 하루라도 일을 쉬면 생활에 지장이 생겨서, 투표를 포기하는 사람이 많습니다.

한 줄 정리

☑ **보통 선거**: 사회적 신분, 인종, 성별, 교육 등을 요건으로 하지 않고, 일정한 연령에 달한 모든 국민에게 차별 없이 선거권을 인정하는 제도

☑ **평등 선거**: 재산, 납세, 교육의 정도 또는 신앙 등 차별 없이 모두 평등하게 1표씩 가지도록 선거권을 인정하는 제도

11 교복 입은 정치인을 만날 수 있을까?

정치 체제 — 대선, 총선, 지방 선거

2019년, 자그마치 '지구촌 최연소 총리'가 핀란드에서 탄생했었지요. 85년생 산나 마린(Sanna Marin)이 그 주인공입니다. 그 뒤를 이어 2021년에는 지방 의회 선거에서는 최연소 고등학생 의원이 선출되었습니다. 10대가 정치계의 새바람이 되어 줄까요?

핀란드 최연소 총리 '산나 마린' 당선

출처: 핀란드 정부 홈페이지

우와… 10대 의원이라니, 진짜 멋있다!
혹시 나도 정치인이 될 수 있는 걸까?

★ **어폐(語弊)**
적절하지 않게 사용하여 발생한 말의 결점

뉴스 앵커의 말처럼 핀란드 정치계에는 '젊은 바람'이 불고 있는 것 같습니다. 전 세계 최연소 국가 원수부터 국내 최연소 의원까지 당선되었으니 말이에요! 특히 고등학생 의원이 된 미카엘라는 "60세 남성 정치인이 청소년에게 무엇이 필요한지를 결정하는 것은 어폐★가 있다. 청소년이 정치에 관심 없다는 말도 잘못되었다. 정치인들이 우리 의견을 과소평가하며, 눈높이에 맞지 않게 활동했기 때문이다"라며 당찬 소감을 밝히기도 했어요. 그럼 우리나라에서도 10대 의원이 탄생할 수 있을까요? 정답은… '예'입니다! 2021년 공직 선거법이 개정되면서 대선을 제외한 총선과 지방 선거의 피선거권은 만 18세 이상부터 주어지게 되었거든요. 피선거권이란 국가 기관의 구성원으로 선출될 수 있는 국민의 기본권을 가리켜요. 대선, 총선, 지방 선거가 헷갈린다고요? 그럼 이번에 자세히 알아보아요.

더 알고 싶어요!

피(被) + 선거권(選擧權) = 피선거권(被選擧權)

앞서 선거권은 투표권과 같은 의미로, 선거에 참가해 투표할 수 있는 권리였지요? 그런데 '피-'라는 접두사는 '그것을 당함'이라는 뜻을 가져요. 그래서 투표를 당할 수 있는 권리, 즉 선거에 후보로서 당선될 수 있는 권리를 가리킨답니다.

대통령을 뽑는 대선

대통령은 대한민국 헌법에 따라 국가 원수와 행정부 수반★으로서의 임무를 수행하는 사람이지요. 이러한 대통령을 선출하는 선거가 '대통령 선거(대선)'입니다. 우리나라는 1987년 헌법 개정 이후, 제13대 대통령 선거부터 국민이 직접 선거를 통해 뽑는 '대통령 직선제'와 태어나서 단 한 번만 5년간 대통령으로 재직할 수 있는 '5년 단임제'를 기반으로 진행되고 있습니다.

대선 후보자가 되고 싶다면 대통령 선거를 관리하는 중앙 선거 관리 위원회에 입후보 절차를 밟아야 하는데요. 대통령 후보 출마 조건은 선거일 기준으로 5년 이상 국내에 거주하고 있는 만 40세 이상의 국민입니다. 다만 금고 이상의 형을 받았다든지 몇 가지 조건에 따라 자격이 제한되기도 합니다.

대통령 선거가 진행되고 나면, 중앙 선거 관리 위원회가 다수의 표를 얻은 후보를 당선인으로 결정하고는 이것을 국회 의장에게 알리게 돼요. 다만, 후보자가 단 1명일 때에는 총 투표수 가운데 3분의 1이 넘어야 당선인으로 결정하게 됩니다. 만약 최고 득표를 얻은 후보가 2인 이상일 때에는 어떻게 할까요? 이때는 국회에서 국회 의원의 과반수가 출석한 상태에서 공개회의를

★ **수반(首班)**
행정부의 가장 높은 자리에 있는 사람

열어 다수표를 얻은 후보가 당선됩니다.

최근 핀란드처럼 젊은 대통령과 총리가 당선되고 공직 선거법이 개정되면서, 우리나라도 헌법으로 제한하고 있는 대통령의 피선거권 나이를 철폐★해야 한다는 주장이 나오고 있어요. 이 규정이 국민의 평등권과 공무 담임권을 침해하는 것이며, 나이보다 능력이 중요한 자격이 되어야 한다고 말이에요. 그런데 우리나라 대통령처럼 권력이 집중되는 구조에서는 연륜과 경험이 중요하므로 최소한의 나이 규정이 필요하다는 주장도 있어요. 현재 규정인 만 40세 정도가 국가 운영에 필요한 능력을 쌓을 수 있는 연륜으로 적절하다는 말이지요.

★ 철폐(撤廢)
전에 있던 제도나 규칙을 걷어치워 없앰

국회 의원을 뽑는 총선거

국회 의원은 4년이라는 임기 동안 국민의 대표 기관인 국회를 꾸리는 정치인들을 가리킵니다. 국회에서 법을 만들거나 국가 재정★을 꼼꼼히 검토하고 결정하기도 하며, 대통령의 업무가 제대로 이루어지고 있는지 감독하는 역할을 하지요. 이러한 국회 의원을 뽑는 선거를 '총선거(총선)'이라고 합니다. 우리나라의 국회 의원 수는 300명인데 그 안에서 '지역구 의원'과 '비례대표 의원'으로 나뉘어요. 따라서 두 종류의 국회 의원을 뽑기 때문에, 대통

★ 재정(財政)
자금을 관리하고 이용하는 활동

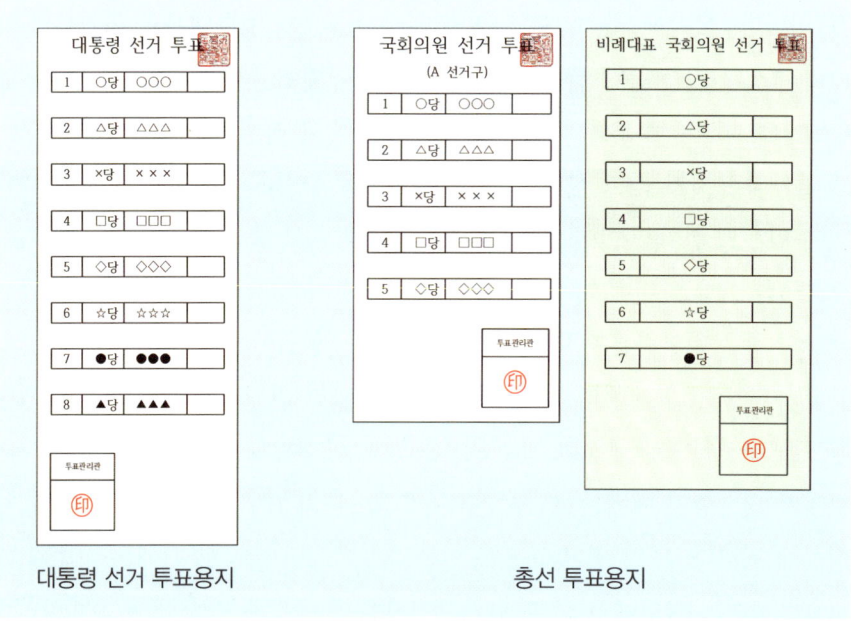

대통령 선거 투표용지   총선 투표용지

령 선거 때는 투표용지가 1장이지만 총선 때에는 2장이에요!

이렇게 총선 때는 각각의 투표용지에 총 2번의 기표★를 하게 됩니다. 하얀 종이가 지역구 국회 의원용이고, 초록색 종이가 비례 대표 국회 의원용이지요. 지역구 의원이란 각 지역으로 나누어진 선거구에서 당선되는 의원을 말하며, 비례 대표 의원이란 국민들이 각자 지지하는 정당에 투표한 결과를 바탕으로 정당마다 얻은 표의 비율에 따라 당선된 국회 의원을 말합니다.

선출 방식도 조금은 다른데요. 먼저 지역구 의원은 그 지역에서 단 한 표라도 많은 표를 얻은 후보가 당선인으로 결정됩니다. 비례 대표 의원은 각 정당이 전국에서 얻은 득표율에 따라 정당별로 의석★을 배분해 선출됩니다. 그래서 비례 대표 후보는 정당별로 여러 명을 미리 뽑아 두고, 정당 투표 결과에 따라 순차적으로 자동 선출됩니다. 만약 O 정당이 비례 대표 의원 3자리를 확보했다면, O 정당의 비례 대표 1번 후보부터 3번 후보까지가 당선되는 식이에요. 2022년 현재 21대 국회의원 현황은 아래와 같습니다.

★ 기표(記票)
투표용지에 써넣거나 표시함

★ 의석(議席)
의원이 앉는 자리

정당별 의석현황 총 300석

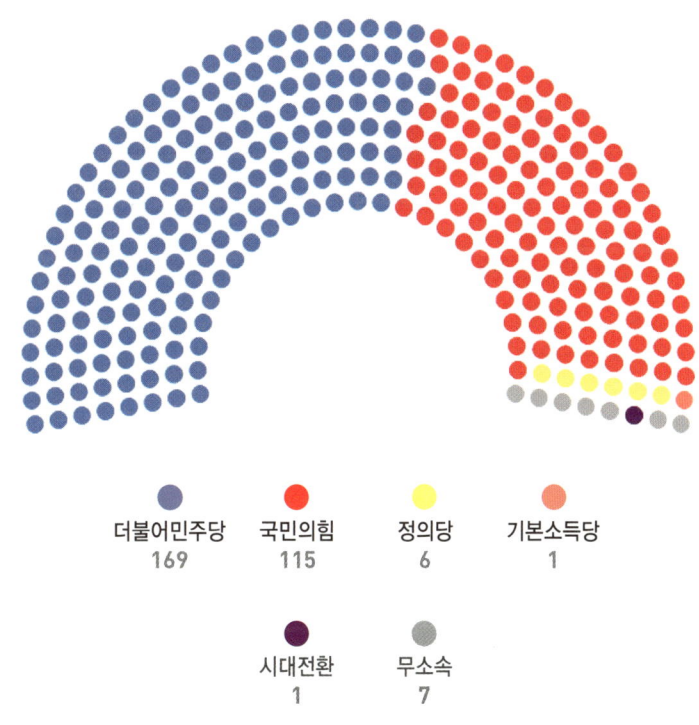

더불어민주당 169
국민의힘 115
정의당 6
기본소득당 1
시대전환 1
무소속 7

더 알고 싶어요!

보궐 선거

당선인이 임기를 시작한 이후에 범법 행위로 유죄 판결을 받게 되어 피선거권을 상실하거나, 사망 또는 사퇴 등의 이유로 자리를 비우게 되었을 때 그 자리를 보충하기 위하여 실시하는 선거.

재 선거

선거의 투표 과정이나 개표 과정에서 문제가 발생하거나 위법한 행위가 발견되어 무효 판결이 내려졌을 때에, 당선인이 임기 시작하기 전에 사망하거나 사퇴할 때에, 선거 결과 당선인이 없을 때에 다시 실시되는 선거.

지역 주민의 대표자를 뽑는 지방 선거

지방 선거는 지방 의회 의원과 지방 자치 단체장을 선출하기 위한 선거입니다. 전국 단위로 동시에 치러지는 전국 동시 지방 선거는 4년마다 시행되는데요. 이때 시·도 교육감, 광역 단체장(시·도지사), 기초 단체장(구·시·군의장), 지역구 광역 의원(시·도의원), 비례 대표 광역 의원(시·도의

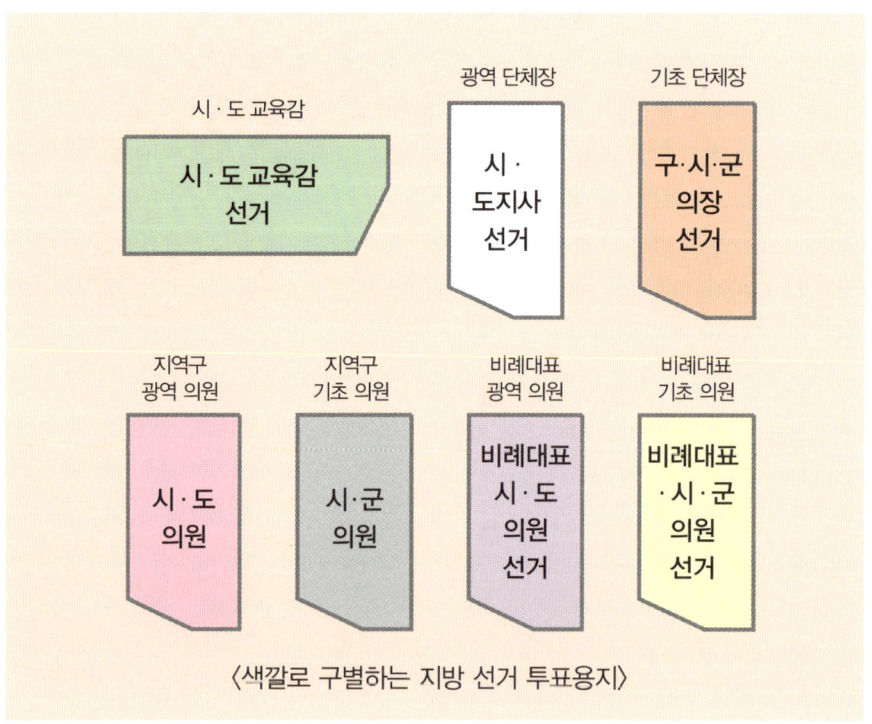

〈색깔로 구별하는 지방 선거 투표용지〉

원), 지역구 기초 의원(시·군의원), 비례 대표 기초 의원(시·군의원)을 선출합니다. 무려 7개의 선거가 동시에 실시되는 거예요!

두 종류의 국회 의원을 뽑아서 기표를 2번 했던 총선처럼, 지방 선거에서 유권자들은 총 7번의 기표를 하게 됩니다. 예를 들어 서울에 사는 시민이라면 서울시 교육감, 서울 시장, ○○구청장, 시의원, 구의원, 비례 시의원, 비례 구의원을 뽑게 되는 거예요.

지방 선거에서 선출된 공직자들의 임기는 4년입니다. 지방 자치 단체장은 연속 3번까지 연임★이 가능한 반면에 지방 의회 의원의 재임★에는 제한이 없습니다. 참고로 2021년에 총선처럼 지방 선거에서도 선거권과 피선거권의 나이가 만 18세로 하향 조정되었습니다.

한편 지방 선거에는 유일하게 외국인에게도 투표권이 주어집니다. 국내 영주권을 취득한 지 만 3년이 넘은 만 18세 이상 외국인은 누구나 지방 선거에서 투표할 수 있지요. 그런데 반대로 지방 선거에서만 외국에 살고 있는 우리나라 국민(재외 국민)은 투표할 수 없어요. 하지만 만약 재외 국민이라도 주민 등록 사항을 기록해 놓은 문서인 주민 등록표에 3개월 이상 계속 올라와 있고, 해당 구역에 주민으로 등록이 되어 있다면 국내에서 투표가 가능합니다.

★ **연임(連任)**
정해진 임기를 마친 뒤에 다시 계속해서 그 직위에 머무름

★ **재임(再任)**
같은 관직에 다시 임명됨

최근 선거권과 피선거권의 연령이 하향되었습니다. 선거권 연령은 2019년에 만 19세에서 만 18세로 하향되었고, 2021년 12월 공직자 선거법 개정으로 국회 의원 선거와 지방 자치 선거에 출마할 수 있는 연령도 만 25세에서 만 18세로 낮춰졌습니다.

2022년 1월에는 정당법 개정으로 정당에 가입 가능한 연령이 만 18세에서 만 16세로 내려갔지요. 더 나아가 시·도 교육감을 뽑을 수 있는 교육감 선거 연령을 고1이나 중3의 나이대인 '만 16세로 낮추는 방안'에 대해 각 정당에서 찬성의 목소리를 내고 있습니다.

■ 점차 정치 참여 연령이 내려가고 있는 것을 어떻게 생각하나요? 찬성과 반대 각각의 입장에 관한 논거를 작성해 볼까요?

○ 나의 생각은

한 줄 정리

- **대선(대통령 선거)**: 국가를 대표하고, 행정부의 수반이 되는 최고의 통치권자인 대통령을 뽑는 선거
- **총선(총선거)**: 새로운 지역구 국회 의원과 비례 대표 국회 의원을 선출하는 선거
- **지방 선거**: 지역 주민의 대표자인 지방 의회 의원 및 지방 자치 단체장 등을 선출하기 위한 선거

12 권력은 누가 어떻게 갖는 거지?

정치사

— 민주 정치와 독재 정치

'5부 요인'과 대통령, 오늘 오찬 모임 가져

대통령이 오늘 국회 의장, 대법원장, 헌법재판소장, 국무총리, 중앙 선거 관리 위원장 등 5부 요인*과 만남을 가졌다. 청와대는 이날 대통령이 정OO 국회 의장, 김OO 대법원장, 이OO 국무총리, 김OO 중앙 선거 관리 위원장, 김OO 헌법 재판소장 권한 대행 등을 청와대로 초대해 오찬을 가졌다고 밝혔다. 5부 요인과 문 대통령의 만남은 지난 7월에 이어 두 번째다.

뉴스일보

★ 요인(要人) 중요한 자리에 있는 사람

국회 의장, 대법원장(헌법 기관장), 국무총리, 헌법재판소장, 중앙 선거 관리 위원장 등 5개 헌법 기관의 장들을 '5부 요인'이라고 부릅니다.

대통령, 국회 의장, 대법원장, 헌법재판소장, 국무총리, 중앙 선거 관리 위원장이 국정에 대해서 이야기를 나누기 위해 모였군요! 민주주의 국가인 우리나라는 법을 만드는 곳, 실행하는 곳, 관리하는 곳을 따로 두고 있어요. 어느 한 사람이나 한 기관에 모든 권력이 집중되지 않기 위해 권력을 나누고 있는 것이지요. 이러한 정치 형태를 가리켜 '민주 정치'라고 불러요. 그런데 전 세계 모든 나라가 권력을 우리나라처럼 나누고 있지는 않아요. 한 사람 또는 한 곳에 모든 권력이 집중된 나라도 있어요. 이것을 '독재 정치'라고 불러요. 민주 정치와 독재 정치, 이 둘은 어떻게 다를까요?

국민의, 국민에 의한, 국민을 위한 민주 정치

민주주의는 '민주(民主)'라는 단어 그대로 국가의 주권★이 국민에게 있고, 국민을 위하여 정치를 지향하는 사상이지요? 민주주의 국가에서 국민은 누구나 자기 의견을 자유롭게 말할 권리가 있기에, 선거를 통해 그 뜻을 잘 실현시킬 우리의 대표를 뽑습니다. 국민에 의해 뽑힌 대표는 국민들의 의견을 바탕으로 나라와 국민을 위해 일을 열심히 해야 하지요. 이러한 민주주의를 바탕으로 삼는 '민주 정치'는 모든 사람이 자유롭고 평등하게 의사 결정에 참여하는 정치 형태예요. 그래서 '국민의, 국민에 의한, 국민을 위한 정치'라는 문구는 미국의 16대 대통령 에이브러햄 링컨(Abraham Lincoln)의 연설문에 등장한 문장으로, 민주 정치를 상징적으로 잘 나타낸 것으로 유명합니다. 국민이 나라의 주인이며, 국민이 정치에 참여해 나라를 다스리며, 나라는 국민의 행복을 위해야 한다는 것이 민주 정치의 핵심이니까요!

★ 주권(主權)
국가의 주요한 일을 최종적으로 결정하는 권력

그럼 민주 정치는 어떻게 작동하는지에 대해 자세히 살펴볼까요? 우선 우리가 성실하게 선거에 참여하고, 헌법에 쓰여 있는 우리의 권리를 중요하게 보는 이유는 바로 누군가가 멋대로 권력을 휘두르지 않게 막기 위해서예요. 민주 정치는 국민 모두에게 권력이 있다는 것을 몹시 중요하게 여깁니다.

따라서 민주 정치에서는 나라의 권력을 여러 개로 쪼개 놓습니다. 어느 하나의 국가 기관이 강한 힘을 가진다면 국민의 자유와 권리를 해칠 위험이 크므로 권력을 여러 곳에 나누어 놓은 것이에요. 국가 권력을 서로 독립된 기관이 나누어 맡음으로써 견제와 균형을 통해 국가 권력의 남용을 방지하는 것이지요. 민주 정치를 실행하는 국가에서는 대부분 국가의 권력을 나누어 서로 견제를 하게 하여 균형을 이루고 있어요.

한 사람의, 한 사람에 의한, 한 사람만을 위한 독재 정치

'한 사람 또는 일정한 집단(獨)이 마음대로 가위질하다(裁)'라는 뜻 그대로, 독재는 특정한 사람들이나 계층이 권력을 독차지하여 모든 일을 독단으로 처리하는 것을 말해요. '독재 정치'는 특정한 개인 또는 집단이 모든 권력을 쥐고 독단적으로 지배하는 정치 형태인 것이고요. 또한 한쪽에 권력을 강압적으로 집중시키면서 일부를 배척★하는 권위적인 정치이기도 합니다. '국민에게 주권이 있다', '국민을 대표하는 정치인', '헌법에 따라 권력이 행사된다', '권력을 여러 곳으로 나눈다'와 같은 민주 정치의 원리는 독재 정치와 거리가 멀다고 할 수 있어요. 독재 정치가 행해지면 민주 정치는 무너지고, 일부를 배척하기 때문에 무고한 이들이 억압받고 희생당하는 사태가 벌어지게 됩니다. 그래서 '한 사람의, 한 사람에 의한, 한 사람만을 위한 정치'라는 말은 이러한 독재 정치를 상징적으로 나타내는 말이에요.

그런데 독재 정치는 무조건 '다수의 지지를 받지 못한 정치 형태'나 '정당하게 선출되지 않은 정치 형태'를 의미하는 게 아니에요. 정당하고 민주적인 절차로 선출된 권력이라고 해도, 만약 권력에 대한 견제와 균형이 사라진다면 독재 정치가 이뤄질 수도 있어요. 실제 역사 속에서, 독재 정치를 펼친 정치들 가운데는 민주적으로 정당성을 얻은 권력자들도 있었어요.

독재 정치에도 여러 종류가 있어요. 대표적으로 한 개인이 모든 권력을 장악하는 일인 독재, 소수의 사람이 권력을 나누어 독재하는 과두★ 정치, 하나

★ 배척(排斥)
따돌리거나 거부하여 밀어 내침

★ 과두(寡頭)
적은 수의 우두머리

★ **쿠데타**
(coup d'État)
무력으로 정권을 빼앗는 일

★ **프롤레타리아**
(proletarier)
자본주의 사회에서 노동력 이외에 다른 생산 수단을 갖고 있지 않은 노동자

★ **문민(文民)**
직업 군인이 아닌 일반 국민

의 정당만이 인정받는 일당 독재, 군인들이 쿠데타★를 일으켜서 정권을 장악하는 군사 독재, 노동자 등 어떤 계급이 행하는 계급(프롤레타리아★) 독재, 민간인이 민주주의로 정당성을 확보했으나 권력 독점으로 변질되는 문민★ 독재 등이 있어요.

우리나라에서도 독재 정치가 이루어진 '흑역사'는 있었어요. 우리나라 초대 대통령인 이승만, 군사 쿠데타로 권력을 잡은 박정희와 전두환 등이 독재 정치를 펼쳤지요. 하지만 많은 사람들이 목숨을 걸고 민주화 운동을 벌인 덕분에 지금 우리는 민주주의 사회를 살아가고 있습니다. 하지만 아직도 어두운 새벽인 곳이 있어요.

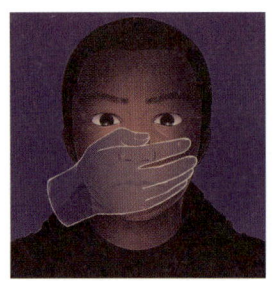  

〈미얀마의 시민 불복종 운동〉

2021년 2월 1일 새벽, 미얀마의 군부가 쿠데타를 일으켰습니다. 그 결과, 왼쪽 사진처럼 수많은 미얀마 국민들이 시민 불복종 운동(CDM)을 벌이며 맹렬히 민주화 운동을 전개하고 있어요. 그럼에도 미얀마 군부는 꿈적하지 않고 있으며, 오히려 시위를 방해하고자 인터넷을 차단하거나 시위하러 나온 시민들에게 무차별 폭력을 행사하고 있습니다. 결국 수많은 청년들은 민주주의를 되찾고자 군부 독재에 저항하러 거리로 나왔습니다. 우리나라가 그랬듯, 하루 빨리 미얀마에도 민주주의의 불빛이 밝게 빛나기를 함께 응원해요!

- 오늘날 민주 정치가 아닌 독재 정치를 하는 나라들을 조사해 보세요.

  ① 아시아: _____

  ② 유럽: _____

  ③ 아프리카: _____

  ④ 남·북아메리카: _____

- 우리의 일상생활 속에서 찾을 수 있는 민주 정치의 사례를 찾아보세요.

- 독재 정치를 막고, 민주 정치의 실현을 위해 우리가 학생으로서 할 수 있는 일에는 무엇이 있을지 떠올려 볼까요?

한 줄 정리

☑ **민주 정치**: 나라의 모든 사람이 자유롭고 평등하게 의사 결정에 참여하는 정치 형태

☑ **독재 정치**: 특정한 개인 또는 집단이 모든 권력을 쥐고 독단적으로 지배하는 정치 형태

13 민주주의, 불의에 항거하다!

정치사 — 3.15 부정 선거와 4.19 혁명

20대 대선에서 확인한 '시민들의 목소리'

지난 2022년 3월 9일, 대한민국 제20대 대통령이 선출되었다. 이번 선거까지 1948년 대한민국 정부 수립★ 이후, 총 스무 번의 대통령 선거가 치러졌다. 누가 대통령이 되느냐는 우리의 삶을 바꾸는 역사적 사건이다. 코로나19로 힘든 시간을 달려 온 시민들은 새로운 대통령에게 거는 기대가 큰 것으로 보인다. 시민 A 씨는 "새로 뽑힌 대통령이 국민들의 목소리에 귀 기울이고, 지친 마음을 보듬어 주길 바란다"라며 새 대통령에 대한 바람을 밝혔다.

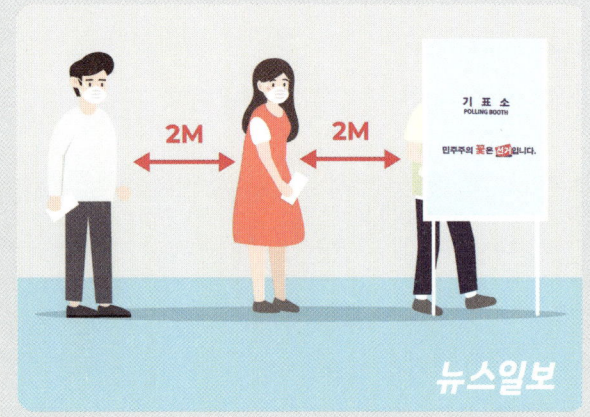

뉴스일보

★ 수립(樹立) 국가나 정부를 이룩하여 세움

선거 때마다 많은 이들이 관심을 가지네? 과거에 무슨 일이 있었던 걸까?

우리나라에는 부정 선거도 있었고, 그에 대항하는 혁명도 있었어!

84 정치

1948년에 대한민국 정부가 수립된 이후, 현재까지 스무 차례 진행된 우리나라의 대통령 선거 역사에는 부끄럽고 안타까운 일들이 있었어요. 가장 충격적인 일은 부정한 방법으로 선거가 치러진 적이 있었다는 사실이에요. 바로 1960년 3월 15일에 진행된 대통령 선거입니다. 이때의 선거를 가리켜 흔히 '3.15 부정 선거'라고 불러요. 다행히 민주주의를 지키려는 시민과 학생들의 노력으로 부정★하게 대통령이 된 이는 물러났어요. 당시 그들의 노력을 '4.19 혁명'이라고 해요. 그렇다면 이 역사가 어떠한 과정으로 진행되었는지 차근차근 살펴볼까요?

★부정(不正)
올바르지 않거나 옳지 못함

시민의 투표권을 무시한 3.15 부정 선거

1948년에 우리나라의 첫 대통령으로 취임한 이승만은 권력을 한번 맛보자, 욕심이 난 나머지 헌법을 마음대로 개정해 버렸어요. 과거 헌법에 대통령의 임기는 4년이고 선거 출마 가능 횟수는 2회까지로 제한되어 있었는데, 이미 자신은 모든 횟수를 다 사용했기에 헌법을 바꾸기로 한 거예요. 헌법을 그렇게 쉽게 바꿀 수 있냐고요? 아뇨, 원래 헌법을 개정하려면 국회 의원이 몇 명 이상 동의해야 해요. 그런데 이승만은 사람들이 다 모이지 않자, 필요한 국회 의원 숫자를 반올림해 버리는 '사사오입 개헌'이라는 황당한 일까지 저질렀어요. 그러자 국민들은 이러한 대통령에게 불만이 매우 높아졌습니다. 더욱이 나라 경제까지 안 좋아져서 정권이 바뀌기를 바라는 사람들의 목소리가 나오기 시작했어요.

1956년 제3대 대통령 선거에서 대통령을 새로이 바꿔야 한다며 "못 살겠다 갈아 보자"라는 표어가 나올 정도였지요. 선거 결과, 대통령에는 이승만이

★ **부통령**
지금의 대통령 선거는 대통령 한 명만을 뽑는 선거이지만, 이 당시 대통령 선거에서는 대통령과 함께 그를 돕는 부통령까지 뽑는 선거를 함께 진행했어요.

★ **여론(輿論)**
대중의 공통된 의견

당선되었으나 부통령★에는 이승만을 반대하는 민주당의 장면이 부통령에 당선되었어요. 부통령은 대통령이 사망할 시 대통령의 자리를 물려받는 자리입니다. 1956년 당시 이승만은 81세라는 고령이었기에 임기 도중에 사망할 확률이 높았지요. 그러니 자유당 입장에서는 자기네 정당에서 대통령이 나왔어도, 라이벌 정당인 민주당에서 다음 대통령이 나올까 불안할 수밖에요. 하지만 이승만은 무사했고, 또 4년의 시간이 지나 제4대 대통령 선거를 맞이했습니다.

1960년 3월 15일, 이승만은 또다시 대통령 후보로 나왔습니다. 지난 선거에서 부통령 자리를 반대편에게 내준 자유당은 대통령으로 이승만을, 부통령으로 이기붕을 만들고자 했어요. 그런데 자유당 정권에서 여론★을 미리 파악해 보고는, 어떻게 해도 선거에서 승리할 수가 없음을 알게 되었어요. 따라서 그들은 절대 해서는 안 될 방법을 떠올렸어요. 바로 여러 가지 부정행위를 저지르는 것이었지요!

자유당은 투표소 앞에서 사람들에게 자유당을 찍도록 강요했고요. 투표함을 몰래 바꿔치기하거나, 투표 안 한 사람의 이름을 멋대로 빌려 그 사람인 척하며 대리 투표를 했습니다. 득표수도 조작해서 발표했지요. 그 결과 제4대 대통령 선거에서는 이승만과 이기붕 후보가 각각 88.7%와 79%의 득표로 대통령과 부통령에 당선되었어요. 그런데 개표 과정에서 부통령 이기붕의 득표율이 100%인 결과가 나와서, 이를 79%로 낮춰 발표하는 웃지 못할 일도 벌어졌어요. 이렇게 이승만 대통령의 자유당 정권에 의해 부정행위가 일어났던 대통령 선거를 '3.15 부정 선거'라고 해요.

시민의 손으로 지켜 낸 민주주의, 4.19 혁명

3.15 부정 선거에 당연히 많은 사람들은 분노했고, 이 선거의 결과를 인정하지 않았어요. 이에 대통령 선거를 다시 치를 것과 자유당 정권이 물러나야 한다는 목소리가 거세졌지요.

가장 먼저 민주주의의 불씨가 붙은 곳은 마산(현재 창원)이었어요. 1960년 3월 15일, 선거 당일에 일어난 민주화 시위에 이승만 정권은 무려 시민들에게 총을 쏘라는 명령을 내렸습니다. 그로 인해 수십 명의 시민과 학생들이 사망

했지요. 하지만 그들은 마치 그런 일은 일어나지 않은 양 굴었어요.

그러나 한 달이 조금 되지 않는 4월 11일, 마산 앞바다에서 한 고등학생의 시신이 떠올랐습니다. 시위에 참여했다가 실종된 고등학생 김주열 군이었지요. 김주열 군은 얼굴에 최루탄★이 박힌 참혹한 모습이었어요. 그 모습이 담긴 사진이 한 신문에 보도되면서, 국내를 넘어 전 세계의 사람들까지 경악했습니다. 이내 시민들의 분노가 폭발했어요. 시민들은 "김주열을 살려내라"라고 절규하며 함께 시위에 나섰어요. 이렇게 마산에서

마산 3.15 의거 기념탑
출처: 한국민족문화대백과사전

★ 최루탄(催淚彈)
눈을 맵게 만드는 약이나 물질을 넣은 탄환

시작된 시위는 서울, 광주, 대구 그리고 부산 등 전국으로 확산되었습니다.

4월 18일, 거리로 뛰쳐나온 고려대학교 학생들은 대통령 선거를 다시 치를 것을 요구했어요. 그런데 이승만 정권은 또다시 무력으로 그들을 제압했습니다. 무려 조직폭력배를 고용해 대학생들을 습격했고, 이 과정에서 많은 수의 학생들이 폭행을 당했어요. 김주열 군 사망 소식에 대학생들을 폭행한 일까지 알려지자, 다음 날인 4월 19일 남녀노소 모든 시민들이 거리로 나와 3.15 부정 선거를 규탄하고, 이승만 정권은 물러나라고 외쳤지요. 이에 정부는 시위대를 강경하게 진압했어요. 이 과정에서 경찰들이 시민들을 향해 총을 쏘는 바람에 여러 사람들이 죽고 다쳤어요. 정부가 전국에 계엄령★을 선포하고 강경하게 대응했지만, 시민들은 멈추지 않았어요. 정부가 탄압할수록 민주주의를 향한 시민들의 의지는 더욱 불타올랐지요.

용두산공원 4.19 의거 기념탑
출처: 한국민족문화대백과사전

★ 계엄령(戒嚴令)
대통령이 일정한 곳을 병력으로 경계하겠다는 명령

★ **시국(時局)**
오늘날 국내 및 국제의 동향

★ **망명(亡命)**
몸을 숨기려 외국 등으로 멀리 도망감

시위가 막바지에 다다른 4월 25일에 대학교 교수들이 학생과 시민들을 지지하는 '시국★ 선언문'을 발표하며, "학생의 피에 보답하라"라는 현수막을 내걸고 시민들과 함께했어요. 곧 이어 어린이들까지 시위에 동참하는 지경에 이르자, 결국 이승만은 4월 26일 대통령 자리에서 물러나 하와이로 망명★하였어요. 그리고 이와 함께 자유당 정권도 무너지게 되었지요.

이처럼 1960년 4월 19일 학생과 시민이 중심이 되어 민주주의를 되찾고자 일으킨 민주주의 운동을 '4.19 혁명'이라 해요. 4.19 혁명은 부정을 저지르며 독재를 하려던 이승만과 자유당 정권에 저항하며 민주주의를 지켰다는 점에서 시민이 가진 힘을 보여 주는 역사적인 사건이에요.

- 민주주의를 지키기 위해 시민들이 정치에 대해 가져야 하는 자세와 태도를 생각해 볼까요?

이렇게 생각해 보면 좋을 것 같아요

① 3.15 부정 선거와 4.19 혁명이 '왜' 그리고 '어떠한 과정'에서 진행되었는지, 해당 사건들이 주는 '교훈'을 중심으로 생각해 봐요.
③ '내가 만약 4.19 혁명에 참여한 한 학생이나 시민이었다면?'을 스스로 질문하며 시민의 자세와 태도를 생각해 봐요.

- 만약 여러분이 기자가 되어 3.15 부정 선거 또는 4.19 혁명과 관련한 인물과 인터뷰를 진행한다면, 어떻게 인터뷰를 진행할 것인지 계획을 세워 봐요!

인터뷰 대상 예시

이승만 대통령, 3.15 부정 선거를 주도한 자유당 정치인, 4.19 혁명에 참여한 학생과 시민들

– 누구를 대상으로 인터뷰를 진행하나요?

– 묻고 싶은 질문 2가지를 아래에 적어 봅시다.

| ① |
| ② |

한 줄 정리

☑ **3.15 부정 선거**: 1960년 3월 15일 이승만 대통령의 자유당 정권에 의해 대대적인 부정행위가 일어났던 정·부통령 선거
☑ **4.19 혁명**: 1960년 4월 19일 학생과 시민이 중심이 되어 민주주의를 되찾고자 일으킨 민주주의 운동

14. 앞서서 나가니 산 자여 따르라

정치사

– 5.18 민주화 운동과 6월 민주 항쟁

노태우에 이어 전두환 사망… '사죄 없었다'

2021년 10월, 11월 한 달 사이 간격으로 대한민국의 민주주의를 짓밟은 두 명의 독재자가 세상을 떠났다. 10월 26일 사망한 13대 대통령 노태우 그리고 한 달 뒤쯤 사망한 대한민국 11, 12대 대통령 전두환이다. 이들은 12.12 군사 반란을 통해 민주주의를 무시하고 대통령의 자리에 올랐다. 독재자로서 이들은 5.18 민주화 운동을 무참히 진압하고, 여러 시민과 학생들을 고문으로 죽이는 등 잔혹한 독재 정치를 펼쳤다.

이후 이들은 법적으로 처벌을 받았지만, 죽는 순간까지 국가 폭력의 피해자들에게 제대로 된 사과 한마디를 하지 않았다. 시민들과 정치권은 끝내 사죄나 반성 없이 떠난 독재자들에 한탄하고 있다.

뉴스일보

독재자 전두환, 노태우가 2021년에 세상을 떠났네요. 군사 독재 정권으로 민주주의와 국민들을 탄압했던 이들이지요.

피해자들의 아픔은 여전한데, 사과 한마디 없었다니… 너무 안타깝습니다.

1980년대 대한민국에는 독재자 전두환과 노태우에 맞서 민주주의를 지키기 위해 목숨과 청춘을 바친 시민들이 있었습니다. 앞선 '독재 정치'를 배울 때 잠시 등장했던 전두환 전(前) 대통령을 기억하나요? 그는 선거와 투표를 무시한 채 군사를 이끌고 막무가내로 대통령이 된 사람이었지요. 노태우는 전두환과 함께 쿠데타를 일으킨 군부 정권의 2인자였습니다. 이 시절 대한민국의 민주주의는 암흑에 둘러싸여 있었지요. 그러나 1980년 5월 광주에서 일어났던 '5.18 민주화 운동'부터 1987년 6월 전국에서 전개된 '6월 민주 항쟁'까지, 시민들의 희생과 헌신 덕분에 독재 정권은 힘을 잃고 우리 품에 민주주의가 돌아올 수 있었어요. 우리나라 민주주의 역사에 남은 큰 발자취를 하나씩 살펴봐요!

대한민국 민주주의를 위해 나선 5월의 광주 시민들

5.16 군사 정변★을 일으켜서 자그마치 18년 동안 집권★한 박정희는 민주주의를 꿈꾸는 학생과 시민들을 공포 정치로 억압했어요. 참다못한 부산, 마산 일대의 시민들은 1979년에 민주화를 바라는 대규모 시민 항쟁을 일으켰습니다. 그러던 같은 해(1979년) 10월 26일 저녁, 국가의 안전 보장을 관리하는 중앙정보부의 부장 김재규가 쏜 총에 박정희가 사망하면서 박정희 정권은 한순간에 막을 내렸어요. 박정희의 사망 소식을 접한 시민들은 독재가 끝나고 민주주의가 꽃필 것으로 기대했어요. 그런데 이런 시민들의 기대와 달리 박정희가 사망한 지 두 달이 채 되지 않은 1979년 12월 12일! 전두환을 중심으로 한 신(新)군부 세력이 군사 정변을 일으켰어요. 그들은 박정희를 따라 군사 독재 정권을 이어 갈 셈이었지요.

★ **정변(政變)**
정당하지 못한 수단으로 정치계에 생긴 큰 변동

★ **집권(執權)**
권세나 정권을 잡음

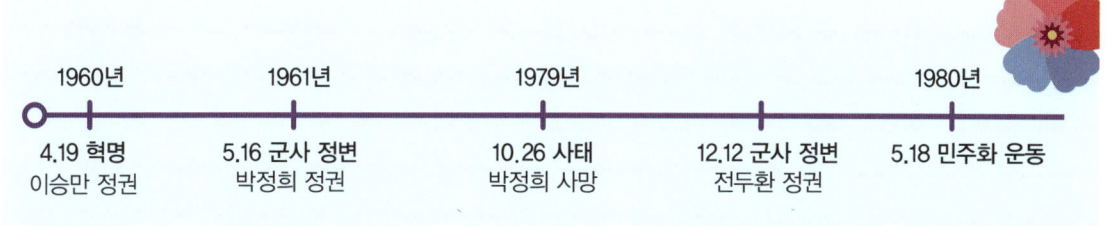

1960년	1961년	1979년	1979년	1980년
4.19 혁명	5.16 군사 정변	10.26 사태	12.12 군사 정변	5.18 민주화 운동
이승만 정권	박정희 정권	박정희 사망	전두환 정권	

민주주의를 간절히 바랐던 시민들은 실망할 틈도 없이 계속 민주화 시위를 진행했어요. 나라가 또 다른 독재자의 손에 넘어가는 것을 두고 볼 수 없었으

니까요. 그중에서도 특히 광주 시민들이 군사 독재에 거세게 반발했고 1980년 5월 18일, 광주에서 대규모 시위가 일어났어요. 그러자 신군부 세력은 광주로 군인들을 내려보내 시위하던 시민과 학생들을 무자비하게 진압했어요. 나라와 국민을 보호해야 할 군인들은 광주 시민들을 향해 총을 쏘고, 진압봉으로 무참히 구타했습니다. 어른, 아이 가릴 것 없이 많은 사람들이 군인들에 의해 목숨을 잃었지요. 이렇게 수만 명의 시민들이 민주화 운동을 하며 희생당하는 사이, 다른 지역의 시민들은 이 사실을 제대로 알 수도 없었어요. 왜냐하면 전두환과 신군부 세력이 신문과 방송을 통제하여 광주에서 일어나는 일들이 다른 지역에 알려지지 못하게 했기 때문이었어요. 더 나아가 민주주의를 위해 나선 광주 시민들을 오히려 나라를 혼란스럽게 하는 무리로 몰아가기까지 했습니다.

아무도 알아주지 않고 목숨마저 위태로운 상황에서도 광주 시민들은 시민군을 조직해 군인들에 저항하며 열흘간 민주화 투쟁을 진행했어요. 하지만 5월 27일, 민주주의를 향한 시민들의 바람은 군인들의 총칼 앞에서 막을 내렸어요. 이렇게 1980년 5월 18일부터 군사 정권에 맞서 광주에서 전개된 민주화 운동을 우리는 '5.18 민주화 운동'이라고 해요. 5.18 민주화 운동은 대한민국을 지금의 민주주의 국가로 만든 역사적인 운동이에요.

시민의 손으로 민주주의를 되찾은 우리의 6월

5.18 민주화 운동을 무자비하게 진압한 뒤에 전두환은 이승만 때처럼 헌법을 개정해, 간선제로 7년 임기의 대통령 자리에 올랐어요. '간선제'는 '간접 선거 제도'의 줄임말로, 국민이 직접 대통령을 뽑는 것이 아니라, 국민의 대리인인 선거인단이 대통령을 뽑는 선거 제도를 의미해요. 당연히 선거인단은 전두환을 지지하는 사람들로만 꾸려졌지요. 즉 국민들의 의견을 철저히 무시한 거예요.

전두환 독재 정권은 언론을 자기 마음대로 통제하고, 민주주의를 요구하는 시민들을 고문하거나 체포하여 탄압하는 일을 서슴지 않았어요. 하지만 시민들의 민주주의를 향한 바람과 열망은 꺾이지 않았고, 민주화 운동을 통해 군사 독재 정권에 맞서 멈추지 않고 저항했어요.

어느덧 7년이 흘러 전두환의 대통령 임기가 끝나는 1987년, 전두환은 간선제를 이용해 자신이 원하는 사람을 다음 대통령으로 내세우려 했어요. 그동안 독재 정권이 끝나기를 간절히 바랐던 시민들은 간선제를 반대하며 국민이 대통령을 직접 뽑는 직선제를 요구하는 시위를 일으켰지요. 지금껏 그래 왔듯이 전두환 정권은 폭력으로 탄압했습니다. 그러던 중 대학생 박종철 군이 잔혹한 고문으로 죽는 사건이 발생했고, 이에 항의 시위를 벌이던 대학생 이한열 군이 최루탄에 맞아 사망하는 사건이 발생했습니다. 그럼에도 전두환은 헌법을 바꾸지 않고 간선제를 진행하겠다고 발표했어요. 시민들의 분노는 이제 극에 달했습니다.

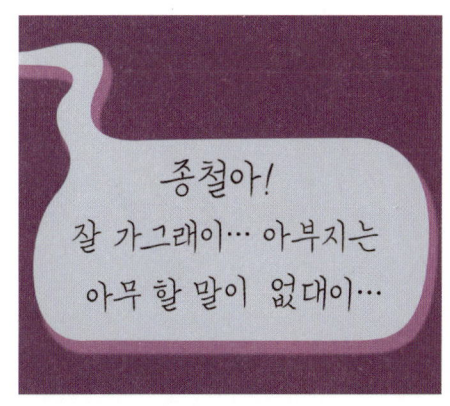

1987년 6월 10일, 전국에서 시민들이 민주주의를 위해 거리로 뛰쳐나왔어요. 군사 독재를 끝내기 위한 대규모 민주화 시위가 계속된 것이지요. 드디어 6월 29일에 전두환과 함께 독재 정권을 이끌었던 노태우가 대통령 직선제를 받아들이겠다고 발표하면서, 시민들의 항쟁은 성공의 결실을 거두었습니다.

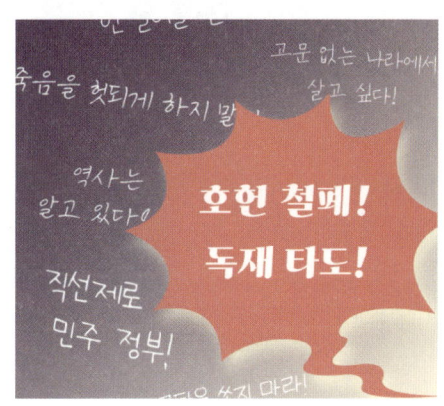

이후 독재 정권에 반대했다가 잡혀 갔던 정치인들이 풀려났고, 언론의 자유도 확대되었어요. 또한 직선제를 보장하는 새로운 헌법이 만들어졌지요. 이 당시 1987년 6월에 전두환 군사 정권의 장기 집권을 저지하기 위해 일어나고, 시민들의 힘으로 민주화를 이룬 사건을 '6월 민주 항쟁'이라고 해요.

1980년 5월 광주에서 시작된 시민들의 민주주의를 향한 의지는 마침내 1987년 6월에 이르러 대한민국 전국에서 그 뜻을 이루었습니다. 광주 시민들이 피 흘려 지키고자 했던 민주주의는 오늘날까지 이어져 지금을 살아가는 우리의 자유와 권리를 지켜 주고 있어요. 그러나 끝끝내 사과 한마디 하지 않고 떠난 전두환과 노태우의 편에 서서 5.18 민주화 운동을 부정하고 왜곡하려는 일부 사람들이 있어요. 민주주의를 지켜 낸 5.18 민주화 운동을 바르게 이해하려는 노력과 수많은 사람들의 희생에 감사하는 마음을 잊지 말아야 하는 까닭입니다.

생각 플러스

- 노래 <임을 위한 행진곡>은 5.18 민주화 운동 당시 희생된 이들을 추모하는 곡이에요. 아래 가사에서 어떤 감정이 느껴지나요? 민주주의를 지키고자 했던 시민들을 추모하는 글을 써 볼까요?

임을 위한 행진곡

작사 백기완, 개사 황석영, 작곡 김종률

사랑도 명예도 이름도 남김없이
한 평생 나가자던 뜨거운 맹세
동지는 간 데 없고 깃발만 나부껴
새 날이 올 때까지 흔들리지 말자

세월은 흘러가도 산천은 안다
깨어나서 외치는 뜨거운 함성
앞서서 나가니 산 자여 따르라
앞서서 나가니 산 자여 따르라

- 우리 주변에서 민주화 운동을 소재로 한 영화나 드라마를 찾아볼 수 있어요. 대표적으로 드라마 '오월의 청춘'과 영화 <1987>은 각각 5.18 민주화 운동과 6월 민주 항쟁을 다룬 작품이에요. 이 두 작품 외에도 민주화 운동을 다룬 작품을 찾아보세요.

- 작품의 이름과 종류는 무엇인가요?
- 어떤 민주화 운동을 다루었나요?
- 이 작품에서 인상 깊었던 장면은?
- 이 작품을 보고 든 생각이나 느낀 점은?

한 줄 정리

- ☑ **5.18 민주화 운동**: 1980년 5월 18일 군사 정권에 맞서 광주에서 전개된 민주화 운동
- ☑ **6월 민주 항쟁**: 1987년 6월 군사 정권의 장기 집권을 저지하기 위해 일어난 민주화 운동

15 정부 기구

대통령이 없는 나라가 있다고?
- 대통령제와 의원 내각제

G7 정상 회담 성과 발표

대통령이 G7 정상* 회의 참석을 위한 유럽 순방을 마치고, 6월 18일 서울 성남 공항을 통해 귀국했다. 대통령은 영국에서 열린 G7 정상 회의에 참석한 뒤, 오스트리아와 스페인을 방문했다. 이번 회의까지 대통령은 2년 연속 G7 정상 회의에 참석했으며, 한국은 G7 국가 정상들에게는 물론 오스트리아, 스페인에서도 방역 모범국으로 주목받았다.

뉴스일보

★ 정상(頂上) 한 나라의 최고 핵심 인물

2021년 6월 12일, G7 정상 회담에 대한민국도 참가했습니다. 이번 G7에는 대통령제 국가부터 의원 내각제 국가 정상들까지 모두 자리했습니다.

2021년 6월 12일 영국에서 G7 정상 회담이 열렸어요. 세계의 경제 문제를 논의하기 위해 각국 대표들이 모여서 개최하는 회담을 '정상 회담'이라고 말해요. 'G7(Group Of 7)'은 그곳에 모이는 주요 7개국을 가리킵니다. 세계 문제를 해결하기 위해 모이는 주요 나라들에 우리나라도 당당히 자리하고 있는 것이지요! 그런데 정상 회담에 관한 기사를 읽으면서 한 가지 궁금한 점이 생기지 않나요? '대통령제 국가부터 의원 내각제 국가까지'… 우선 '대통령제 국가'는 대통령이 있는 나라일 테지요. 그럼 '의원 내각제 국가'는 무엇일까요? 대통령이 아닌 사람들이 그 나라의 대표인 걸까요? 사실 세계 여러 나라에는 대통령이 없는 국가도 있답니다!

나라를 이루는 세 가지 힘!

오늘날 민주주의 국가에서는 민주적 정치를 구현하기 위한 정부 형태를 '삼권 분립(三權分立)'에 기초해 구성합니다. 권력을 세 가지로 나누어 세운다는 뜻인데요. 그럼 나라를 이루는 세 가지 힘인 입법부와 행정부 그리고 사법부를 먼저 알아볼까요?

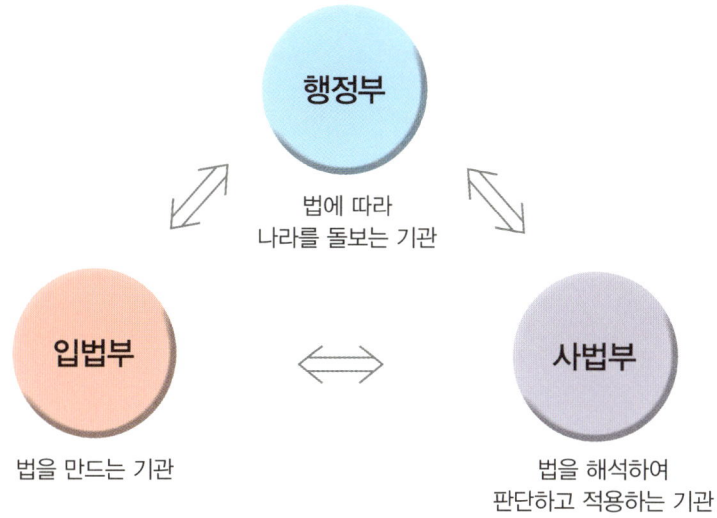

여러분이 학생으로서 학교의 규칙을 잘 따르듯, 국민이라면 그 나라의 법을 지키며 살게 됩니다. 온 국민이 같은 법을 동일하게 지켜야 되기 때문에 법은

매우 큰 힘을 가지고 있습니다. 그러한 법을 만들거나 고치고, 실행하는 건 모두 국가 기관에서 하는 일이에요. 그러니 국가는 큰 힘을 가지고 있는 셈이지요. 국가 권력을 세 종류로 나누어 가졌으니 어느 한쪽이 큰 힘을 가지면 균형이 무너지겠지요?

이 삼권 분립을 기반으로 많은 나라들이 각자 사정에 맞는 체제를 선택해 운영하고 있어요. 세계의 정부 형태는 다양하지만, 대부분 대통령제와 의원 내각제 두 가지로 나누어 살펴볼 수 있습니다. 그렇다면 대통령제와 의원 내각제는 어떻게 다를까요? 대통령제와 의원 내각제를 구분하는 기준은 바로 '입법부와 행정부의 권력 관계가 어떻게 되어 있는지'예요.

★ **청와대(靑瓦臺)**
경복궁 뒤 북악산 기슭에 있는 대통령 관저예요. 푸른 기와집이라는 뜻으로, 역대 대통령들이 여기서 머물며 나랏일을 보았지요.
대한민국 정부가 수립된 1948년부터 사용되다가, 2022년 20대 대통령 윤석열이 관저를 옮기며 74년 만에 국민에게 완전 개방되었어요.

입법부와 행정부가 확실히 나뉜 대통령제

대통령제는 입법부와 행정부가 엄격히 분리되어 국가를 운영하는 정부 형태예요. 대통령제를 채택한 나라의 국민들은 국회 의원 선거와 대통령 선거를 통해 각각 대표자를 선출합니다. 이에 따라 대통령 선거로 당선된 대통령은 행정부를, 국회 의원 선거로 당선된 의원들은 입법부를 구성하지요. 즉 입법부와 행정부가 별도로 구성되어, 견제와 균형을 이루는 정부 형태가 대통령제입니다.

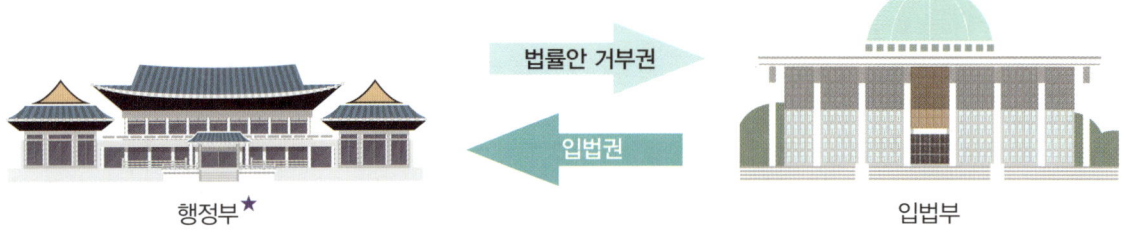

행정부★   입법부

★ **국회 = 의회**
우리나라는 입법 기관을 '국회'라 부르지만 영국은 '의회'라 불러요. 나라마다 부르는 방식이 다를 뿐이랍니다!

대통령은 행정부의 우두머리이자 국가 원수로서의 지위를 갖고, 나라에서 운영하는 모든 정책에 대한 책임을 져요. 또한 행정부는 헌법이 보장하는 5년이라는 대통령의 임기 동안 정책을 일관되게 수행할 수 있습니다. 대통령제에서는 '입법부'와 행정부가 독립되어 있기에, 행정부는 입법부인 의회★가 가진 법을 만드는 권리인 '입법권'을 침해할 수 없습니다. 그렇다고 해서 의회가 제정한 법을 행정부가 무조건 받아들여야 하는 것은 아니에요! 행정부와 대통령에게는 '법률안 거부권'이 있습니다. 의회에서 통과시킨 법률안에 대해 '글쎄… 다시 한번 생각해 보라'라는 신호를 보내는 것이지요. 대통령은 의회에서 급하게 만드느라 모양새가 엉성한 법을 폐지하거나 소수자의 이익을 보호할 때 이 거부권을 행사합니다. 이렇게 입법부와 행정부는 서로를 견제하며 엄격하게 권력의 균형이 유지될 수 있어요. 이러한 대통령제를 채택하고 있는 대표적인 나라는 미국이에요.

행정부가 입법부 안에 있는 의원 내각제

의원 내각제는 입법부인 의회를 중심으로 행정부가 긴밀한 관계를 맺고 나라를 운영하는 정부 형태예요. 이 제도에서는 총리가 대통령처럼 행정부의 수장이 됩니다. 그럼 총리는 어떻게 선출될까요?

우선 국회 의원 선거를 통해 입법부인 의회가 구성됩니다. 선거 결과에 따라 가장 의원이 많이 뽑힌 정당을 '다수당'이라고 부르는데, 총리는 이 다수당에서 선출됩니다. 그리고 총리와 다수당이 행정부인 내각을 구성하지요. 결국 의원 내각제에서는 행정부가 입법부 안에 속해 있다고 할 수 있어요. 따라서 행정부와 입법부가 분리된 대통령제와 달리, 의원 내각제에서는 행정부와 입법부가 서로 협력하는 관계예요. 함께 행동하면 일 처리가 빠르고 조화롭겠지요? 의원 내각제는 실제로 입법부와 행정부의 충돌이 적습니다.

하지만 행정부가 입법부 안에 있다고 해서, 행정부가 무조건 입법부의 말을 따르는 것은 아니에요. 의회와 내각이 서로 각각 '내각 불신임★권'와 '의회 해산권'을 행사하여 입법부와 집행부 사이의 균형을 유지합니다. 내각 불신임제는 만약 내각이 국가 운영을 잘 해내지 못할 때, 의회가 내각에게 책임을 묻는 제도예요. 이것이 통과되면 내각 구성원들은 사퇴해야 합니다.

★ **불신임(不信任)**
남을 믿지 못하여, 일을 맡기지 않음

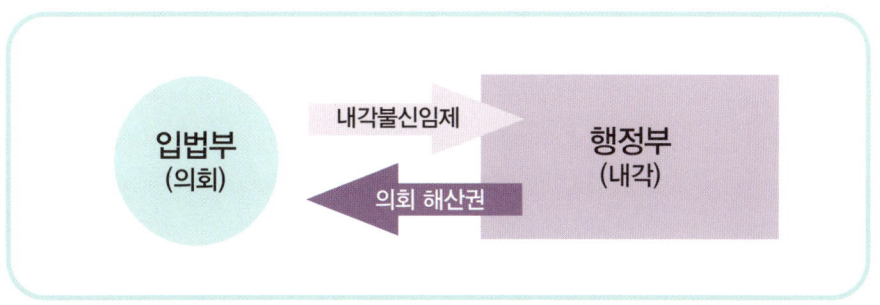

반대로 의회가 제대로 돌아가지 않는다면 내각이 의회를 해산시킬 수 있습니다. 내각이 의회를 해산시키면 국회 의원 선거를 다시 해서 새로운 의회를 구성해야 해요. 이렇듯 딱 붙어서 각자의 역할을 제대로 하고 있는지를 확인하며 민주주의를 구현하는 거예요. 의원 내각제를 채택하고 있는 대표적인 나라로는 일본이나 영국이 있어요.

각자 어떤 장단점이 있을까?

대통령제의 단점은 만약 대통령의 권한을 견제할 수단이 부족해지면 대통령이 독재자가 될 가능성이 있다는 거예요. 앞에서 배운 과거 독재 정권 시절이 그러한 경우이지요. 또한 대통령제는 권력을 나누는 삼권 분립 원칙에 충실하기 때문에, 입법부와 행정부가 함께 붙어서 일하지 못하는 문제가 있어요. 친하지 않은 두 사람이 함께 숙제를 하면 서로의 상황을 잘 알지 못해 문제가 발생하듯이 말이에요. 더욱이 행정부와 입법부가 대립할 때 갈등을 조정할 수 있는 기관이 없어 사회적으로 큰 혼란이 발생할 수도 있어요.

그럼 의원 내각제는 어떨까요? 만약 입법부인 의회를 구성할 때, 확실한 다수당이 만들어지지 않고 자잘한 군소★ 정당이 여럿 생겨나게 되면 나라가 불안정해질 수 있어요. 행정부가 입법부에 의해 구성되니, 의회가 주도권을 얻으려는 정당 간 다툼의 장소가 되어 버릴 수 있기 때문입니다. 그럼 입법부가 본래 역할인 입법 활동을 나 몰라라 하고, 행정부가 입법부에 지나치게 끌려다닐 수 있어요. 그리고 의원 내각제는 정책 처리를 신속하게 하지 못할 가능성이 높아요. 대통령 한 사람에 의해 움직이는 대통령제와는 다르게, 의원 내각제는 여러 국회 의원에 의해 움직이기 때문에 결정하는 속도가 비교적 느리지요.

★ 군소(群小)
규모가 크지 않거나 잘 드러나지 않는 여러 개를 이르는 말

더 알고 싶어요!

우리나라는 어떤 정부 형태일까?

우리나라는 기본적으로 대통령제의 형태를 띠고 있습니다. 그런데 국무총리 제도나 행정부가 법률안을 국회에 제출할 수 있는 '법률안 제출권'을 인정하는 등 의원 내각제의 요소도 부분적으로 운영하고 있어요. 그래서 우리나라의 정부 형태는 의원 내각제가 살짝 가미된 대통령제 국가라 할 수 있지요.

- 오늘날 대통령제, 의원 내각제를 채택하고 있는 나라들을 조사해 보세요.

  ○ 대통령제:

  ○ 의원 내각제:

- 대통령제와 의원 내각제는 각각 단점이 있어요. 책 속의 내용을 찾아 아래에 써 보고, 이것을 보완하거나 해결하기 위해서는 사회와 우리들이 어떠한 노력을 해야 할지 생각해 볼까요?

  ○ 대통령제의 단점:

  ○ 의원 내각제의 단점:

  ○ 이 단점을 보완하려면?

한 줄 정리

☑ **대통령제**: 행정부, 입법부, 사법부 3부가 엄격하게 독립하며, 국민에 의해 선출되는 대통령이 행정권을 행사하는 정부 형태

☑ **의원 내각제(내각 책임제 또는 의회 정부제)**: 입법부인 국회에서 행정부가 구성되고 유지되는 정부 형태

16 톰과 제리 같은 우리 사이

정부 기구

- 정부와 국회

이번 정부에 대한 국회의 마지막 국정 감사*가 시작됩니다. 국회에 따르면, 오늘 10월 1일부터 21일까지 3주간 열릴 예정이라고 합니다. 교육부와 외교부 등 주요 부처*의 감사는 5일부터라고 알려져 있습니다.

★ 국정 감사(國政監査) 국회가 국가 정치 전반에 관해 행하는 감독과 검사
★ 부처(部處) 정부 조직의 부와 처를 아우르는 말

이번 달 초부터 3주간 '국정 감사' 열려

"국정 감사는 헌법이 국회에 준 가장 중요한 정부견제 기능이다"라는 말이 있어.

정부도 국회를 견제할 수 있지!

민주주의 국가에서는 권력이 어느 한 곳으로 집중되는 것을 막기 위해 권력을 나누는 삼권 분립을 채택하여 나라를 운영하고 있지요? 삼권 분립 체제에서 법을 만드는 국회와 법에 따라 일을 하는 정부는 서로를 돕고 견제합니다. 뉴스에서 말한 것처럼 국회는 매년 정부가 법에 따라 일을 잘 하고 있는지 점검해요. 이것을 '국정 감사(國政 監査)'라고 합니다. 국정이란 나라의 정치를 뜻하고, 감사란 감독하고 검사한다는 뜻이에요. 바로 앞장에서 다루었던 것처럼, 정부도 '법률안 거부'를 통해 국회를 견제할 수 있어요. 모두 어느 한쪽으로 권력이 쏠리는 것을 막기 위함입니다. 지금부터는 보다 자세하게 정부와 국회가 어떤 곳인지 살펴볼게요.

법에 따라 나라의 운영을 도맡아 하는 정부

보통 '정부'라고 하면 우리는 넓은 의미에서 국회와 법원을 포함해 '나랏일을 하는 기관'을 떠올려요. 하지만 엄밀히 말하자면 삼권 분립 형태에서 정부는 행정부만을 의미해요. 우리나라 헌법 제66조 제4항에는 '행정권은 대통령을 수반으로 하는 정부에 속한다'라고 적혀 있는데, 여기에서의 정부가 바로 행정부입니다. 정부의 최고 책임자는 대통령으로, 대통령 아래로 국무총리와 장관을 비롯한 각 기관장, 공무원들이 정부를 구성하고 있어요. 이처럼 삼권 분립 원칙에 따라 정부는 나라의 살림과 여러 일을 맡고 있지요. 정부는 국민들이 행복하고 편안한 생활을 할 수 있도록 나라의 여러 가지 일을 계획하고 실천하는 일을 해요. 정부가 구체적으로 어떠한 일을 하는지 하나씩 알아봐요.

정부가 하는 일 가운데 가장 대표적인 일은 정책을 만들어 실천하는 일이에요. 교육, 경제, 복지, 환경, 안보 등등 국민의 삶과 직결된 많은 분야의 계획을 세워 국민의 삶에 도움이 되는 정책을 추진합니다. 그리고 여러 가지 정책을 의논하고 심의하기 위해 '국무 회의'를 운영해요. 국무 회의에서는 대통령, 국무총리 그리고 국무 위원들이 모여 나라의 정책에 대해 토의해요. 또한 여러 일을 한 곳에서 모두 맡아 추진하기 어렵기에, 정부는 다양한 기관들로 나누어져 있어요. 학생들의 교육을 담당하는 '교육부' 그리고 다른 나라와 외교를 담당하는 '외교부'처럼 정부에는 고유한 분야와 역할을 맡은 기관들이 있어요. 사회가 복잡해지면서 정부가 해야 할 일은 점점 더 늘어나고 있습니다. 시간이 흐를수록 정부 내에는 더 많은 기관이 생기지 않을까요?

다음으로, 정부는 국민이 어떠한 상황에서도 억울하지 않도록 적극적으로 나서고 있어요. 사회 질서와 안전을 지켜 국민을 보호하는 거예요. 대표적으로 범죄자들을 잡아 사람들이 피해 보는 일이 없도록 하거나 응급, 재난 상황에서 사람들을 구조하지요. 그리고 정부는 우리 사회의 약자들을 보호하는 일도 하고 있어요. 사회적으로 도움이 필요한 어린이, 장애인, 임산부, 노인이 편안한 삶을 누릴 수 있도록 돕고 있습니다.

이외에도 정부는 국회를 견제하는 역할도 하고 있어요. 정부를 대표하는 대통령은 국회에서 만든 법률안을 거부할 수 있어요. 헌법에도 적혀 있는 이 권리를 '법률안 거부' 혹은 '재의★ 요구'라고 해요. 대통령이 국회에서 만든 법에 대해 반대하거나 다른 생각이 있을 때, 해당 법을 국회로 돌려보내서 법을 다시 살펴볼 것을 요구할 수 있습니다. 참고로 우리나라에서 정부의 법률 거부권 행사는 정부가 수립된 1948년 이후, 18대 대통령인 박근혜 대통령까지 총 73번 이루어졌다고 해요.

★재의(再議)
두 번째로 의논함

나라의 법을 만들고 정부를 감시하는 국회

민주주의 국가에서 가장 중요한 입법부는 '입법(立法)'이라는 이름 그대로 사회의 기준이 되는 법을 만듭니다. 따라서 국회가 하는 가장 대표적인 활동은 나라의 법(헌법, 법률)을 만드는 입법 활동이에요. 국회는 국민이 행복하고 편안한 생활을 할 수 있도록 어떤 정책을 실행할 때 필요한 법을 만들고 있어요. 국회는 국민이 직접 뽑은 국회 의원들로 구성되어 있고, 의원들은 국민을 대표해 법을 만들고 있지요. 그렇다면 국회에서 법은 어떠한 과정을 거쳐 만들고 있을까요?

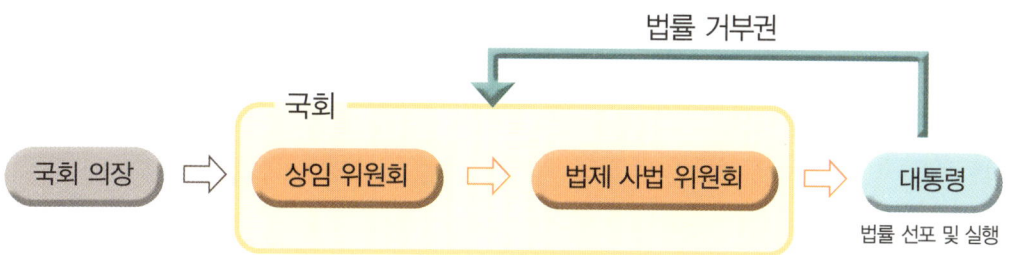

국회 의원들은 국민들의 의견을 듣고 우리에게 필요한 법안을 제안합니다. 모든 법안은 국회를 대표하는 국회 의원인 국회 의장을 거쳐 상임 위원회에서 심사를 받아야 해요. 상임 위원회(常任委員會)란 국회에서 여러 분야의 전문가들로 조직된 위원회예요. 상임 위원회에서는 국회 의원들이 생각하지 못한 문제점은 없는지를 확인합니다. 교육과 관련된 법안이면 교육 위원회, 외교와 관련된 법안이면 외교 통일 위원회★에서 심사를 받는 식이랍니다. 상임 위원회 심사에서 통과된 법안은 법 체계나 형식을 따지는 법제 사법 위원회에서 한 번 더 심사를 받습니다. 그 심사까지 통과하면 드디어 본회의에 보내져 국회 의원 전체가 참여한 찬반 투표를 통과해야 해요. 본회의에서 법안이 최종 통과되면 법안은 공식적인 법이 탄생하는 거예요!

국회는 나라의 살림살이를 결정하는 일도 해요. 한 해 동안 나라에 필요한 돈인 예산을 결정하거든요. 정부에서 미리 국가 운영을 위해 세금을 어떻게, 어디에 쓸지 계획한 '예산안'을 제출하면, 국회는 예산이 정말 이 금액이 맞는지를 중심으로 꼼꼼하게 예산안을 심사합니다. 국회가 심사를 마치고 본회의

★ 외교 통일 위원회
대한민국 국회에는 외교 관련 법안과 통일 관련 법안을 함께 담당하는 '외교 통일 위원회'가 있습니다.

에서도 예산안이 통과되고 나서야 정부는 세금을 사용할 수 있게 돼요. 이와 함께 국회는 정부가 그 예산을 계획대로 바르게 사용했는지 검사도 합니다.

국회의사당 풍경   출처: 대한민국 국회

또한 국회는 대통령이 중요한 자리에 임명하려는 사람들에게 그만한 자격이 있는지 인사 청문회를 열어 확인하는 일도 하고, 정부가 추진하려는 중요한 나랏일이 있을 경우 승인할지 말지를 고민합니다. 대표적으로 다른 나라에 군대를 파병★하거나 조약★을 맺을 때, 국회의 동의를 받아야 하지요.

이렇듯 국회는 입법 활동 이외에도 정부가 일을 잘 하는지에 대해 견제하고 감독하는 역할을 하고 있어요. 앞의 뉴스에서 본 것처럼 매해 '국정 감사'와 '국정 조사'를 실시해 정부가 했던 일들에 잘못이나 문제가 없는지 살펴봅니다. 정책이 국민에게 도움이 되는지, 세금이 제대로 쓰이는지, 운영이 공정한지 감시하는 거예요. 만약 실제로 정부가 국민의 뜻에 맞지 않게 잘못한 일이 있다면 바로잡으라고 요구할 수 있습니다. 정부의 법률안 거부처럼, 국회의 국정 감사 및 조사는 헌법과 법률이 보장하는 국회의 고유한 권한이에요.

★ **파병(派兵)**
군대에게 임무를 주고 어딘가로 보냄

★ **조약(條約)**
국가 간의 권리와 의무를 법적으로 규정하는 행위

생각 플러스

- 우리나라에서 정부가 국회에서 만든 법을 거부한 법률안 거부 사례는 총 73차례가 있었어요. 그 예시를 찾아볼까요?

  언제 일어난 일인가요?

  어떤 법을 거부했나요?

  왜 법을 거부했나요?

- 만약 정부와 국회가 서로를 지나치게 견제한다면 어떤 문제점이나 부작용이 있을까요? 그 문제는 어떻게 해결하면 좋을지 아래에 함께 적어 보세요.

  문제점 또는 부작용:

  해결하는 방법:

한 줄 정리

☑ **정부**: 법에 따라 나라의 살림과 여러 가지 일을 맡아 하는 행정부
☑ **국회**: 나라의 법을 만들고, 정부의 일을 감시하는 입법부

17 비슷하면서도 다른 국민의 대표 기관

정부 기구

– 국회와 지방 의회

지방 의회는 '30주년', 국회는 '73주년'

2021년 7월 1일, 지방 의회 재출범 30주년을 맞이해 각종 지방 자치 관계 기관이 한자리에 모였다. 풀뿌리 민주주의를 상징하는 지방 의회의 시작은 6.25 전쟁이 한창이던 1952년이었다. 하지만 1961년 5.16 군사 정변으로 강제로 문을 닫았다가, 1991년에 지방 선거를 통해 다시 문을 열었다. 이날 전국에서 모인 참석자들은 지방 의회가 자랑스러운 주민 대표 기관으로 거듭나야 한다는 데 뜻을 모으고, 이를 위해 정부와 지방 의회가 꾸준히 협력해 나가기로 약속했다.

출처: 행정안전부

2021년은 지방 의회가 개원한 지 30주년이 되는 특별한 해였다고 해요!

그런데 2021년은 국회가 개원한 지 73주년이 되는 해이기도 하네요!

2021년 7월 1일, 지방 의회가 문을 연 지 30년이 된 것을 기념하는 '지방 의회 30주년 기념식'이 세종특별자치시에서 성대하게 열렸어요. 2021년은 국민을 대표하는 두 기관인 국회와 지방 의회가 문을 연 지 어느덧 각각 73년(국회) 그리고 30년(지방 의회)이 되는 해예요. 그런데 혹시 국회와 지방 의회의 차이를 알고 있나요? 앞에서 국회가 하는 역할에 대해서는 배웠지만, 지방 의회는 어떨까요? 비슷하면서도 달라 보이는 국회와 지방 의회를 지금부터 차근차근 알아볼게요!

지방의 법과 살림살이를 관리하는 지방 의회

앞서 다루었듯 민주주의 국가에서는 삼권 분립 원칙에 따라 정부 형태를 입법부, 행정부, 사법부로 나누어 구성하고 있어요. 이 중에 법을 만들고, 중요한 일을 결정하는 입법부는 민주주의 국가의 핵심이라고 할 수 있어요. 우리는 입법부를 가리켜 '의회'라고 부릅니다. 의회에서는 국회 의원들이 모여 법을 만들고 중요한 의사를 결정하면서 정부를 감시하거나 견제 또는 비판하는 일을 하지요. 의회는 크게 나라의 의회인 국회와 지방의 의회인 지방 의회로 나뉩니다.

지방의 의회인 '지방 의회'는 국회와 같이 의회의 한 종류이지만, 이름이 다르듯이 하는 일에서 차이가 있어요. 이름에 나라를 뜻하는 '국(國)'이 붙은 국회와 달리, 지방 의회는 '지방'이 앞에 붙어 지방과 관련된 일을 하고 있다는 점을 추측할 수 있지요? 이처럼 지방 의회는 지방에서 입법부로서 지방의 법을 만들고, 지방의 중요한 일을 결정하는 역할을 해요.

대한민국 국회 휘장
출처: 대한민국 국회

지방 의회 휘장
출처: 전라북도 의회

그럼 지방의 의회인 지방 의회가 구체적으로 어떤 활동을 하고 있는지 살펴봐요. 지방 의회가 하는 가장 대표적인 일은 국회처럼 법을 만드는 입법 활동입니다. 그리고 국회가 나라의

출처: 경상북도 의회

살림살이를 결정하듯이, 지방 의회는 지방의 살림살이를 살피고 결정합니다. 지방 자치 단체의 예산을 결정하고, 그 예산을 한 해 동안 바르게 사용했는지 심사도 해요. 또한 지방 자치 단체가 지역 주민들의 바람에 맞게 일을 잘 하는지, 부족한 점은 없는지 살피기도 합니다. 국회와 하는 일이 여러모로 비슷하지요? 국회는 나라의 일을 주로 하는 곳이고, 지방 의회는 지방에서 일어나는 여러 중요한 일들을 확인하고 결정하는 곳이에요.

무엇이 다른 걸까?

국회와 지방 의회는 입법 활동을 하며, 행정 기관의 예산과 운영을 감시한다는 점에서 같은 입법부에 속해 있다는 것을 알 수 있어요. 단 한 가지 차이가 있다면, 그들이 내리는 활동이 미치는 영향력의 범위랍니다. 국회는 나라의 예산, 법, 행정 기관을 다루는 곳이라면 지방 의회는 지방의 예산, 법, 행정 기관을 관리하지요.

그런데 나라의 법과 지방의 법은 어떻게 다르다는 걸까요? 이 부분을 이해하려면 먼저 법의 순서를 다시 떠올려 봐야 해요. 헌법과 법률 편에서 우리는 헌법이 가장 최고법이고, 헌법 정신을 토대로 삼는 법안들이 법률이라는 걸 배웠지요? 그 법률 아래에 놓인 법이 뭐였는지 기억하나요? 바로 명령과 조례, 규칙이에요! 국회가 만드는 나라의 법이란 헌법과 법률이고, 지방 의회가 만드는 지방의 법이란 '조례'를 가리킨답니다.

이렇게 우리나라 법의 한 종류인 조례는 지방 의회에서 만드는 법으로, 해당 지역에만 적용되는 법이에요. 정리하자면 헌법과 법률은 국회에서 만들어 나라 전체에서 적용되는 법이고, 조례는 지방 의회에서 만들어 특정한 지방에

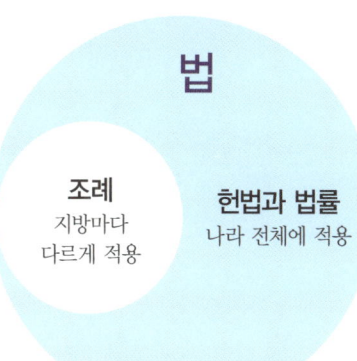

서만 적용되는 법입니다. 물론 국회처럼 지방 의회에서도 조례를 만들고 바꾸거나 없애는 일도 하고요. 지방 의회 또한 입법부인 이유는 입법 활동이 지방 의회의 주요한 역할이기 때문입니다.

국회 본회의장 풍경 출처: 대한민국 국회

충청남도 의회 본회의장 출처: 충청남도 의회

더 알고 싶어요!

풀뿌리 민주주의

1935년 미국에서 사용되기 시작한 말로, 대중들이 조금씩 참여하는 민주주의를 가리킵니다. 우리나라에서는 흔히 민주주의의 기초로서 '지방 자치(地方自治)'를 상징해요. 자치란 자기 일을 스스로 다스린다는 뜻입니다. 즉 지방 자치란 지역의 일은 그 지역 주민들이 직접 처리하는 방식을 뜻해요.

■ 책 속의 내용을 바탕으로, 현재 내가 사는 지역에 있는 지방 의회가 최근에 한 3가지 일을 조사해 보세요.

이렇게 조사해 보세요

① 내가 사는 지역에 있는 지방 의회 누리집(홈페이지)에 들어가기.
② 인터넷 검색창에 '지방 의회'나 '지방 의회가 최근에 했던 일' 검색하기.
③ 신문 기사나 뉴스에서 지방 의회를 찾아보기.

1.
2.
3.

■ 국회에서 만든 법이나 내가 사는 지역의 지방 의회에서 만든 조례 가운데 우리 청소년들에게 도움이 되는 법이나 조례도 있을까요?

법이나 조례 이름:

법이나 조례의 주요 내용:

법이나 조례가 청소년에게 도움이 되는 점:

한 줄 정리

☑ **국회**: 국가의 법(헌법, 법률)을 만들고 국가의 중요한 일을 결정하는 나라의 의회
☑ **지방 의회**: 지방의 법(조례)을 만들고 지방의 중요한 일을 결정하는 지방의 의회

18 정부 기구

풀뿌리 민주주의의 시작점
- 기초 지자체와 광역 지자체

32년 만에 새로운 도시 규격 '특례시' 출범

2022년 1월 13일, '특례시'가 출범했다. 특례시는 지난 2020년 12월 지방 자치법이 32년 만에 전면 개정됨에 따라 새로이 생긴 도시 종류다. 기초 지방 자치 단체 가운데 광역시처럼 인구수 100만이 넘는 규모의 일반 도시들은 오늘부터 특례시로 승격*된다. 특례시가 된 도시는 경기도 고양시, 수원시, 용인시 그리고 경상남도 창원시 네 곳이다. 모두 대도시 규모임에도 이 도시들은 그동안 소도시와 동일한 기초 단체로 분류되었다. 특례시가 되면 법적으로는 기초 지방 자치 단체 지위이지만 광역시에 걸맞은 행정, 재정적 권한을 갖게 된다. 쉽게 말해, 특례시는 기초 지방 자치 단체와 광역 지방 자치 단체의 중간인 새로운 지방 자치 단체인 셈이다.

출처: 창원시청

★승격 지위나 등급 따위가 오름

> 이제는 고양특례시, 수원특례시… 이렇게 불러야 하는군?

여러분이 살고 있는 주소를 한번 떠올려 볼까요? '대한민국 ××도 ○○시…' 이렇게 우리의 주소를 보면 각자 살고 있는 지역의 도시 분류가 어떻게 이루어져 있는지를 알 수 있어요. 2022년 1월에 '특례시'라는 새로운 도시 종류가 생기기 전까지, 우리나라의 지방 자치 단체는 특별시나 광역시 혹은 특별자치시 같은 '광역 지방 자치 단체' 그리고 시, 군, 구 같은 '기초 지방 자치 단체'로 구성되어 있었어요. 원래 '시'였던 수원과 고양, 창원과 용인은 다른 시에 비해서 사는 사람이 많은 도시라서 '특례시'로 명칭을 바꾸게 되었지요. 그런데 기초 지방 자치 단체와 광역 지방 자치 단체는 무엇일까요? 기사에 등장한 특례시를 살펴보기 전에, 지방 자치 단체가 무엇인지 자세히 살펴봐요!

각 지역에 맞는 살림살이를 하는 지방 자치 단체

흔히 우리는 우리나라를 가리켜 전국 8도라고 불러요. 옛날 조선 시대부터 우리나라가 8개의 도로 구성되어 있어서 자연히 '대한민국은 전국 8도'라고 생각하는 거지요. 물론 지금까지도 8개의 도만으로 구성된 것은 아니에요. 2012년 7월 1일에 세종특별자치시가 17번째 광역 지방 자치 단체로 출범한 이후, 현재 우리나라는 총 17개의 시·도로 구성되어 있습니다. 그런데 왜 옛날부터 우리는 지역을 왜 여러 개로 나누었던 것일까요?

그 이유는 간단해요! 우리나라 전체의 살림살이를 중앙에서 모두 처리하기에는 많은 어려움이 있기 때문이에요. 17개 시·도마다 환경은 생각보다 많이 달라요. 예를 들어, 인구가 많고 도시로 구성된 경기도와 상대적으로 인구가 적고 농어촌 지역으로 구성된 전라남도를 같은 환경이라 말하기는 어렵지요? 위 그림처럼 지역마다 주민들의 의견이나 바람 또한 다를 거고요. 그래서 환경에 맞게 지역을 나누고, 지역 사람들이 직접 살림을 맡아서 처리할 수 있도록 구역을 나누게 된 거랍니다. 이렇게 지역 주민들과 그들이 뽑은 대표들이 지역의 일을 스스로 결정하고 처리하는 것을 '지방 자치 제도'라고 해요.

지방 자치 제도를 통해서 각 지역 주민들은 지역 특색에 맞게 다양한 정책과 제도를 운영하여 살기 좋은 지역을 만들 수 있는데요. 이러한 지방 자치 제도의 실현을 위해 세워진 기관이 바로 '지방 자치 단체'입니다. 지방 자치 단체는 지역 주민을 위해 일하는 곳으로, 지역 주민들을 위해 대표들이 지역의 살림살이를 꾸려 나가는 곳이에요. 즉, 지방의 정부라고 할 수 있지요! 지역의 발전을 위해 지방 자치 단체는 지역의 살림살이를 결정하고 맡아서 처리해요. 참고로, 보통 '지자체'라고 줄여서 불러요.

지방 자치 단체는 주민이 직접 선출한 단체장이 있는 '시·도청'과 시·도 의원으로 이루어진 '시·도 의회(지방 의회)'로 구성되어 있어요. 행정부와 입법부처럼, 시·도청과 시·도 의회는 지역 발전을 위해 함께 노력하면서도 서로를 견제하는 관계라고 할 수 있어요. 시·도청은 그 지역의 살림살이를 맡아 하고, 시·도 의회는 지역 주민 대신 주민의 뜻을 전하고 지방 행정 기관을 감독하는 역할을 해요. 시·도청과 시·도 의회는 서로를 견제하고 균형을 이루면서 지역 주민들을 위해 열심히 일하지요.

풀뿌리 민주주의를 이끄는 쌍두마차

우리나라의 지방 자치 단체(줄여서 '지자체')는 크게 기초 지자체와 광역 지자체로 구분되어요. 여기서 헷갈리지 말아야 할 것은 기초 지자체가 광역 지자체에 포함되는 것으로, 두 개념은 다른 것이 아니에요! 기초 지자체는 가장 기초가 되는 지방 자치 단체로, 시·군·자치구 규모의 지역을 말해요. 비교적 좁은 지역인 기초 지자체의 종류를 보다 자세히 살펴볼까요?

226곳의 기초 지방 자치 단체

'시'는 인구 5만 이상의 도시 지역이에요. '군'은 주로 농어촌 지역에 설치된 기초 자치 단체로 우리나라 행정 구역 가운데 가장 오랜 역사를 지니고 있어요. '구'는 특별시와 광역시 내에 있는 기초 지자체입니다. 그리고 앞서 살펴본 것처럼, 인구가 100만이 넘는 특례시도 기초 지자체에 해당해요. 시·군·자치구를 모두 합하면 현재 226곳이나 된답니다!

광역(廣域) 지자체는 넓은 구역이라는 한자대로 지방 자치 단체 가운데 상위 단체입니다. 기초 지자체에 비해 넓은 구역과 많은 주민을 담당해요. 그래서 광역 지자체 아래에 기초 지자체가 들어가 있습니다. 보통 '도' 안에 '시·군'이, '특별시, 광역시' 안에 '자치구'가 있어요. 이렇게 여러 기초 지자체가 모여 하나의 광역 지자체가 되는 것이지요.

광역 지자체의 종류 가운데 '특별시', '광역시', '특별자치시'는 인구 100만을 초과하는 대도시에 해당해요. 현재 우리나라의 수도인 서울특별시 그리고 부산·대구·인천·대전·광주·울산 6개의 광역시, 세종 1개의 특별자치시가 있어요. 다음으로, '도'는 우리나라의 지방 자치 단체들 가운데 최상위의 지방 자치 단체입니다. 현재 경

17곳의 광역 지방 자치 단체

기도, 강원도, 충청남·북도, 전라남·북도, 경상남·북도 등 8개의 도와 유일한 '특별자치도'인 제주도가 있지요. 즉 우리나라는 특별시 1개, 광역시 6개, 도 8개, 특별자치도 1개, 특별자치시 1개로 총 17개의 광역 지자체로 구성되어 있어요.

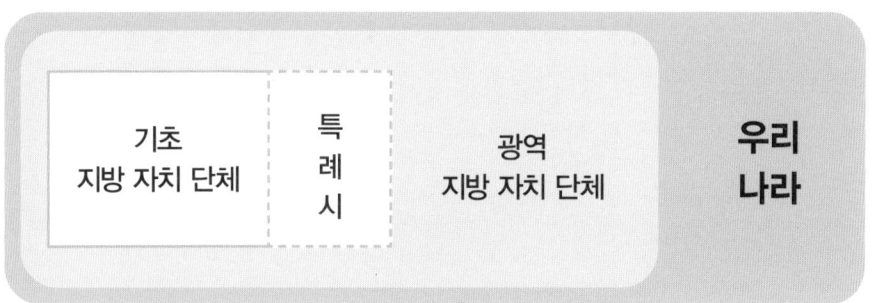

- 우리 집 주소를 보며 현재 내가 사는 지역이 어느 지방 자치 단체에 속하는지, 그리고 이곳에는 어떤 지방 자치 단체들이 있는지 찾아보세요.

> **예시**
>
> 서울특별시 마포구 동교로 12길 41-13 국민출판사
> → 서울특별시 (광역 지방 자치 단체) 가운데 마포구 (기초 지방 자치 단체)

- 특례시는 다른 시들에 비해 인구수가 많은 시를 말합니다. 여전히 기초 지자체에 해당하지만, 지역을 운영하는 방식에서 다른 기초 지자체들과 차이가 있습니다. 특례시가 되면서 바뀌게 된 변화로는 어떤 것들이 있을까요?

한 줄 정리

- ☑ **기초 지방 자치 단체**: 가장 '기초'가 되는 지방 자치 단체로, 시·군·자치구 규모
- ☑ **광역 지방 자치 단체**: 상위 단체로서 넓은 구역과 많은 주민을 담당하는 지방 자치 단체

19 의사 표현

국민의 마음을 얻고자 매일 서로 치열하게 다퉈요!

- 여당과 야당

36세, 제1 야당 대표로 당선! 정당 역사 새로 썼다

젊은 정치인 36세 이○○ 후보가 △△당의 새 당 대표로 선출됐다. 한국 보수 정당 역사상 최초로 30대 당 대표가 탄생한 것이다. 내년 대선(2022)을 앞두고 정치권의 '세대 교체 바람'이 한층 거세질 것으로 예상된다. 이 대표는 당 대표 선거에서 43.8%를 득표해 나○○ 후보(37.1%)를 누르고 당권★을 차지했다. 이○○ 대표는 당 대표 수락★ 연설에서 '대선 승리, 공존, 새 역사, 공정한 기회' 등의 키워드를 강조했다. 또 이 대표는 "우리 당의 과제는 대선에 승리하는 것"이라며 "다양한 대선 주자 및 그 지지자들과 공존할 수 있는 정당을 만들 것"이라고 밝혔다.

★ 당권(黨權) 당의 주도권, 즉 당 대표를 의미
★ 수락(受諾) 요구를 받아들임

야당은 뭐고 여당은 뭐지? 제1 야당이 있다면 제2, 제3 야당도 있는 건가?

제1 여당이라는 말은 들어 본 적이 없는데… 우리나라에 여당은 1개뿐인 건가?

여러분들은 '정치인'을 떠올릴 때 어떤 나이대의 사람을 떠올리나요? 우리나라 역대 대통령의 평균 연령대는 60대이며 21대 국회 의원들은 평균 50대로, 사실 대한민국 정치계는 상대적으로 젊지 않은 편이에요. 이런 분위기에서 대통령은 아니지만 젊은 제1 야당 대표의 탄생은 꽤 신선하고 의미 있는 사건이었지요! '당 대표'란 학급을 대표하는 반장과 같이 정당을 대표하는 사람이에요. 그런데 위 기사에서도 등장하는 '여당', '야당'이라는 용어는 정치 분야에서 자주 접하게 될 단어입니다. 이 단어를 이해하려면 우선 정당이 어떤 집단인지, 여당과 야당의 차이는 무엇인지 알아야 해요.

정권을 획득한 정부와 같은 편인 여당

정당이란 사회 문제에 비슷한 의견을 가진 사람들이 그들의 정치적 꿈을 이루기 위해 만든 조직을 말합니다. 대한민국 헌법 제8조 1항에 "정당의 설립은 자유이며, 복수 정당제는 보장된다"라고 규정되어 있어요. 즉 누구나 자신들이 원하는 정당을 만들 자유가 있다는 뜻이지요. 매일 뉴스에 등장하는 큰 정당 외에도 작은 소수 정당이 여럿 있는데요. 현재 우리나라에 설립된 정당들에 대한 정보는 중앙 선거 관리 위원회 홈페이지에서 찾아볼 수 있습니다.

그런데 수많은 정당 중에서 여당(與黨)★은 단 하나뿐이에요! 대통령 제도를 채택하고 있는 우리나라에서 여당이란 현재 임기 중에 있는 대통령을 배출한 정당을 말하거든요. 대통령은 단 한 명뿐이니, 여당도 자연스럽게 단 한 곳뿐이겠지요? 예를 들어, 20대 대통령인 윤석열 대통령은 '국민의힘'이라는 정당 소속이었어요. 그러니 윤석열 대통령의 임기 기간 중에 여당은 국민의힘 정당이 되는 거예요.

그럼 여당의 역할은 무엇일까요? 한자 여(與)는 '함께하다, 같이하다'라는 뜻이에요. 이렇게 접근하면 대통령과 정부의 편에 서서, 정부 정책을 지지하는 당이라는 점을 쉽게 추측할 수 있겠지요. 수많은 정당의 궁극적인 목적은

★ 여당
여당의 여(與)는 '같은 팀' 또는 '한패'라는 뜻입니다.

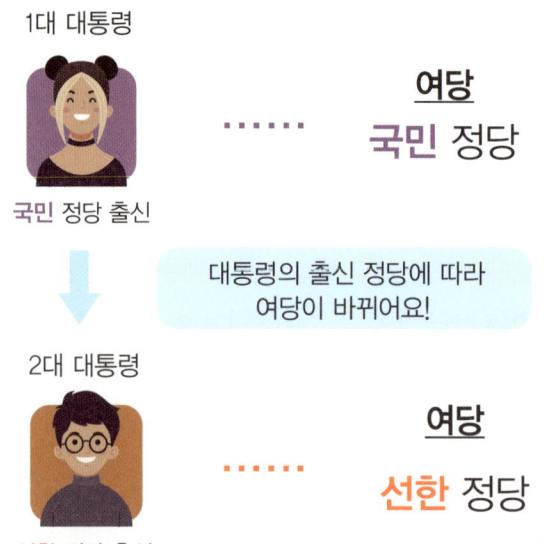

도입부 기사 속 당 대표의 연설에 등장했듯이 '대선에서 승리하는 정당이 되는 것'이에요. 여당이 되어서 그 정당이 추구하는 정치적 꿈을 펼치는 것이 모든 정당들의 목표라고 할 수 있지요! 여당을 가리키는 또 다른 말로는 '집권당'이 있어요.

더 알고 싶어요!

나도 정당에 가입할 수 있을까?

정치 표현의 자유가 있기에, 누구나 정당에 가입할 수 있어요. 하지만 나이 제한은 있습니다! 정당에 가입을 할 수 있는 나이는 만 16세부터예요. 16, 17세는 부모님의 동의를 받아야 가입할 수 있지만, 선거권이 있는 18세부터는 본인의 자유의사에 따라 정당 가입이 가능하답니다.

정권을 잡은 정부를 견제하고 감시하는 야당

야당(野黨)이란 '재야★ 정당'의 줄임말로, 정권을 잡고 있는 여당을 제외한 나머지 정당을 가리킵니다. 우리나라에서 야당은 현직 대통령을 배출하지 못한 모든 당을 말해요. 따라서 여당이 아닌 정당은 모두 야당이라고 할 수 있어요. 정당들은 각자 같은 의견을 가진 사람들의 모임이라고 말했지요? 그렇다 보니 때때로 정당들끼리 하나의 사안에 대해 비슷한 의견을 가질 수 있지만, 대체로 조금씩이라도 다른 경우가 많습니다. 그러니 야당은 자신들과 다른 의견을 지닌 정부와 여당의 정책을 감시하는 역할을 합니다. 특히나 권력을 쥐게 된 정부가 더더욱 그 힘을 함부로 휘두르지 않도록 지켜보지요. 그리고 다음 선거 때에는 자신들의 당에서 대통령을 배출해 여당이 되기 위해서 노력합니다. 이런 이유로 모든 야당 대통령 후보들이 선거 유세 기간에 가장 많이 쓰는 단어 가운데 하나가 바로 '정권 교체'라고 해요. 물론 정치인들은 정당의 이익을 앞세우기 전에 국민의 뜻을 먼저 살펴봐야겠지요?

★ 재야(在野)
공직에 나가지 않음

= 정권

여당
정권을 품고 있는 당

야당
정권 밖에서 권력을 감시하는 당

여당과 야당이 헷갈린다면 위 그림처럼 '●'을 정치권력을 뜻하는 '정권'이라고 생각해 보세요! 권력에 손을 대고 품고 있는 쪽이 여당이고, 손을 뒤로 하고 바라보고 있는 쪽이 야당이랍니다. 어때요, 조금은 외우기가 쉬워졌나요?

여당은 한 정당뿐이라면 항상 야당이 더 크겠지?

언제나 여당은 집권당 한 곳이고 야당은 나머지 정당들이니, 당연히 야당이 더 큰 집단일 거라고 생각할 수 있어요. 하지만 언제나 그런 것은 아니랍니다!

선거 때마다 정당에서는 각자 소속된 정치인들을 후보자로 추천해요. 우리나라 국회 의원 의석수는 총 300개이고, 모든 정당은 1명이라도 더 많은 국회 의원을 당선시키기 위해 총선 때 서로 치열한 경쟁을 벌이게 되지요. 그리고 투표 결과에 따라 국회 의원을 가장 많이 배출한 정당은 다수당이 되고, 많이 당선시키지 못한 정당은 소수당이 됩니다.

그럼 '여소야대(與小野大)', '여대야소(與大野小)'는 무엇을 의미할까요? 여소야대는 글자 그대로 여당은 작고 야당은 크다는 말이고, 여대야소는 반대로 여당이 크고 야당이 작다는 말이에요. 여기서 크다 작다는 국회 의원의 수를 의미하는데요. 크고 작음의 기준은 여당의 의석수(국회의원 수)가 전체 의석수의 과반이 되느냐 안 되느냐로 결정되어요. 우리나라에서는 151석을 차지하는 쪽이 있으면 그쪽이 '대', 과반에 못 미치는 쪽이 '소'가 된답니다.

예를 들어, 설명해 볼게요! 우리나라에 딱 5개의 정당(A~E 당)만 있다고 가정해 봐요. 만약 A 당 출신의 후보가 대통령 선거에 당선되었다면 어떤 정당이 여당이 되나요? 네 맞아요. A 당이 여당이 되고 나머지 4개 정당은 야당이 되겠지요. 그런데 그 당시 300개 의석수 가운데 A 당의 국회 의원 숫자가 153명이고, B~E 당 국회 의원들은 모두 147명이라면? 바로 여대야소 상황이 되는 거예요! 하지만 A 당 출신 대통령의 임기 중에 치러진 다음 국회 의원 선거에서 만약 A 정당이 110석만 차지했다면 A 당이 과반 의석수 확보에 실패해서 정치 상황은 여소야대의 상황으로 다시 바뀌게 된답니다. 이렇게 대통령 선거와 국회의원 선거의 결과에 따라 정치 상황이 계속 변하게 된다는 것을 알 수 있어요. 그렇다면 현재 우리나라는 '여소야대'의 상황인가요? 아니면 '여대야소' 상황인가요?

생각 플러스

여당이 대체 공휴일을 확대하는 법안을 처리하기로 했다. ■■당 윤○○ 원내 대표★는 회의에서 "국회에서 아직 합의되지 못한 대체 공휴일 법안을 신속히 처리하겠다"라고 말했다. 이번 법률안이 통과되면 광복절, 개천절, 한글날, 성탄절 등도 대체 공휴일의 대상이 된다. 현재는 공휴일 가운데 설 연휴와 추석 연휴, 어린이날만 대체 공휴일을 인정하고 있다. 야당인 ▲▲당에서도 박○○ 의원 등 10명이 대체 휴일을 확대하자는 법안을 발의★한 상태다.

여야가 제출한 법안의 내용에 큰 차이는 없다. 다만 대체 휴일을 어느 날로 지정할 것인가에 대해선 차이가 있다. 여당은 대체 휴일이 공휴일과 주말이 겹치는 날의 '직전' 날로 지정하자고 주장하는 반면, 야당은 '직후' 날을 대체 휴일로 지정해야 한다고 주장했다. 2021년 8월 15일의 경우, 여당의 의견대로라면 13일(금요일), 야당의 의견대로라면 16일(월요일)에 쉬는 방식이다.

★ **원내 대표** 국회 의원들 가운데 같은 정당 소속인 의원들을 대표하는 국회 의원
★ **발의** 의견을 내놓음

■ '공휴일에 관한 법률(2021.7.7. 제정)'에 따라 기존에 7일(어린이날+추석3일+설날3일)이었던 대체 휴일★ 적용일을 여야가 합의하여 4일을 추가 포함시켰다. 다음 중 새롭게 포함된 대체 휴일 적용 대상 공휴일이 아닌 것은?

① 3.1절   ② 성탄절   ③ 광복절   ④ 개천절   ⑤ 한글날

★ **대체 휴일 제도** 공휴일과 휴일이 겹칠 경우, 평일에 쉴 수 있도록 하여 공휴일이 줄어들지 않도록 보장하는 제도

■ 우리가 흔히 말하는 '빨간 날'도 법률 제정으로 결정되는 거였네요! 위 기사에 따르면 여야의 의견은 다르지만, 광복절과 개천절, 한글날 그리고 성탄절 등 다른 공휴일도 대체 공휴일로 확대하자는 점에서는 의견이 일치하는 것 같네요. 이후 이 법안은 어떻게 만들어져서 현재 우리 삶에 어떤 영향을 주고 있을까요?

답: ①3.1절

한 줄 정리

☑ **여당**: 정권을 잡고 있는 정당 (대통령제의 경우 현직 대통령을 배출한 정당이, 의원 내각제에서는 국회에서 의석을 가장 많이 확보한 정당이 여당이 됨)

☑ **야당**: 여당을 제외한 모든 정당, 즉 현재 정권을 잡고 있지 않은 모든 정당

20 우리 목소리를 전달하는 다양한 집단들!

의사 표현   - 시민 단체와 이익 집단

시민 단체와 이익 집단, 한 목소리로 기자회견

최근 발생한 전국 네트워크 장애와 관련해 △△ 통신 회사가 손해 배상안*을 발표한 것을 두고, 시민 단체와 자영업자들이 "보상 규모가 실제 피해보다 턱없이 적다"라며 반발했다. ○○ 연대와 □□ 중소 상인 자영업자 총 연합회는 기자 회견을 열고 이같이 비판한 뒤, "개인 사업자 및 자영업자 등에 대한 추가 보상이 필요하다"라고 주장했다.

★손해 배상안(損害賠償案) 피해를 입힌 부분에 대해서 어떤 방식과 규모로 갚아 주겠다는 계획

'○○ 연대'는 우리나라를 대표하는 시민 단체라고 들은 적이 있어!

'□□ 중소 상인 자영업자 총 연합회'라는 단체는 자영업자들의 이익을 대변하고 있대.

위 기사에 따르면 △△ 통신 회사가 제공하는 인터넷 네트워크 서비스가 장애를 일으켰다고 하네요. 하필이면 그때가 점심시간대여서 식당에서 배달 주문이 끊기고, 결제도 원활하지 않아 식당 주인들의 피해가 컸다고 해요. 그런데 △△ 통신 회사에서 제시한 보상 금액이 실제 피해 금액에 훨씬 미치지 못하자, ○○

연대와 ㅁㅁ 중소 상인 자영업자 총 연합회가 더 많은 피해 보상을 해 달라는 요구를 하고 있다고 합니다.

기사에 등장하는 두 단체는 이름도 성격도 다른 집단인데, 하나의 사건에 대해 같은 목소리를 내고 있어요. 이 단체들은 여러 사람이 회원으로 가입되어 있는 '사회 집단'인데요. 만들어진 목적도, 구성하는 회원들의 성격도 조금씩 다르답니다. 어떤 차이가 있는지 살펴보도록 해요!

모두의 이익을 추구하는 시민 단체

사회 전체의 이익을 위해 시민들이 자발적으로 만든 집단을 '시민 단체'라고 부릅니다. 여기서 사회 전체의 이익을 다른 말로 '공공의 이익'이라 부르고 줄여서 '공익(公益)'이라도 하지요. 소수의 사람이나 일부 집단에만 해당하는 이익이 아니라, 모든 사람을 이롭게 하는 공익에는 어떤 것들이 있을까요?

깨끗하고 쾌적한 환경에서 살고 싶은 생각은 누구나 갖고 있을 거예요. 그러니 우리가 사는 환경을 가꾸고, 환경을 훼손하려는 행위를 감시하거나 비판하는 활동은 공익과 관련된 거랍니다. 또 불법으로 돈을 벌면 처벌받는 사회가 정의로운 사회겠지요? 정의로운 사회는 누구나 원하는 사회이기에, 이런 사회를 만들기 위한 활동들 역시 공익과 관련되는 활동입니다. 이외에도 불량 식품 없는 건강한 먹거리를 위한 활동, 테러나 전쟁을 반대하고 평화로운 세상을 만들기 위한 활동도 모두 공익과 관련된 활동이에요.. 이처럼 우리 주변에는 수없이 많은 공익이 존재하는데요. 이런 공익을 실현하기 위한 목적으로 만들어진 단체가 바로 시민 단체예요.

나의 이익을 추구하는 이익 집단

★ **이해관계**
 (利害關係)
이익과 손해가 연결되어 있는 관계

시민 단체가 공익을 추구하는 집단이라면 '이익 집단'은 비슷한 이해관계★를 가지고 있는 사람들끼리 뭉쳐서, 그들의 이익을 실현하기 위해 만든 단체라고 할 수 있어요. '그들의 이익', 즉 일부 집단만을 위한 이익을 '사익(私益)'이라고 말해요. 이익 집단은 바로 사익을 추구하기 위해 만든 모임인 것이지요. 위 기사에 등장하는 'ㅁㅁ 중소 상인 자영업자 총 연합회'라는 말이 어렵게 느껴졌나요? 한번 단어를 하나씩 뜯어보면 아래와 같습니다.

> **중소(中小) 상인(商人) 자영업자(自營業者) 총 연합회(總聯合會)**
> = 작거나 중간 규모의 상업을 직접 경영하고 있는 사람들이 합동하여 만든 모임

이렇게 단체 이름을 차근차근 살펴보니 이 집단의 성격을 알아볼 수 있겠지요? 만약 여러분이 떡볶이 가게나 문구점을 운영하는 자영업자라면 이 집단의 회원으로 가입할 수 있을 거예요. 하지만 중소기업에 다니는 회사원이라면 회원이 되기도 힘들겠지요. 물론 이곳에 가입할 이유도 없을 테지만요!

이처럼 비슷한 직업이나 업계에 종사하는 사람들이 그들의 이익을 위해 이익집단을 만듭니다. 간호사들의 모임(ㅇㅇ간호 협회), 변호사들의 모임(ㅇㅇ변호사 협회), 학원 원장님들의 모임(ㅇㅇ학원총연합회) 등을 예로 들 수 있어요. 그리고 각종 노동조합(줄여서 '노조')도 대표적인 이익 집단인데요. 노동조합은 같은 회사나 비슷한 분야에서 일하는 노동자들의 모임을 말해요. 노조원★들은 임금을 올려달라, 근로 환경을 개선해 달라 등의 요구를 하며

★ **노조원**
노동조합의 구성원

회사 측에 압력을 행사해요. ○○자동차 노조, ○○반도체 노조, ○○택배 노조 등과 같이 우리나라에는 수많은 노동조합이 존재하고 노동 현장에서의 다양한 권리와 이익 실현을 위해 함께 힘을 모은답니다.

정책 결정 과정에 영향을 주는 시민 단체와 이익 집단

지금까지 시민 단체와 이익 집단의 차이점을 알아봤어요. 그렇다면 공통점은 무엇일까요? 바로 목적을 달성하기 위해서 다양한 방식으로 정치 과정에 영향력을 행사한다는 점입니다. 앞에서 배운 정당도 여론을 만들고, 그 의견을 국회에 전달해 정치 과정에 영향력을 행사한다는 특징을 가지고 있었지요?

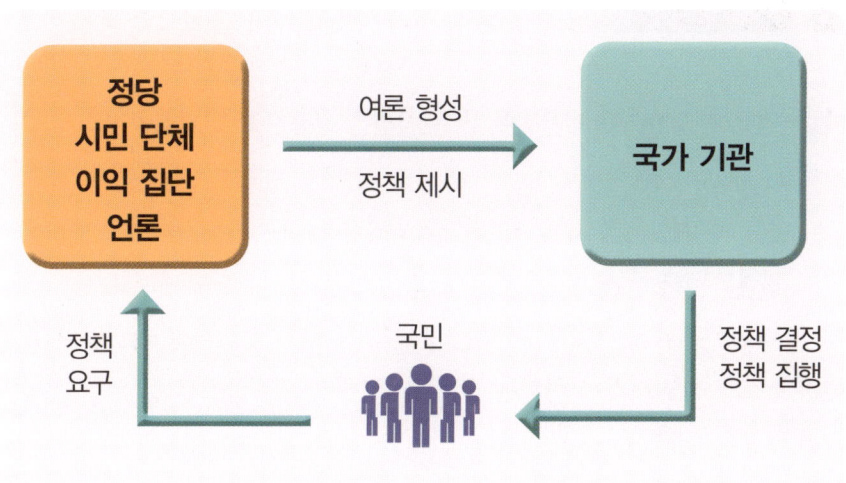

국민 개개인의 요구가 다양한 집단들을 통해 조직적으로 표출*되면, 국가 기관은 그 요구를 바탕으로 새로운 정책을 만듭니다. 정책에 따라 법이나 제도가 새롭게 만들어져 시행되면 국민 모두가 그 정책의 영향을 받게 되지요. 이러한 흐름을 '정치 과정'이라고 합니다.

우리는 앞서 공익을 추구하는지 또는 사익을 추구하는지로 시민 단체와 이익 집단을 구분했는데요. 여러분은 공익과 사익을 전혀 다른 개념이라고 생각하시나요? 다음 사례를 읽어보면 그렇지 않다는 걸 알 수 있습니다.

예를 들어 버스 노동자들이 노동 시간을 줄여 달라고 버스 회사 측에 요구했다고 가정해 볼게요. 만약 그 요구가 받아들여졌다면 ○○버스 노동조합이라는 이익 집단의 사익이 실현되었다고 할 수 있어요. 그래서 ○○버스 회사

★ 표출(表出)
겉으로 나타남

에서 근무하시는 기사님들은 예전보다 더 많은 휴식 시간을 확보하며 일할 수 있게 되었어요. 그런데 이것이 ○○버스 기사 노동자들에게만 좋은 일인 걸까요? 만약 예전에 과도한 노동시간으로 졸음운전이 반복되었다면 그리고 이것 때문에 교통사고가 자주 발생하는 상황이었다면 이제 어떤 변화가 일어날까요? 사익 실현으로 ○○버스 기사님들은 예전보다 더 많은 휴식 시간을 확보하게 되었어요. 졸음운전도 많이 사라지겠지요. 결국 ○○버스를 이용하는 많은 시민은 교통사고로부터 좀 더 안전해질 거예요!

이렇듯 사익은 특정 집단에게만 좋은 영향을 주는 것에 그치지 않고 공익으로 연결되는 경우가 많습니다. 그러므로 우리는 나와 함께 사는 누군가의 권리에 항상 관심을 가지고, 때로는 응원과 지지를 보낼 필요가 있답니다. 왜냐하면 그들의 권리가 실현되는 것이 결국 '우리 모두'를 위하는 일이 될 수도 있기 때문이지요!

생각 플러스

- 이익 집단의 파업에 대한 기사가 실렸습니다. 그 기사를 보고 여러 친구들이 대화를 나누고 있네요. 친구들의 대화를 참고해서 여러분들의 생각을 정리해 보도록 해요.

> 학교 비정규직★ 노동자들이 또다시 파업★을 예고했다. 하루 앞으로 다가온 파업 소식에 학부모들, 특히 맞벌이 부부들의 걱정이 크다. 전국 학교 비정규직 노동자들이 모인 전국 학교 비정규직 ○○ 회의는 학교 비정규직이 차별 대우를 받고 있으며, 여전히 노동자로서의 권리를 보장받고 있지 못하고 있다는 점을 강조했다. 만약 2차 총파업이 강행되면 학교 급식과 돌봄 교실 운영에 차질★이 빚어진다. 실제로 1차 파업 때 학교 운영에 문제가 생겼으며, 그 영향으로 일부 학교에서는 학생들에게 급식 대신 빵과 음료가 제공됐다.

★비정규직(非正規職) 정규직과 달리 근로 방식, 근로 시간, 고용의 지속성 등을 보장받지 못하는 고용 형태
★파업(罷業) 노동자들이 어떤 목적을 달성하기 위해 집단적으로 한꺼번에 작업을 중지하는 일
★차질(蹉跌) 하던 일이 계획이나 의도에서 벗어남

 차별 대우 때문에 결정된 파업이라면 난 저분들을 응원하겠어.

 언제까지 우리가 불편함을 겪어야 하지? 파업은 너무 극단적인 결정이야.

 모든 방법을 다 사용해 봤지만 해결되지 않아서 최후의 수단으로 결정한 게 아닐까?

 이해는 하지만… 다른 방식은 없었을까?

내 생각은

한 줄 정리

☑ **시민 단체**: 사회 전체의 이익을 위해 시민들이 자발적으로 만든 집단
☑ **이익 집단**: 일부 집단만의 특수한 이익을 실현할 목적으로 만든 집단

21 국제 사회의 주인공은 나야, 나!

의사 표현

― 정부 간 국제기구와 국제 비정부 기구

국제 지원 끊긴 아프간*, "의료 시스템 붕괴 직전"

아프가니스탄의 의료 시스템이 붕괴 직전에 놓였다. 아프간* 공공보건부 장관은 "탈레반이 아프간을 장악하며 국제기구들이 자금 지원을 동결*했고, 이로 인해 공공 의료 체계가 붕괴될 위기에 처했다"라고 말했다.

최근 국제기구들은 탈레반으로 자금이 흘러갈 것을 우려하며 아프간에 지원을 중단하기로 결정했다. 그런데 아프간 보건소의 65%가 세계은행(WB)의 구호품에 의존하고 있는 등 아프간 의료 서비스의 최대 90%는 비정부 기구(NGO)가 담당하고 있다. 따라서 지원 중단의 여파*가 거셀 것으로 보이는 가운데 세계 보건 기구(WHO)는 긴급 구호품과 의료품을 아프간에 보냈다고 밝혔다.

★ **아프간** 서남아시아에 자리한 이슬람교 국가 '아프가니스탄'을 줄여서 부르는 말
★ **동결(凍結)** 자금 사용이나 변동이 금지됨
★ **여파(餘波)** 어떤 일이 끝난 뒤에 남아 미치는 영향

아프간은 그동안 세계은행(WB)과 세계 보건 기구(WHO) 같은 국제기구의 도움에 의존하고 있었구나.

정부 간 국제기구뿐 아니라 국제 비정부 기구(NGO)도 돕고 있었대.

'탈레반(Taliban)'은 아프가니스탄을 기반으로 하는 이슬람 근본주의★ 집단을 말해요. 2001년 9.11 테러 사건★ 이후 미국이 아프가니스탄에 군대를 파병하면서 탈레반은 역사 속에서 사라진 듯했지요. 20년이 지난 2021년, 미국은 아프간에서 군대를 철수하겠다는 계획을 발표했습니다. 그러자 조용히 세력을 불리며 테러 활동을 이어 가던 탈레반은 삽시간에 아프가니스탄 전역을 공격하기 시작했어요. 그리고 8월 30일, 우려 속에 미군이 철수하면서 탈레반은 또다시 아프가니스탄을 장악했지요.

위 기사는 아프간이 탈레반의 손에 넘어가면서 국제기구들의 지원이 중단되거나 줄어들게 되었다는 내용입니다. 국제 사회에서 벌어지는 여러 사건들은 각국의 이익과 안전이 걸려 있어서 해결책이 쉽게 발견되지 않아요. 그럼에도 이 문제들을 해결하기 위해 국제 사회에 뛰어드는 주인공들이 있답니다!

★ **이슬람 근본주의**
이슬람교를 모든 사회 질서의 기본으로 삼자고 주장하는 운동

★ **9.11 테러 사건**
2001년 9월 11일 아침, 미국에 대항하는 이슬람 테러 단체인 '알카에다'가 일으킨 네 차례의 연쇄 테러 공격. 이로 인해 많은 인명 피해가 발생하였습니다.

정부끼리 협력하자!… 정부 간 국제기구

같은 목적을 가진 세계 여러 나라가 함께 만든 모임을 국제기구라고 하는데요. 회원의 성격에 따라 정부 간 국제기구와 국제 비정부 기구로 구분할 수 있어요. 정부 간 국제기구는 2개 이상의 정부가 회원국이 된답니다. 그래서 정부 간 국제기구라고 부르기도 해요. 그렇다면 정부 간 국제기구가 만들어지게 되는 배경은 무엇일까요? 그 이유는 한 나라의 노력만으로는 해결할 수 없는 전 지구의 문제들이 많아지고 있기 때문이에요. 코로나-19가 창궐★한 지가 3년이 다 되어 가지만 세계는 지금도 몸살을 앓고 있지요. 이런 팬데믹★ 상황은 한 나라의 노력만으로는 결코 종식될 수 없을 거예요. 마찬가지로 환경, 전쟁·테러, 에너지 문제도 모든 나라가 함께 협력해야만 해결되는 인류 공통의 문제에요. 이런 문제를 해결하기 위해 만든 대표적인 정부 간 국제기구는 국제 연합(UN), 세계 보건 기구(WHO), 국제 자연 보전 연맹(IUCN) 등이 있습니다.

★ **창궐(猖獗)**
못된 세력이나 전염병 따위가 사납게 일어나 크게 퍼짐.

★ **팬데믹**
전염병이 전 세계적으로 크게 유행하는 현상.

국제 연합

세계 보건 기구

국제 자연 보전 연맹

★ 아스클레피오스
(Asclepius)
그리스 로마 신화에 나오는 의술의 신

국제 연합은 전쟁 방지와 평화 유지 등 인권을 보호하기 위한 기구고, 거기서 보건과 위생 분야를 담당하는 전문 기구로 따로 만든 것이 세계 보건 기구입니다. 그래서 세계 보건 기구의 로고는 국제 연합의 로고 위에 의료를 상징하는 '아스클레피오스★의 지팡이'가 더해져 있지요. 국제 자연 보전 연맹은 전 세계의 자원과 자연을 보호하기 위해 설립된 기구예요.

유럽 연합 　　　　　아시아 태평양 경제 협력체 　　　　　경제 협력 개발 기구

그리고 인접해 있는 국가 간의 정치 또는 경제적 협력을 위한 기구도 있어요. 대표적으로 유럽 연합(EU), 아시아 태평양 경제 협력체(APEC), 북대서양 조약 기구(NATO) 등이 있고요. 전 세계인의 문화와 스포츠 교류를 위해 만든 유네스코(UNESCO), 국제 올림픽 위원회(IOC), 국제 축구 연맹(FIFA)도 있습니다. 또한 세계 경제 발전을 목적으로 만든 경제 협력 개발 기구(OECD), 세계 무역 기구(WTO)도 있지요.

더 알고 싶어요!

북대서양 조약 기구(NATO)와 우크라이나

'나토(NATO)'라고 불리는 이 기구는 1949년에 만들어진 북미(미국, 캐나다)와 유럽 등 서방 국가의 군사 동맹입니다. 2022년에 발생한 러시아-우크라이나 전쟁의 배경과 관련이 있어요. 러시아와 가까이 위치한 우크라이나가 북미 동맹인 나토에 가입하려고 하자, 러시아가 적극적으로 가입에 반대하며 무력 충돌까지 가게 되었거든요. 러시아 입장에서는 주변 국가들이 점차 미국과 가까워지는 것을 막고 싶겠지만, 그 수단이 전쟁이라면 누구도 러시아가 정당하다 말할 수 없겠지요.

★ INGO
약자는 International Non-Governmental Organization 입니다.

★ 민간(民間)
관청이나 정부 기관에 속하지 않음

정부가 나서지 못하면 내가 간다!… 국제 비정부 기구(INGO)★

'비정부 기구(Non Governmental Organization, NGO)'는 국가와 정부의 간섭을 받지 않고 민간★ 주도로 조직되고 운영되는 단체를 말해요. 인간의 가치를 옹호하며, 권력이나 이윤을 추구하지 않고 공공의 이익을 위해 활동해요. 그 활동 범위가 전 세계라면 '국제 비정부 기구(INGO)'라고 부르지요. 국제 비정부 기구는 환경과 인권 또는 평화와 빈곤 등 인류 공통의 문제에 관심을 가지고 다양한 영역에서 활동하고 있어요. 대표적인 비정부 기구에는 자연 보호 운동을 하는 그린피스, 긴급 구호 활동을 펼치는 국경 없는 의사회, 인권과 정의를 지키는 국제 앰네스티(국제 사면 위원회) 등이 있어요.

그린피스　　　　　　국경 없는 의사회　　　　　국제 앰네스티

국제 문제를 해결하기 위해 각 나라 정부를 회원으로 하는 정부 간 국제기구와 달리, 비정부 기구는 국가의 입장을 대변하지 않으며 국가의 이익을 위해 활동하지도 않습니다. 그래서 각종 이해관계로 얽혀 있는 문제가 발생했을 때, 누구의 눈치도 보지 않고 오로지 '사람'을 위해 뛰어들지요.

혼자서 국제 사회에 영향을 미치는 사람이 있다고?

국제 사회를 이끌어 갈 수 있는 존재들은 누구누구일까요? 당연히 다른 나라의 간섭을 받지 않고 주권을 완전히 행사하는 여러 국가들이 되겠지요. 앞서 비교한 정부 간 국제기구와 국제 비정부 기구 또한 국제 사회의 중요한 주인공들입니다. 그런데 개인이 집단과 비슷한 영향력을 행사할 수도 있다는 사실, 알고 계신가요?

과거에는 교황의 말 한마디로 전쟁이 발생하거나 끝나기도 하던 시절이 있었어요. 지금은 그 정도까지는 아니더라도 여전히 종교 지도자들은 국제 사회에 큰 영향력을 가지고 있답니다. 또한 강대국의 대통령이나 앞서 정부 간 국제기구로 등장한 국제 연합의 총장처럼 커다란 집단을 이끄는 개인도 큰 영향력을 갖습니다. 전 세계를 무대로 경제 활동을 하는 다국적 기업 역시 국제 사회에 발언권을 가지고 있어요. 2022년 기준, 전기 자동차 시장을 선도하는 '테슬라' 기업의 대표인 일론 머스크가 새로운 기술에 관심을 갖고 있다는 말 한마디

❶ 265대 교황 베네딕토(Benedictus) 16세
❷ 사업가 일론 머스크(Elon Musk)
❸ 45대 미국 대통령 도널드 트럼프(Donald Trump)

에 그 분야 산업이 출렁거릴 정도니까요.

이렇게 국제 사회는 다양한 주체들에 의해서 움직여 나가는데요. 그중에서도 단체가 아닌 개인으로 누가 있는지 궁금하다면 세계 최대 규모 주간지인 《타임(Time)》에서 매해 선정하는 '가장 영향력 있는 100인' 기사를 찾아보세요. 언젠간 여러분들도 국제 사회의 주인공으로서 기사에 실릴지 모르겠군요!

■ 다음 로고를 가진 단체를 검색해 정부 간 국제기구와 국제 비정부 기구 가운데 어디에 해당하는지 조사해 볼까요? 아래 빈칸에 각 단체의 이름을 적고, 선으로 올바르게 이어 주세요.

〈가〉 ILO	〈나〉 FIFA
〈다〉 WWF	〈라〉 올림픽
〈마〉 unicef for every child	

기구 이름

- 〈가〉
- 〈나〉
- 〈다〉
- 〈라〉
- 〈마〉

- 국제정부기구
- 국제 비정부 기구

한 줄 정리

☑ **정부 간 국제기구**: 같은 목적을 가진 세계 여러 나라가 함께 만든 모임
☑ **국제 비정부 기구**: 국가와 정부의 간섭을 받지 않고 민간 주도로 조직되고 운영되는 단체

PART 02

사회 문화

01 온 국민의 인간다운 삶을 위하여

사회 복지 — 건강 보험과 기초 생활 수급자 지원

정신 질환을 앓는 '소외 계층 치료 지원' 확대

정신 질환 진단을 받은 지 5년이 지나지 않은 저소득 계층*환자에게 치료비가 지원될 전망이다. 보건복지부는 치료비를 지원받을 대상을 자세히 정할 것이며, 응급 입원을 할 때 발생하는 비용도 국가 또는 지방 자치 단체가 지원할 것이라고 밝혔다.

앞으로는 정신 질환을 진단받은 사람 가운데 저소득 환자라면 첫 진단을 받은 날로부터 5년 동안 건강 보험이 적용되는 일부 치료비를 지원받을 수 있으며, 기초 생활 수급자라면 건강 보험이 적용되지 않는 치료비도 지원받을 수 있다.

★ 저소득 계층(低所得階層) 적은 벌이와 적은 소비를 특징으로 하는 계층
★ 계층(階層) 사회적 지위가 비슷한 사람들의 층

건강 보험은 나라에 보험비를 내면 나중에 돌려받는 보편적 복지의 대표적인 제도예요.

기초 생활 수급자 지원은 경제적 약자들을 대상으로 이뤄지는 선별적 복지 제도고요.

건강한 몸과 마음을 갖추는 일은 누구에게나 중요한 문제입니다. 만약 정신 질환을 앓고 있는데, 치료비가 너무 비싸서 제때 치료받지 못한다면 어떨까요? 아마 큰 고통에 놓일 테지요. 그런 사람들이 많아지면 사회 문제로 이어질 수 있어요. 그래서 정신 질환을 앓는 저소득 계층에 대해 건강 보험료를 면제★해 주거나, 기초 생활 수급자에게 의료비를 지원해 주는 정책이 마련되었어요.

★ 면제(免除)
책임이나 의무 등을 지지 않게 해 줌

국민의 대부분이 부담하고 돌려받는 사회 보험

여러분은 '보험(保險)'이 무엇인지 알고 있나요? 가족들에게 가입해 둔 보험은 무엇인지, 왜 가입해 두었는지 한번 여쭈어 보세요. 그 이유는 아마 이러할 거예요.

만약에 여러분의 몸이 갑자기 안 좋아져서 병원을 찾았는데 증상이 심각해서 치료비가 많이 든다면 어떨까요? 눈앞이 캄캄해지겠지요? 이럴 때를 대비

해서 가입하는 것이 바로 보험이에요. 보험은 어떤 사람이 각종 사고나 재해가 일어날 상황에 대비하여 미리 일정한 돈을 보험사에 냈다가, 실제로 사고를 당하면 일정한 금액을 돌려받아 손해를 보상하는 제도입니다.

이러한 보험 앞에 '사회'가 붙은 '사회 보험'은 국가가 법으로 시행하는 보험 제도를 말해요. 앞선 기사에서 등장했던 '건강 보험'이 여기에 포함되는데요. 건강 보험은 갑작스러운 치료비로 국민들의 살림살이가 흔들리는 것을 방지하기 위해, 국민들이 평소에 보험료를 내면 국가에서 그것을 차곡차곡 모아 두었다가 필요할 때 일정한 치료비를 돌려주는 제도입니다. 국가와 국민이 위험을 함께 분담★하고 누구나 필요한 의료 서비스를 받을 수 있도록 하는 것이

★ 분담(分擔)
나누어서 맡음

139

★ 소득(所得)
일한 결과로 얻은 이익

지요.

　건강 보험은 태어나는 순간 모든 국민이 가입할 수 있으며, 일정한 소득★이 있다면 무조건 이 보험에 가입하여 비용을 내야 해요. 그리고 낸 금액에 따라 죽을 때까지 그 수혜를 받습니다. 따라서 건강 보험, 더 나아가 사회 보험은 대한민국 국민이라면 누구나 별다른 자격 조건 없이 두루 받는 복지라는 점에서 '보편적 복지'라고 불립니다.

더 알고 싶어요!

우리나라의 사회 보장 제도

　대한민국 최고법인 헌법의 제34조를 보면 "①모든 국민은 인간다운 생활을 할 권리를 가진다, ②국가는 사회 보장·사회 복지의 증진에 노력할 의무를 진다"라고 쓰여 있어요. 따라서 국가는 국민이 인간다운 삶을 살 수 있게끔 사회 보장과 사회 복지에 힘써야 하지요!

　우리나라의 사회 보장 제도를 나타낸 도표예요. 앞서 배운 사회 보험 말고도 '공공 부조'와 '사회 서비스'가 존재하지요? 사회 서비스란 국민들의 삶이 향상되도록 국가가 제공하는 각종 서비스를 가리킵니다. 방과 후 돌봄 서비스 같은 것이 여기에 해당해요. 사회 보험과 공공 부조는 보험 비용을 누가 내느냐에 따라 나뉘는데요. 공공 부조가 무엇인지 뒤에서 더 자세히 알아볼게요!

최소한의 생활을 보장하기 위한 기초 생활 수급자 지원

★ 부담(負擔)
어떤 의무나 책임을 짐

　국민이 다 같이 금액을 나누어 내고 그 혜택을 받는 것이 사회 보험이라면, 금액을 내기 어려운 형편에 놓인 사람들을 대신해 국가가 부담★하는 사회 제도도 있어요. 그것을 '공공 부조'라고 합니다. 부조(扶助)란 '남을 거들어 도와주는 일'이라는 뜻으로, 공공 부조는 국가나 사회 구성원들이 도와주는 제도라고 생각하면 돼요. 대표적인 제도가 바로 기초 생활 수급자 지원 제도인데, '기초 생활 수급자'라는 단어가 어렵지요? 한자로 이루어진 이 단어를 쪼개서 살펴보면 아래와 같습니다.

> 기초(基礎) 생활(生活) 수급(受給) 자(者)
> = 기초적인 생활을 유지하기 위해 연금이나 급여 등을 받는 사람

예기치 못한 사고로 혹은 선천적으로 몸이 불편한 사람들, 나이가 많거나 어려서 경제 활동에 어려움이 있는 사람들은 기본적인 의식주 생활을 유지하기가 어렵습니다. 이런 사람들을 위한 법이 바로 기초 생활 수급자 지원 제도예요! 이 제도의 목적은 생활이 어려운 사람에게 국가가 필요한 금액을 지급★하여 이들의 최저 생활을 보장하고, 더 나아가 이들이 미래에 스스로 살아갈 수 있도록 돕는 것이지요. 이 문장 속 '최저 생활'이란 살아가는 데 필요한 최소한의 것들을 누릴 수 있는 생활을 가리켜요.

★ 지급(支給)
돈이나 물품 등을 정해진 몫만큼 내줌

그렇다면 기초 생활 수급자를 선정하는 기준은 무엇일까요? 먼저 정부에서 최저 생계비★를 계산해 법으로 정합니다. 국가에서 '오늘날 한 사람이 살아가는 데 필요한 최소한의 금액은 한 달에 얼마다!'라고 정해 놓는 것이지요. 이 금액은 의식주에 들어가는 비용을 평균적으로 계산한 것으로, 물가는 그때마다 바뀌기 때문에 매해 보건복지부에서 새로이 발표한답니다.

이렇게 최저 생계비를 계산하고 나서 그 금액보다 소득이 못 미치는 사람을 기초 생활 수급 대상으로 삼습니다. 대상이 되면 생계, 의료, 주거, 교육 등으

★ 생계비(生計費)
생활하는 데 드는 비용 (같은 말: 생활비)

★ **선별(選別)**
가려서 따로 나눔

로 분야가 나뉘어 생활비가 지원됩니다. 도움이 필요한 사람들을 따로 골라내 그들에게만 복지 서비스를 제공하기 때문에 기초 생활 수급자 지원은 '선별★적 복지'에 해당됩니다.

사회 보장을 넘어 사회 복지로!

치솟는 물가★, 비싼 교육비, 높은 청년 실업률★과 집값…. 나이가 어리든 많든, 원하는 삶을 포기하는 사람들이 점점 늘어나고 있지요. 이것은 우리나라에 아직 사회 보장 제도가 완전히 자리 잡지 못했다는 것을 뜻해요.

사회 보장 제도를 가리키는 다른 말로 '사회 안전망'이라는 표현이 있어요.

★ **물가(物價)**
시장에 나와 있는 모든 상품과 서비스의 종합적이고 평균적인 값

★ **실업률(失業率)**
일할 수 있는 사람 수 가운데 직업을 갖지 못한 사람들이 차지하는 비율

안전망은 높은 곳에서 떨어졌을 때 다치지 않도록 막아 주지요? 사회 안전망이란 국민을 사회적 위험으로부터 지켜 주는 장치입니다. 그러나 안전망이 있어도 도움이 충분하지 않거나, 정말 도움이 필요한데도 지원 대상에서 빠져 버리는 경우가 있습니다. 정부는 이러한 안전망의 구멍을 계속해서 찾아내고 고쳐 나가야 해요.

따라서 오늘날 많은 선진국들은 각자의 사회 보장 제도를 보강하면서, 동시에 '사회 복지'로 나아갈 준비를 하고 있습니다. 사회 복지는 최저 생활은 물론, 교육·의료·문화생활 등 건강한 몸과 마음 상태를 가질 수 있는 환경까지 제공하는 것입니다. 이 두 가지가 함께 자리 잡는다면, 막막한 생계를 걱정하며 내쉬는 한숨은 많이 줄어들지 않을까요? 주머니 사정과 나이에 상관없이, 모든 국민이 행복한 하루하루를 살아가는 삶이 국가가 목표로 삼아야 할 그림일 거예요!

앞서 인권과 기본권을 배울 때 우리나라에 체류하며 돈을 벌고 있는 외국인을 '이주 노동자'라고 불렀던 것을 기억하나요? 원래 이주 노동자들은 우리나라에 들어올 때 '여기서 경제 활동을 해도 된다'는 허가를 정부로부터 받아야 해요. 그런데 개중에는 허가를 받지 않는 '미등록 이주 노동자'들도 있습니다.

미등록 이주 노동자들은 주로 건설 현장이나 농사 지역 등 사회에 꼭 필요하지만 육체적으로 고되어 사람들이 꺼려하는 곳에서 일하고 있어요. 이들은 등록조차 되어 있지 않으니 당연히 건강 보험에도 가입되어 있지 않습니다. 그래서 아프거나 다쳤을 때에도 의료비 지원을 받지 못해요. 참고로 코로나19 예방을 위한 백신 접종 또한 건강 보험 가입자들에게만 접종 자격이 있었어요.

이렇듯 미등록 이주 노동자들은 기본적인 의료 혜택을 전혀 받지 못합니다. 사실 그들은 우리나라에 머무는 것 자체가 불법이지요. 그러나 동시에 우리 사회의 가장 어둡고 낮은 부분을 지탱하는 사회 구성원이기도 합니다. 과연 그들에게 건강 보험 가입 자격을 주어야 할까요?

내 생각은	

한 줄 정리

- ☑ **건강 보험**: 국민들이 평소에 보험료를 내고 필요할 때 국가가 보험금을 제공하는 사회 보장 제도
- ☑ **기초 생활 수급자 지원**: 생활이 어려운 사람에게 필요한 급여를 제공하여 이들의 최저 생활을 보장하고 자립을 돕는 것
- ☑ **보편적 복지**: 자격이나 조건 없이 국민 모두에게 복지 서비스가 제공되는 것
- ☑ **선별적 복지**: 도움이 필요한 사람들을 선별하여 그들에게만 제한적으로 복지 서비스를 제공하는 것

02 할머니, 할아버지가 되어도 걱정 없지!

사회 복지

- 국민 연금과 개인연금

백세 시대인 오늘날, 은퇴 후 30년을 보내기 위해 필요한 돈은 무려 7억 원이 넘는다고 합니다.
국민 연금만으로는 노후 자금을 마련하기 어려운 요즘, '연금 3층탑 쌓기는 선택이 아닌 필수'라는 말이 나오고 있습니다.

안정적인 노후 생활을 위한 '연금 3층탑'

공적 연금: 우리나라가 이만큼 성장한 밑바탕에는 국민들이 묵묵히 흘린 땀이 있어. 그들의 안정적인 노후 생활을 위해 국민 연금이 더 확대되어야지!

VS

사적 연금: 국가가 모든 국민의 노후를 전부 책임질 수는 없어. 일정 금액을 지원하되, 나머지는 국민들이 각자 해결해야 해.

여러분은 50년, 60년 이후의 삶을 머릿속에서 그려 본 적 있나요? '노인이 된 나'라니, 너무 먼 이야기로만 들릴 거예요. 하지만 여러분도 언젠가는 만나게 될 나이랍니다. 노인으로 사는 일상을 상상해 보세요. 혹시 오전에는 평화롭게 공원을 산책하고, 오후에는 가족들과 집에서 도란도란 이야기 나누는 모습을 상상하셨나요? 그러나 현실은 그렇게 쉽지가 않지요! 사실 이 상상은 여유로운 하루를 보낼 수 있는 돈이 있어야 가능한 미래랍니다.

안정적인 노후★를 준비하기 위한 방법 가운데 하나가 '연금'입니다. 연금(年金)이란 '매년 받는 돈'이라는 뜻으로, 보통 사회에 특별한 공로를 세웠거나 일정 기간 동안 공공 기관에서 일한 사람이 은퇴★ 후에 국가로부터 매해 받는 돈을 가리켜요. 이 외에도 연금의 종류는 매우 다양한데요. 오늘 다룰 내용은 국가가 국민 모두에게 주는 연금인 '국민연금'과 개인이 알아서 각자 가입하는 '개인연금', 이렇게 두 가지랍니다!

★ 노후(老後)
나이를 먹은 뒤의 생활

★ 은퇴(隱退)
직업에서 물러나거나 사회 활동에서 손을 떼고 한가히 지냄.

국가가 국민의 평온한 노후를 보장할게!

평생 자신에게 주어진 의무를 성실히 따르고 살아왔다면, 누구나 은퇴 이후의 삶을 즐길 자격이 있습니다. 특히 우리나라 사람들은 누구보다 성실하게 젊은 시절을 보낸 사람들이에요. 어떻게 아냐고요?

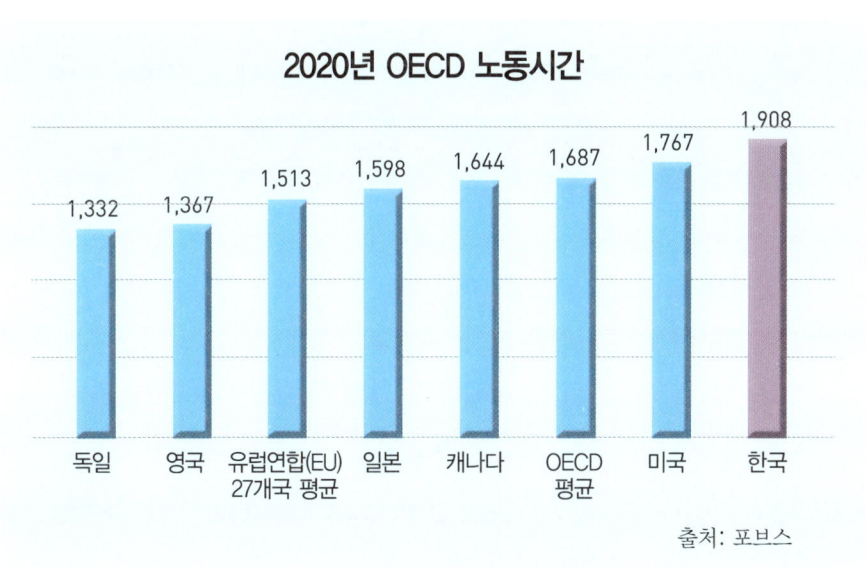

2020년 OECD 노동시간

독일 1,332 / 영국 1,367 / 유럽연합(EU) 27개국 평균 1,513 / 일본 1,598 / 캐나다 1,644 / OECD 평균 1,687 / 미국 1,767 / 한국 1,908

출처: 포브스

위 막대그래프는 2020년 국제기구인 경제 협력 개발 기구(OECD) 가입 국들의 연간 평균 노동 시간을 나타낸 표입니다. OECD 평균 노동 시간은 1,687시간인데 우리나라 노동자들은 1,908시간을 일하고 있네요. 유럽연합(EU)의 국민들보다 16일 정도 더 많이 일한다는 뜻이지요. 사실 수십 년 동안 우리나라 사람들은 세계에서 가장 많은 시간 일하는 편에 속합니다. 한 명 한 명의 땀이 경제 발전의 밑거름을 다지고 이끌고 있는 거예요. 국가의 성장을 돕고 열심히 일한 국민들이니, 은퇴 이후에 평온한 삶이 보장되어야겠지요? 그러기 위해 국가가 만든 제도가 바로 국민 연금입니다. 국민의 안정된 생활과 복지를 위해 국가가 개인의 상황에 맞게 연금을 주는 것이에요.

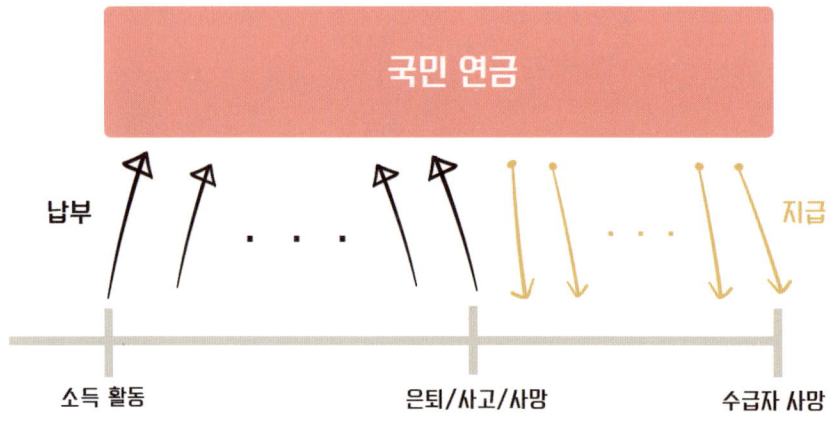

국민연금은 건강 보험과 마찬가지로 사회 보험에 속해요. 그래서 여러분이 어른이 되어 돈을 버는 소득 활동을 시작하면 매달 조금씩 국민연금 보험료를 납부★하게 됩니다. 이렇게 쌓인 금액은 훗날 여러분이 나이가 들거나 갑작스러운 사고와 질병으로 사망 또는 장애를 얻게 되어 소득 활동이 중단된 시기에 여러분에게 돌아오게 됩니다. 가장 우선적으로 연금을 받게 되는 건 본인이고, 본인이 일찍 사망한 경우에는 유족★에게 저축된 보험금에 비례하는 금액을 매달 급여로 지급하게 됩니다. 그럼 경제 활동을 할 수 없게 되어도 수입이 있으니 기본적인 생활을 이어 나갈 수 있겠지요? 이렇듯 국민연금은 누구나 은퇴 이후에 안정적인 삶을 위해서 국가가 제공하는 기본적인 소득 보장 제도예요.

★ 납부(納付)
세금이나 공과금 따위를 관련 기관에 냄

★ 유족(遺族)
죽은 사람의 남은 가족

국가가 다 챙기기 어려우니, 각자 조금씩 알아서!

노인 인구가 증가하고, 출산율이 낮아지는 저출산 현상과 고령화 현상은 현대 국가들의 커다란 사회 문제입니다. 새로이 태어나는 사람이 적으니 활발하게 일할 수 있는 젊은 사람들은 점점 줄어드는데, 부양해야 할 노인층은 점점 늘어나기 때문이에요. 이 이야기는 뒤에서 조금 더 자세히 다룰 거랍니다.

$$\text{노년 부양비} = (65\text{세 이상 인구} \div 15\sim64\text{세 인구}) \times 100$$

경제 활동을 할 수 있는 15세에서 64세 사이의 사람을 '생산 가능 인구'라고 부르는데요. 이 생산 가능 인구 100명에 대한 65세 이상 인구의 비(比)를 '노년 부양비'라고 해요. 쉽게 설명하면 젊은이 100명당 부양★해야 할 65세 이상의 노인 인구수를 가리키는 거지요.

★ **부양(扶養)**
생활 능력이 없는 사람의 생활을 돌봄

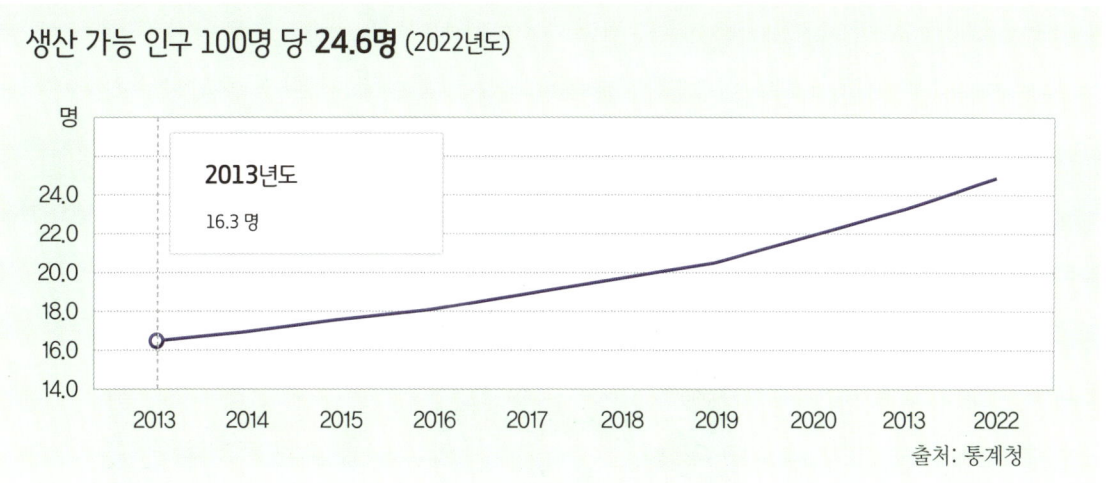

통계청에서 제공하는 노년 부양비 그래프를 볼까요? 2013년에는 16.3명이었던 부양비가 2022년에 24.6명이 된 것을 확인할 수 있어요. 2060년에는 약 5배 이상 뛰어 80명까지 증가할 것으로 전망하고 있다고 합니다. 젊은이들의 부담을 줄여주고 노후 생활을 안정 시킬 대비책이 필요한 까닭이지요.

그러기 위해서는 자연스럽게 나라 살림을 담당하는 정부의 부담이 커집니다.

★ **적자(赤字)**
지출이 수입보다 많아서 생기는 부족한 금액

특히 국민연금은 온 국민을 대상으로 하는 제도이기 때문에 적자★가 발생할 가능성이 높습니다. 그래서 국민연금 1인당 평균 지급액이 한 달을 생활하기에는 부족한 50만 원대에 그친다고 하네요. 이렇게 국가가 책임지지 못하는 부분이 예상되기에, 사람들은 '개인연금'을 가입해 둡니다. 개인연금이란 개인이 안정적인 노후 생활을 준비하기 위해 자발적으로 가입하는 연금 제도예요. 원리는 국민연금과 비슷하지만, 보험료를 내는 곳이 국가가 아니라 보험 회사나 은행이라는 것이 차이점이에요! 개인연금은 국민연금의 부족한 부분을 채워, 더 안전한 노후 생활을 보장할 수 있지요.

더 알고 싶어요!

살 맛 나는 노후 생활?!

인간은 나이가 들면서 신체 기능이 떨어지게 돼요. 걷기가 불편해지기도 하고, 기억력이 줄어들기도 하지요. 그래서 노인 분들은 주로 '도움이 필요한 사람들'이라는 인식이 강해요. 연금 제도 역시 경제 활동이 어려운 노인에게 국가가 기초적인 생활비를 제공하는 것을 목표로 삼는 것이고요.

그러나 의료 기술이 발달하고 건강 관리에 대한 관심이 높아지면서, 나이는 숫자에 불과하다는 말이 실감나는 세상이 되었어요. 식사와 청소 등 집안일을 노인 분들이 직접 하는 것은 물론이고, 원한다면 젊은 시절부터 일해 오던 분야에서 장인 정신을 발휘해 업무를 이어나갈 수도 있어요!

풍부한 경험에서 우러나오는 조언은 그 어떤 유산보다도 값지기 때문에, '한국 노인 인력 개발원'에서는 조언이 필요한 회사와 어르신들을 연결시켜 주기도 한답니다. 또는 작은 가게를 운영하거나 마을 청소, 교통질서 지도, 방과 후 돌봄 보조 교사 같은 봉사 활동을 할 수도 있지요. 이렇게 어르신들이 도움을 받는 것에 그치지 않고, 일상 속에서 활동을 계속하시도록 사회가 안내하는 까닭은 무엇일까요? '나는 여전히 뭐든 할 수 있어'라는 마음이 있으면 즐거운 노후 생활을 보낼 수 있기 때문이지요!

생각 플러스

연금은 안정적인 노후 생활을 위한 금전적인 준비를 가리켜요. 그런데 국가는 금전적인 부분이 아닌 다른 부분에서 편리하고 쾌적한 생활을 위한 사회 서비스를 제공할 수도 있습니다. 예를 들어, 도시의 지하철을 무료로 이용할 수 있는 서비스는 노인 분들이 마음껏 목적지까지 편리하게 이동할 수 있게 돕고요. 고궁이나 박물관, 국립공원, 미술관 등의 공공장소를 무료로 이용할 수 있는 서비스는 그들의 풍부한 문화생활을 가능하게 합니다.

이것 외에도 우리 할머니, 할아버지가 행복한 하루하루를 보내는 데 필요한 서비스로 어떤 것이 있을까요? 아니면 여러분이 노인이 되었을 때 어떤 어려움이 있을지 상상해 보고, 그걸 해결하기 위한 서비스를 생각해 봐요!

어려움들	
사회 서비스	

한 줄 정리

- ☑ **국민연금**: 국민의 노령, 장애 또는 사망에 대하여 연금을 지급함으로써 국민의 생활 안정과 복지 증진에 이바지하는 것을 목적으로 하는 제도
- ☑ **개인연금**: 생명 보험 회사나 은행에서 개인에게 판매하는 연금 형태의 보험 상품

03 문화 현상  모든 문화는 같으면서 다르다고?
- 문화의 보편성과 특수성

[여행 칼럼*] 해외에서 동양인에게 내미는 '합장' 인사

백인 비율이 높은 서양 국가들을 여행하다 보면 종종 동양인인 나에게 '합장(合掌)'으로 인사하는 백인들을 만나곤 한다. 물론 환영한다는 인사로 건넨 것이니 얼굴을 붉히지는 않지만, 나는 불교 신자는커녕 인도인이나 태국인도 아니기에 기분이 묘해질 때가 있다.

두 손바닥을 앞으로 모아 맞댄 채 고개를 숙이는 인사법인 합장은 불교에서 행하는 경례법이다. 인도나 태국 문화권에서는 일상적인 인사로 쓰이고 일본에서도 식전 인사로 자주 쓰인다. 그래서인지 동양 문화권끼리의 특수성을 제대로 알지 못하는 서양인들은 '동양인이니 합장으로 인사하겠지?'라는 잘못된 접근을 하는 것이다.

* **칼럼(column)** 신문, 잡지에 실리는 시사, 사회, 문화 등에 관한 짧은 글

불교 문화권인 동양 국가들이 많으니 착각하는 서양인들도 많겠구나.

같은 서양인이라도 영국과 프랑스, 미국 문화가 다르듯이 우리도 각자 다른 걸 알아야 할 텐데!

우리는 매일 사람들과 인사를 나누며 살아갑니다. 어른들을 만나거나 친구들을 만났을 때 반갑게 인사를 하면 하루를 기분 좋게 시작할 수 있지요! 여러분은 인사를 어떻게 하나요? 아마도 대부분이 친구들과 인사할 때는 가볍게 손을 흔들고, 어른들에게는 고개를 숙여 인사할 것입니다. 마주쳤을 때 서로 인사하며 안부를 묻는 모습은 어느 나라에서나 볼 수 있는 모습이에요. 70억 명이 넘는 인구가 살아가는 지구촌에서 어느 대륙, 어느 지역이든지 인사하는 문화가 있다는 것이 신기하지 않나요?

그런데 전 세계인들이 모두 인사할 때 우리처럼 고개를 숙이지는 않습니다. 손윗사람에게도 가볍게 손만 흔든다거나, 칼럼에서처럼 손바닥을 모아 인사하는 등 우리에게는 낯선 방법으로 인사를 하지요. 이처럼 문화는 세계 어느 곳에서나 공통적으로 나타나면서, 자세하게 들여다보면 다른 모습을 보이기도 합니다.

어느 나라든지 비슷해! 문화의 보편성

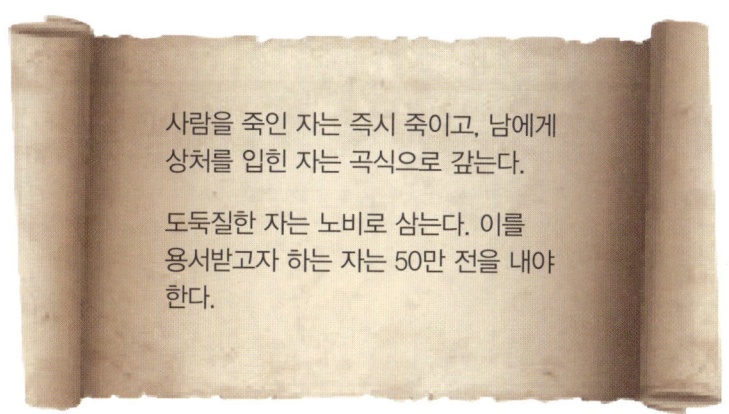

고조선의 8조법

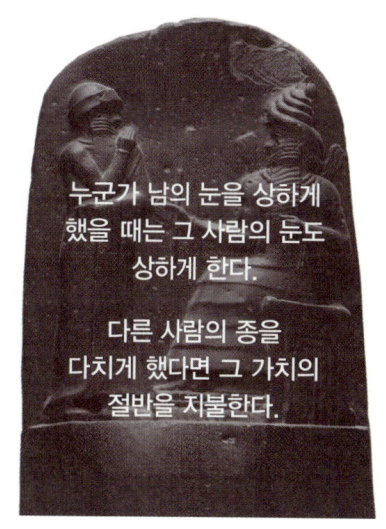

바빌로니아의 함무라비 법전

어느 사회에서나 다른 사람을 죽이거나 다치게 하면 큰 벌을 받습니다. 처벌의 강하고 약한 정도는 다를 수 있겠지만, 그러한 행위를 바람직하게 생각하는 사회는 없지요. 우리나라 최초의 국가인 고조선에서 만든 '8조법'을 살펴보아도 역시나 백성들의 생명을 귀하게 여겼다는 것을 알 수 있어요.

그런데 기원전 2333년 무렵에 세워진 고조선의 8조법과 기원전 1750년경 고

★ **바빌로니아(Babylonia)**
메소포타미아 문명의 발상지로, 오늘날의 이라크 지역에 해당함

대 바빌로니아의 법을 한번 비교해 보세요! 시대적으로는 대략 600년이라는 차이가 있고, 위치로는 수천수만 킬로미터가 떨어져 있는 바빌로니아★에서도 상해를 입힌 사람에게는 똑같은 피해를 입힌다고 정했다니, 정말 신기하지요?

앞서 구체적인 인사법은 다르더라도 사람을 처음 보았을 때 인사를 나누는 것도 대부분의 사회에서 나타나는 문화입니다. 이렇게 어느 사회에서나 공통적인 생활 방식이 나타나는 현상을 '문화의 보편성'이라고 부릅니다. 문화의 보편성이 나타나는 이유는 무엇 때문일까요? 태어난 지역이나 피부색, 언어가 다르더라도 사람은 생각하는 방식이나 원하는 것이 대부분 비슷하기 때문입니다. 대한민국에서 살고 있는 여러분도, 파키스탄에 살고 있는 친구도, 체코에 살고 있는 친구도 매일매일 건강하고 행복하길 바라는 것처럼요!

비슷하지만 조금씩은 다른 문화의 특수성

문화가 비슷하면서도 다른 사례를 몇 가지 더 찾아볼까요? 어느 나라에서든 사람이 죽으면 정중히 장례를 치르고, 편히 쉬기를 비는 것이 공통된 문화지요. 떠나간 이를 기리는 것은 같지만, 그 과정은 지역마다 조금씩 다른 특징을 갖고 있답니다.

★ **문상객(問喪客)**
남의 죽음에 대해 슬퍼하며 위로하기 위해 찾아 온 사람

우리나라에서는 사람이 죽으면 비교적 엄숙하고 조용하게 장례를 치릅니다. 그런데 인도네시아의 타나토라자라는 곳에서는 장례식을 축제처럼 여겨, 식장을 화려하게 장식하고 문상객★을 맞이한다고 합니다. 온라인에서 '관짝 춤'으로 입소문을 탔던 가나의 춤추는 장례 문화도 같은 맥락이에요. 또한 시신

경주의 대릉원: 우리나라 사람들은 옛날부터 죽은 사람을 땅에 묻어왔다.

티베트의 독수리: 티베트 사람들은 죽은 사람이 독수리의 먹이가 됨으로써 자연으로 돌아간다고 믿었다.

관짝춤: 관을 들고 춤을 추는 가나의 장례 문화

을 처리하는 방법에도 각 사회마다 차이가 있는데요. 우리나라에서는 땅에 묻는 매장이나 불에 태우는 화장이 흔한 반면, 티베트처럼 기후가 건조해서 시신이 썩기 어렵고 시신을 태울 나무도 찾기 어려운 곳에서는 독수리나 늑대 같은 들짐승들이 시신을 먹도록 들판에 버려둔다고 합니다. 티베트 사람들에게는 그 과정이 오히려 자연의 품으로 돌아가 자유로워지는 방법이라고 해요.

죽은 이에게 장례를 치러 주는 모습은 공통적으로 갖는 문화지만, 그 방식이 조금씩 다르지요? 이렇게 문화가 사회에 따라 독특한 모습을 보이는 것을 '문화의 특수성'이라고 부른답니다. 특수성이란 일반적이고 보편적인 것과는 다른 성질이라는 뜻이지요! 문화의 특수성이 나타나는 이유는 각자 사는 환경이 다르기 때문이에요. 우리나라와 티베트처럼 자연 환경이 다르기 때문이기도 하고, 사회의 가치관이나 종교가 이러한 차이를 만들기도 합니다.

지구를 친근하고 풍요롭게 만드는 보편성과 특수성

문화는 보편성을 지니기 때문에 우리는 세계 어디를 가든 사람들이 식사하는 문화, 운동하는 문화, 축제를 즐기는 문화 등을 목격할 수 있어요. 이럴 때 우리는 '이 나라 사람들도 나랑 똑같구나!' 하는 생각이 들지요. 그럼 아무리 생김새가 다르더라도 마음의 벽이 허물어지는 것을 느낄 수 있어요. 우리나라 안에서 다른 지역을 여행할 때 집에서 먹던 김치 맛과 그곳의 김치 맛이 조금 다

식사를 챙겨먹는 문화는 어디에나 있지만, 무엇을 먹는지는 지역마다 달라!

르더라도, '라면에는 역시 김치지!'라고 외치는 순간 같은 한국인임을 느낄 수 있는 것처럼요. 이처럼 문화의 보편성은 다른 문화를 누리고 있는 사람들에게 경계심을 풀고 친근함을 느끼도록 해 줍니다.

　반면 문화의 특수성은 주어진 환경에 각기 다르게 적응한 결과이기 때문에, 더욱 다양하고 많은 문화가 나타나도록 도와줍니다. 전부 똑같은 생각과 삶으로 채워진 지구보다 다채로운 문화가 공존하는 지구촌이 더 매력적이지 않나요? 이렇게 전 세계 문화가 풍요로운 만큼 문화끼리 교류가 활발해질 거예요. 그리고 서로의 문화를 존중하는 마음까지 더해진다면 우리 사회를 발전시킬 새로운 문화를 창조해 내는 데에도 도움이 될 것입니다.

■ 다음 이야기를 읽고, 글 안에서 찾을 수 있는 문화의 보편성과 특수성은 무엇인지 적어 볼까요?

모든 것이 꽁꽁 얼어붙을 것만 같은 추운 날! 집을 따듯하게 만들기 위해 난방을 해야겠어요. 그런데 우리나라는 예로부터 바닥을 따뜻하게 만드는 난방 방식을 이용해 왔습니다. 아궁이에 불을 지피면 그 열기가 온돌을 데우는 것이지요. 의자가 아니라 방석을 깔고 앉는 좌식 생활이 우리나라의 문화인 이유가 여기에 있어요.

한편, 서양에서는 어떻게 할까요? 나무로 불을 지피는 것은 똑같지만 장소가 달라요! 그들은 아궁이가 아닌 벽난로에 불을 피웠어요. 벽난로에서 나무를 태우면 굴뚝으로 연결된 건물의 벽면에 그 열기가 전해지겠지요? 그렇게 벽면에서 반사되는 열기로 공기를 데우기 때문에 서양에서는 난방을 해도 바닥이 차가워요. 이것이 바로 집에서도 신발을 신고 침대에서 잠을 자는 까닭이지요!

본 제시문은 비상교육에서 출간한 『중학교 사회1』의 151쪽에서 발췌했습니다.

보편성:

특수성:

한 줄 정리

☑ **문화의 보편성**: 어느 사회에서나 공통적인 생활 양식이 나타나는 현상
☑ **문화의 특수성**: 사회에 따라 문화가 독특하면서 다른 모습을 띠는 현상

좋은 문화, 나쁜 문화가 따로 있을까?

문화 현상

— 자문화 중심주의와 문화 사대주의

손으로 식사를 하다니, 밥을 먹을 때는 도구를 사용해야지!

포크와 나이프를 쓰는 문화는 참 고급스럽지 않아? 우리나라의 수저 문화는 촌스러워 보인다니까.

우리나라는 식사를 할 때 숟가락과 젓가락을 쓰지만 미국에서는 포크와 나이프를 쓰지요? 우리에게도 포크는 익숙한 문화가 되었지만 세계의 식탁 풍경에는 젓가락과 포크 같은 것만 있는 것이 아니에요! 다시 위의 사진을 볼까요? 여러분은 두 가지 식사 장면을 보고 어떤 느낌이 들었나요? 둘 중에 어떤 것이 더 나은 문화이고 어떤 것이 더 좋지 못한 문화일까요? 그런데 잠깐! 질문에 대답하기 전에 먼저 어떤 문화가 다른 문화보다 더 잘나거나 못난 것이라고 단정할 수 있는지를 먼저 고민해 봐야 하지 않을까요?

문화를 바라보는 태도가 중요한 이유

나라끼리는 물론이고, 같은 나라 안에서도 지역마다 문화가 셀 수 없이 다양하다는 걸 알고 있나요? 손바닥과 손등 가운데 하나를 내밀어 편을 가르는 '편 가르기' 게임을 할 때 여러분은 뭐라고 외치시나요? '엎어라 뒤짚어라', '앞뒤', '하늘과 땅' 등등 동네마다 전혀 다른 구호를 외친답니다. 이렇게 단순한 게임조차 가지각색의 구호를 갖고 있으니, 전세계의 문화는 얼마나 다양할까요?

이토록 문화는 다양하기에 그것을 어떻게 바라보고 이해하는지는 굉장히 중요합니다. 만약 다른 문화적 배경을 가진 친구를 만나게 되었을 때, 상대방의 문화를 잘 알지 못하면서 함부로 평가를 내리는 건 예의 없는 행동이 될 수도 있거든요. 예를 들어, 외국인들이 산 낙지나 번데기처럼 독특한 우리 고유의 음식 문화를 함부로 깎아 내린다면 우리도 불쾌한 기분이 들겠지요.

오늘 재료가 엄청 싱싱해요! 한번 드셔보세요!

여러 나라의 사람들과 교류하며 더불어 살아가야 하는 시대에 자기중심적★인 태도는 자칫하면 나와 다른 문화적 배경을 가진 사람과의 관계를 악화시

★ **자기중심적**
(自己中心的)
남의 일보다 자기의 일을 먼저 생각하고 더 중요하게 여기는 것

킬 수 있습니다. 그렇다면 다른 문화를 존중하기 위해 그 문화를 무작정 치켜세워 주어야 할까요? 다른 문화의 장점을 칭찬하는 것은 좋지만, 무조건 다른 문화가 좋다는 생각 역시 경계해야 합니다. 문화를 바라보는 두 가지 인식에 대해 알아볼게요!

"우리 문화가 최고야!" 자문화 중심주의

사람들이 도로에서 평온하게 낮잠을 자고 있네요! 베트남의 도시인 호치민에서는 무척 익숙한 풍경이에요. 베트남에서는 어른, 아이 할 것 없이 오후가 되면 아무렇지 않게 길거리에 그물 침대를 펴고 자거나 오토바이 위에서 낮잠을 청하는데요. 번화가의 상점은 물론, 약국과 병원에서 일하는 사람들까지 점심시간에 대부분 문을 닫고 낮잠을 잔답니다. 그런데 베트남 사람들이 게을러서 일을 하던 중에 잠을 자는 걸까요? 아니요, 베트남의 낮잠 문화는 그 나라의 기후에서 비롯된 것이에요!

베트남은 열대 기후 지역에 속해서 한낮에는 일하기가 힘들 정도로 무척 덥습니다. 그래서 도중에 지치지 않도록 그 시간에는 자유롭게 휴식을 취하는 문화가 생겨난 거랍니다. 그런데 만약 베트남의 낮잠 문화에 대한 이해가 없다면 우리는 베트남 사람들을 마주칠 때 그들이 게으르다는 오해를 했을 거예요. 심한 경우, 우리나라에서 살고 있는 베트남 친구에게 우리 식의 문화를 강요했을 수도 있지요. 그렇게 된다면 한국인은 국제 사회에서 어느 나라와도 친하게 지내지 못한 채 혼자가 될지도 몰라요!

이처럼 내가 속한 문화를 기준으로 삼아, 다른 문화를 부정적으로 평가하는

것을 '자문화 중심주의'라고 합니다. 과거 자신들이 동양에서 가장 강대국이었다는 이유로 자기 문화의 우수함만을 고집했던 중국인들의 중화 사상★이나, 일제강점기 시대에 우리 고유문화를 무시하고 일본식 이름과 신사 참배★를 강요했던 일본인들의 태도도 자문화 중심주의라고 할 수 있어요. 한국인의 입장에서 그런 태도가 불쾌했던 만큼, 우리도 다른 문화에 대해 그런 태도를 가지고 있지 않은지 항상 반성할 필요가 있어요.

★ **중화 사상(中華思想)**
중국 문화가 가장 우수하며, 모든 것이 중국을 중심으로 이루어진다고 생각하는 중국인들의 사상

★ **신사 참배(神社參拜)**
일제강점기 때, 우리나라 사람들로 하여금 일본의 전통 종교 시설인 '신사'에서 일본의 신들에게 예의를 갖추도록 강요한 일

★ **맹목적(盲目的)**
주관이나 원칙 없이 덮어놓고 행동하는 것

"우리 문화는 별로야!" 문화 사대주의

사대(事大)라는 말은 '약자가 강자를 섬긴다'라는 뜻이에요. 즉 문화 사대주의란 자기 문화를 못난 것으로 여기고 다른 문화를 무작정 동경하는 태도를 가리킵니다. 판소리나 가야금 같은 우리나라의 전통 음악보다 서양의 클래식 음악이 더 고급스럽고 우아하다고 생각하는 경우가 여기에 해당됩니다. 언론에서 예술가를 '아티스트'라고 부른다든지 바다 경치가 보이는 곳을 '오션뷰'라고 광고하는 것을 흔히 보게 되지요? 우리말보다 영어가 고급스러운 느낌이 난다고 생각해 외래어를 남용하는 것도 문화 사대주의의 사례예요.

다른 문화의 좋은 점을 본받는 것은 문화에 발전을 가져오기 때문에 좋은 영향을 미칠 수 있어요. 하지만 맹목적★으로 다른 문화를 쫓으면서 우리 고유문화를 무시한다면, 머지않아 우리 문화는 주체성을 잃어버리고 이내 사라져 버릴 수도 있습니다.

우리나라의 글자인 한글도 문화 사대주의에 가려 탄생하지 못했을 수도 있

피부와 일상이 예술로 '아티스틱 뷰티'

바다가 보이는 '오션뷰' 아파트 분양

쉽게 배우는 '원컬러 스타일링'

'소프트하고 매트한' 제품

새롭게 선보이는 '프리미엄 토털 서비스'

★ 창제(創製/創制)
전에 없던 것을 처음으로 만들거나 제정함

었어요. 조선시대 양반들이 중국의 글자인 한자가 뛰어나다고 생각한 나머지, 한글 창제★를 반대했었거든요. 세종대왕이 만약 그러한 사고방식에 동의했다면 지금 여러분이 읽고 있는 이 책도 한자로 쓰여 있었을 거예요!

그럼 문화를 대하는 좋은 태도는 무엇일까?

자문화 중심주의는 우리에게 자부심을 심어 주고, 사회가 하나로 뭉치도록 만듭니다. 문화 사대주의도 다른 문화로부터 좋은 점을 배워 우리 사회가 한 발짝 나아가도록 돕지요. 그러나 보통 이 두 가지 태도는 지나칠 때가 많아 주변 문화와의 사이를 안 좋게 만들 수 있어 경계해야 할 태도로 여겨지곤 해요.

다시 처음에 봤던 식사 사진을 떠올려 볼까요? 누군가는 손으로 식사하는 모습이 비위생적이라고 생각할 수도 있어요. 왠지 모르게 우리의 수저 문화가 초라하게 느껴질 수도 있지요. 마음속으로 그런 생각을 떠올린 것 자체가 잘못은 아니에요. 중요한 것은 그런 생각을 주변 사람들에게 표현하기에 앞서, 그 문화가 왜 생겨났는지 배경을 알아보려고 노력하는 태도예요. 그리고 우리 문화와 다른 문화의 장단점을 있는 그대로 보려고 인정하려는 자세를 길러야 해요.

- 우리 주변에서 볼 수 있는 자문화 중심주의와 문화 사대주의의 예를 조사해 보세요.

자문화 중심주의:

문화 사대주의:

- 다음은 신문에 실린 표준어와 사투리에 대한 글입니다. 글을 읽고 질문에 답해 볼까요?

> 지나친 외래어 사용에 대한 비판의 목소리가 자주 들리고 있다. 무분별하게 외국어를 섞어 쓰는 바람에 고유한 우리말이 파괴되고 있다는 것이다. 그러나 많은 사람들이 외래어의 위험성을 지적하면서도 스스로도 우리말을 해치는 상황은 모르고 있다.
>
> 국립 국어원의 '표준어 규정'에 따르면 표준어는 '교양 있는 사람들이 두루 쓰는 현대 서울말'이다. 서울이 아닌 지방의 사투리는 비표준어라는 뜻이다. 이로써 사람들은 사투리를 틀린 표현이라 생각하게 된다. 표준어 정책이 각 지역의 고유문화인 사투리를 위협하는 셈이다. 표준어를 일정한 기준에 맞춰 정의하는 것은 정확한 의사소통을 돕지만, 동시에 사투리가 서서히 사라질 위험에 처하게 만들고 말았다. 이제 서울로 상경한 지방의 청년들은 취업을 위해 자발적으로 사투리를 줄이고 표준어를 배우려고까지 한다.

위의 글은 부산일보 2021년 10월 4일자에 실린 백재파 교수님의 칼럼, "표준어의 방언 포식"을 고쳐쓴 것입니다.

'국립 국어원과 지방의 청년들이 사투리를 대하는 태도는 어떤가요? 자문화 중심주의와 문화 사대주의의 뜻을 떠올리며 자기 생각을 말해봅시다.'

국립 국어원이 정한 표준어의 기준

지방 청년들의 태도 :

한 줄 정리

- ☑ **자문화 중심주의**: 자신의 문화만을 우수하다고 생각해 다른 사회의 문화를 무시하는 태도
- ☑ **문화 사대주의**: 다른 사회의 문화를 더 좋은 것으로 생각하고 따르면서 자기 문화는 무시하는 태도

05 문화 현상

서로의 문화를 올바르게 존중하려면
- 문화 상대주의와 다문화사회

> 통계청에 따르면 2020년 국내 다문화 가구★는 37만 가구이고, 그 수는 109만 명으로 우리나라 총인구의 2.1%에 달한다고 합니다.
> 이제 대한민국도 각 문화의 개성을 존중하는 '샐러드 볼(salad bowl) 사회'를 지향★해야겠습니다.

★ 가구(家口) 함께 살고 있는 사람의 집단을 세는 단위
★ 지향(志向) 어떤 목표로 뜻이 쏠리어 향함

한국, 이제는 '샐러드 볼'로 나아가야

★ 정착(定着)
일정한 곳에 자리를 잡아 머물러 삶

'다문화 사회'라는 말을 들어봤나요? 인종, 언어, 종교 등에 따라 구별되는 여러 가지 문화적 배경을 가진 사람들이 함께 모여 사는 사회를 말하는데요. 백인, 흑인, 히스패닉, 아시아계 등 다양한 인종이 모여 사는 미국이 대표적이지요. 우리나라 또한 1990년대 이후 많은 외국인들이 일, 결혼, 공부를 위해 이주해 왔고, 그중 일부는 아예 정착★해서 우리와 같은 사회 구성원으로 살아가고 있어요. 이렇듯 여러 문화가 한데 어우러지는 사회를 마치 다양한 채소들이 고유한 맛을 유지한 채로 함께 있다고 하여 '샐러드 볼 사회'라고 불러요.

그런데 앞에서 살펴봤던 문화 사대주의나 자문화 중심주의의 태도로는 다문화 사회를 살아가기 곤란할 거예요. 서로의 문화를 이해하려 들지 않아 갈등이

일어날 테니까요. 그럼 다문화 시민으로서 우리가 가지기 위해 노력해야 할 태도는 무엇일까요?

문화 상대주의란 무엇일까?

같이 온라인 게임을 하던 친구가 갑자기 "나 절하러 가야 해!"라며 중간에 컴퓨터를 꺼 버렸어요! 거의 다 이긴 게임이었는데 말이에요! 이렇게 어떤 친구가 하루에 다섯 번씩 꼬박꼬박 어딘가를 향해 절을 한다면 선뜻 이해할 수 있나요? 왜 그런 행동을 하는지 처음에는 갸우뚱하겠지만, 그 배경을 듣고 나면 이해할 수 있을 것입니다.

메카의 카바 신전

전 세계의 무슬림★들은 정해진 시간이 되면 사우디아라비아의 메카라는 지역을 향해 절을 해야 합니다. 메카는 이슬람교의 성지로, 신자들은 그쪽에 절을 해 자신들의 신에게 예의를 표해요. 또한 무슬림은 자신들의 교리★를 신실하게 따르는 편이랍니다. 이런 배경을 몰랐다면 갑자기 떠나 버린 친구에게 서운하겠지만, 이유를 알게 된 여러분은 이제 친구와 약속을 잡을 때 이렇게 물어볼 수 있지 않을까요? "친구야, 네가 편한 시간대를 말해 줘!"

사자성어 '역지사지(易地思之)'를 들어 본 적 있나요? 그 사람의 처지가 되어 생각해 보면 이해되지 않던 것도 이해할 수 있게 된다는 의미예요. 나와 다른 문화를 가진 사람이 처음에는 이상해 보일 수 있겠지만, 왜 그런 문화가 생겨났는지 이해하고 나면 한결 존중하는 마음으로 바라볼 수 있을 거랍니다. 존중하는 마음이 있다면 우리 문화도 더 잘 사랑할 수 있어요. 우리 문화도 그것이 생겨난 역사적인 이유가 분명 있을 테니까요. 이렇게 문화 상대주의란 문

★ **무슬림(muslim)**
이슬람교를 믿는 사람, 또는 그 무리

★ **교리(敎理)**
종교적인 원리

화가 제각기 발전해 온 배경이 있으므로, 우열을 가릴 수 없다고 보는 태도나 관점을 가리켜요.

그런데… 선 세게 넘는 문화까지도?

문화 상대주의가 꼭 필요한 것은 맞지만, 여기서 조심해야 할 것이 있습니다. 바로 '선을 넘으면 안 된다'라는 점이에요! '그 문화가 생겨난 역사적인 이유가 있을 테니까'라는 생각으로 어떤 문화든 인정한다면 어떤 일이 벌어질까요? 그 문화가 약한 사람들을 괴롭히거나 누군가의 인권을 짓밟는 문화여도 존중해야 하는 걸까요?

중국에서는 예로부터 발이 예쁜 여자를 미인이라고 생각했다고 해요. 그래서 여자 아이가 태어나면 붕대로 발을 세게 묶어, 발이 더 이상 자라지 못하게 만드는 '전족'이라는 문화가 있었습니다. 전족은 그 과정도 고통스러울 뿐 아니라 어른이 되어서도 기형적으로 작은 발 때문에 제대로 걷지 못하며 이 때문에 우울증을 겪기도 합니다. 아름다움이라는 주관적 잣대를 들이밀며 어린아이에게 행해지는 이 문화는 아동 인권을 심각하게 훼손하지요. 과연 우리는 전족 문화를 두고 이것은 그들의 고유문화라며 존중해야 할까요?

이처럼 소중한 전통인지 이제는 끊어 내야 하는 악습인지 헷갈리는 문화가 우리나라에도 있으니, 바로 유교 사상의 가부장★ 문화예요. 사회적 지위나 권리에 있어 남자를 여자보다 우대하는 '남존여비(男尊女卑)' 사상과 합쳐진 우리나라의 가부장 문화는 '남자는 집안의 어른으로서 강인해야만 하고 여자는 그런 남자를 섬겨야 한다'라는 사회적 분위기를 만들어 냈지요. 성별에 따른 역할을 강요하던 분위기는 이제 많이 줄어들고 있지만 여전히 문화의 잔재★는 우리 사회 곳곳에서 발견되지요.

문화에 옳고 그름은 없다고 주장하는 문화 상대주의지만, 이런 문화들까지 인정하는 것은 위험한 일입니다. 만약 이런 문화들을 문화 상대주의의 이름으로 감싸 안는다면 '극단적 문화 상대주의'라고 볼 수 있습니다. 사람의 존엄성 즉 인권을 해치는 문화까지도 존중하는 태도지요. 따라서 문화 상대주의는 인간의 존엄성, 생명 존중, 자유, 평등과 같은 보편적인 가치 위에서만 허용되어야 할 거예요.

★ 가부장(家父長)
한 사람이 가족에 대한 지배권을 행사하는 가족 형태

★ 잔재(殘在)
남아 있음

더 알고 싶어요!

멜팅 포트(melting pot)는 이제 그만!

앞서 배운 '샐러드 볼'과 비슷한 용어가 있어요. 바로 용광로라는 뜻을 가진 '멜팅 포트'예요. 용광로라는 것은 여러 금속을 높은 온도로 끓여 하나의 쇠붙이로 뽑아내는 가마지요? 이렇듯 다양한 인종과 문화가 사회에서 하나가 되는 광경을 비유한 표현인 거예요.

과거 미국에서는 수많은 이민자들과 자국민들을 '미국'이라는 이름으로 통합★하기 위해 멜팅 포트 개념을 자주 내세웠어요. 하지만 1과 1을 합쳐서 1로 만들어 버리는 이 개념보다 각자의 개성을 조화롭게 존중하는 샐러드 볼 사회가 진정한 통합에 가깝다는 시각들이 늘어나고 있지요!

★ 통합(統合)
여러 요소들이 합쳐져 하나의 전체를 이룸

생각 플러스

■ 다음 글에 소개된 문화를 문화 상대주의 관점에서 바라볼 수 있을지 한번 생각해 볼까요?

> 사티(Sati)는 힌두교 문화권에서 남편이 죽으면 시신을 화장할 때, 그의 아내를 산 채로 함께 화장하는 옛 풍습이다. 이는 힌두교에서 상당히 오래된 역사를 가진 문화인데, 1829년에 금지령이 내려지면서 점점 줄어들었다. 그런데 1987년에도 18세 여성이 이 문화에 희생당한 사건이 있었다. 또한 법률적으로 금지되었지만 아직도 일부 지역에는 이 풍습이 남아 있는 것으로 알려진다.

1차 출처는 시사인 2014.6.24. / 2차 출처는 천재교육 통합사회 교과서 229페이지

내 생각은

■ 다음 글에 소개된 문화에는 어떤 배경과 맥락이 있을지 조사해서 써봅시다.

> 미국인들은 인사할 때 악수를 자주 해요. 이것은 아주 먼 옛날 미국의 사회 분위기와 상관이 있다고 하는데요. 손을 펼쳐 서로의 손을 맞잡는 악수는 (　　　　　)라는 뜻을 알리는 동작에서 유래되었다고 해요.

악수의 유래:

한 줄 정리

☑ **문화 상대주의**: 어떤 사회의 자연환경, 역사, 전통 등을 고려하면서 그 사회의 문화를 이해하려는 태도

☑ **극단적 문화 상대주의**: 인간의 존엄성을 해치는 문화까지도 인정하려는 문화 상대주의

☑ **다문화 사회**: 인종, 언어, 문화적 배경이 서로 다양한 사람들이 함께 살아가는 사회

06 종교에 따라 다양해지는 생활 풍경

문화 현상

- 기독교, 이슬람교, 불교

급성장하는 '할랄' 수출 시장

이슬람교도인 무슬림은 교리에 맞게 식습관을 엄격하게 통제한다. 그들은 대부분의 음식을 먹을 수 있으나 육류에 있어서는 그 조건이 까다롭다. 우선 돼지고기와 개나 고양이는 먹을 수 없으며, 먹을 수 있는 종류의 고기라도 이슬람식 도축* 방법에 따른 것이어야만 먹을 수 있다.

그런데 최근 이렇게 이슬람 교리에 어긋나지 않게 먹고 쓸 수 있도록 허용된 제품을 가리키는 '할랄(halal)' 시장이 급성장하고 있다. 할랄 푸드는 현재 전 세계 식품 시장의 16%를 차지하고 있으며, 한국 무역 협회에 따르면 그 규모는 연평균 6.2%씩 성장해 2024년에는 3조 2000억 달러에 이를 것으로 보인다.

★ 도축(屠畜) 고기를 얻기 위해 가축을 잡아 죽임

연합뉴스 2020.12.17.입니다.

세상에, 이슬람교에서는 돼지고기를 먹지 않는대!

사람들이 주로 믿는 종교가 무엇인지에 따라 지역별로 살아가는 방식도 달라지겠네.

우리나라는 부처님 오신 날과 크리스마스를 모두 공휴일로 지정하고 있어요. 그런데 유럽 국가에서는 부처님 오신 날을 기리지 않고, 크리스마스 연휴는 일주일 넘게 지내요. 나라마다 문화의 차이를 보이는 이유는 무엇일까요? 날씨가 추운지 더운지, 산과 바다 가운데 무엇을 가까이 두고 있는지, 국민들의 직업은 주로 무엇인지 등 다양한 이유가 있을 거예요. 하지만 그 외에도 오늘날 문화에 아주 큰 차이를 만들어 내는 요인이 있습니다. 바로 종교예요! 오랜 종교적 생활 방식이 아예 문화로 자리 잡아 현대인들의 삶을 다양하게 만들곤 합니다. 오늘은 가장 대표적인 3가지 종교인 기독교, 이슬람교, 불교에 대해서 알아볼게요!

기독교 문화권 사람들의 삶

영국의 세인트 폴 성당

바티칸의 성 베드로 성당

★ 중동
아시아 남서부와 아프리카 북동부 지역을 이르는 말

★ 선교
종교를 널리 선전함.

기독교는 중동★ 지역에서 기원한 종교지만, 313년에 로마 제국으로부터 인정받으면서 세계로 널리 퍼지기 시작했어요. 적극적인 선교★ 활동과 유럽인들의 식민 지배 등으로 세력을 떨치면서 전 세계에서 가장 많은 사람들이 믿는 종교가 되었지요. 기독교 신자들은 예수를 구원자로 믿으며, 많은 사람들에게 사랑을 실천하기를 강조합니다. 그리고 세상의 창조와 예수의 이야기가 담긴 '성경'을 진리로 믿으며 공부하는데, 흔히 'ㅇㅇ의 바이블'이란 관용구에서 정석, 바른길 등을 가리키는 이 '바이블(bible)'이 성경을 뜻하는 영어 단어예요.

기독교인들은 교회에서 예배를 드리면서 기도를 하고, 이웃 사랑을 실천하기 위해 다양한 봉사 활동을 해요. 오늘날 여러분을 포함한 세계의 많은 사람들이 기다리는 12월 25일 크리스마스는 바로 예수의 탄생을 기념하기 위한 날이랍니다. 기독교에서는 가장 큰 행사 기간이기 때문에 크리스마스가 있는 12월부터는 온 동네에 화려한 크리스마스 장식이 걸린답니다. 그리고 연휴 기간에

는 어려운 이웃을 돕기 위해 구세군 모금 운동을 하거나 어린 친구들은 직접 만든 크리스마스 쿠키를 팔아 그 모금액을 기부하기도 해요.

이슬람 문화권 사람들의 삶

이슬람교는 무함마드가 7세기경 오늘날의 사우디아라비아 지역에서 창시한 종교입니다. 이슬람교를 믿는 무슬림들은 알라(우리말로 신)를 섬기며, 이슬람교의 경전★인 '쿠란'의 가르침대로 살고자 합니다. 하루에 다섯 번 이슬람교의 성지인 메카를 향해 기도를 드리고, 일생동안 한 번은 그곳을 직접 방문하는 성지 순례를 떠나기도 해요. 메카는 성지를 뜻하는 대표 용어가 되어버려 특정 집단이 꼭 가야 하는 곳이라는 맥락에서 'ㅇㅇ의 메카'라는 비유로 종종 등장한답니다.

★ **경전(經典)**
종교의 교리를 적은 책

터키의 블루모스크★

두바이의 모스크 사원 내부

★ **모스크**
이슬람교 신자들의 예배 장소.

이슬람교에서 쿠란이 정해 놓은 규칙들은 그 영향력이 아주 셉니다. 위 기사에서 등장한 할랄 제품도 쿠란에서 먹거나 써서는 안 된다고 규정한 재료들을 피한 제품들이었지요. 예를 들어, 돼지고기는 먹지 않을 뿐만 아니라 화장품 같은 생활용품에도 사용하지 않아요. 그리고 우리가 흔히 이슬람교를 생각할 때 온몸을 감싸는 옷을 입은 사람을 떠올리는 이유 역시 쿠란에 복장 규정이 있기 때문이에요. 이에 따라 이슬람교 여성은 '히잡'으로 머리를 가리거나 '부르카'로 눈 부위를 제외한 모든 부분을 가리고 있기도 합니다.

이슬람교 신자가 많은 나라들 대부분이 사막처럼 기후가 건조한 곳에 모여 있는데 이러한 북아프리카, 서남아시아, 중앙아시아 일대를 '이슬람 문화권'이라고 부릅니다.

종교적 복장을 하고 있는 이슬람교 신자

이슬람 문화권의 기후

불교 문화권 사람들의 삶

석가모니의 가르침을 따르는 불교는 인도에서 시작되어 동북아시아와 동남아시아 지역으로 널리 퍼졌습니다. 불교에서는 생명을 소중히 여겨 살상을 금하고 평등을 중시해요. 또 다른 종교처럼 신에 대한 굳은 신앙을 행동으로 보이기보다 각자 스스로의 마음을 갈고 닦는 수행에 집중하는 것을 미덕★으로 여깁니다. 그래서 살아가는 동안에 검소하게 지내며 도덕적인 일들을 실천할 것을 강조하는데요. 그것이 '해탈'에 이르는 길이기 때문이에요. 해탈이란 속세★로부터 벗어나 깨달음을 얻는 경지를 가리켜요.

★ 미덕(美德)
아름답고 어진 가치

★ 속세(俗世)
불교에서 일반 사회를 가리키는 말

미얀마의 동자승

태국의 왓포 사원

불교에서는 죽은 뒤에 다시 태어나 새로운 삶이 반복되는 '윤회 사상'을 믿습니다. 슬쩍 생각했을 때는 좋은 거 아닌가 싶을 수 있지만, 불교에서는 살면서 겪을 고통과 고민이 가득한 인간의 삶이 끝없이 이어지는 것은 불행이라고 생각해요. 그러니 불교 신자들에게는 수행을 통해 깨달음을 얻어서 윤회를 벗어나는 것이 최대 목표인 셈이에요.

부산 해동 용궁사

서울 봉은사

여러 종교가 다양한 문화를 만들어 내고, 우리 삶에 영향을 미치는 것이 신기하지요? 건축물, 예술 작품 등 우리 주변 곳곳에서 종교의 영향을 받은 흔적을 찾을 수 있답니다. 크리스마스 때 빨간 자선냄비를 보면서 이웃들과 따뜻한 마음을 나누거나, 중요한 시험을 앞두고 있을 때 부모님이 교회에서 기도를 드리고, 절에 가서 공양★을 드리는 등 일상 속에서도 종교의 영향을 어렵지 않게 느낄 수 있지요. 그만큼 종교와 문화는 쉽게 떼어 낼 수 없는 관계에 있답니다.

★ **공양(供養)**
부처님이나 보살, 스님들에게 음식이나 꽃 등을 바치는 일

 생각 플러스

■ 각각의 종교와 특징을 바르게 연결해 볼까요?

기독교 •
이슬람교 •
불교 •

• 쿠란의 가르침대로 살려고 노력함
• 생명을 소중히 여겨 살상을 금지함
• 세계에서 가장 많은 사람들이 믿음
• 하루 다섯 번 메카를 향해 기도를 함
• 해탈의 경지에 이르는 것을 중요시함
• 313년 로마 제국이 공인함

■ 다음 글을 읽고 여러 종교를 믿는 사람들이 섞여서 사는 사회에서는 어떤 태도가 필요할지 자신의 생각을 말해 볼까요?

싱가포르는 동남아시아에 있는 작은 도시 국가입니다. 과거 영국의 식민지가 되었다가 독립한 역사 때문에 오늘날의 싱가포르에는 중국인, 말레이인, 인도인 등 여러 민족이 함께 살아가지요. 덕분에 종교도 불교, 이슬람교, 힌두교, 기독교 등으로 다양해요. 그래서 싱가포르를 여행한다면 다양한 종교 문화가 만들어 내는 아름다운 경관을 볼 수 있습니다.

❶ 싱가포르의 불아사 용화원(불교)
❷ 싱가포르의 스리 마리아만 사원(힌두교)
❸ 싱가포르의 술탄 모스크(이슬람교)

싱가포르 사례는 천재교육 통합사회 p221입니다.

한 줄 정리

☑ **기독교**: 예수 그리스도를 믿으며, 전 세계 가장 많은 사람이 믿는 종교
☑ **이슬람교**: 알라(신)를 믿으며 쿠란을 따르고 하루 다섯 번 메카를 향해 기도하는 종교
☑ **불교**: 부처를 따라 생명을 소중히 여기며 해탈의 경지에 이르는 것을 중요시하는 종교

07 차이는 왜 차별로 이어지나요?

사회 이슈 — 차이와 차별

미국, 제3의 성을 뜻하는 'X' 표기 여권 시행

미국이 여권에 표기되는 성별에 남성이나 여성이 아닌 '제3의 성'을 선택할 수 있도록 결정했다. 이는 남녀라는 이분법★적 성별 구분에서 벗어난 성 정체성★을 지닌 사람, 현재의 성별 정의에 규정되지 않는 신체적 특징을 지닌 사람을 위해 도입되었다.

국무부는 "우리는 LGBTQI+ 개인을 포함해 모든 사람의 자유, 존엄, 평등을 증진하기 위해 노력한다"라며 "우리는 성 정체성에 상관없이 모든 미국 시민을 위한 서비스를 제공하기 위해 헌신할 것"이라고 밝혔다. 새로운 여권은 2022년 4월부터 시행된다.

★ 이분법(二分法) 무언가에 대해 '모 아니면 도'라는 식으로 서로 배척되는 2가지로만 나누는 구분법
★ 성 정체성(性正體性) 자신의 성에 대한 자각이나 인지

남성도, 여성도 아닌 제3의 성이 있다니 이상해.

나와 다르다고 해서 이상하게 보거나 차별해서는 안 되지.

★ **성 소수자**
(性少數者)
보편적인 성 개념을 가지고 있지 않은 사람

★ **간성(間性)**
한 생물의 개체에 암수 두 가지 형질이 혼합되어 나타나는 경우

2021년 11월 미국 국무부에서는 여성, 남성이 아닌 'X'를 표기한 여권을 처음으로 인정했어요. 그동안 미국의 성 소수자★ 단체는 신분증에 X를 표기할 수 있도록 허용해 달라고 요구했는데, 그 요구가 받아들여지게 된 것이에요. 기사에서 국무부의 발언 가운데 'LGBTQI+'라는 표현이 그 근거지요. LGBTQI+는 레즈비언(L), 게이(G), 양성애자(B), 성 전환자(T), 성 정체성 의문자(Q), 간성★(I), 기타(+)' 등 성 소수자를 이르는 용어랍니다. 자세한 내용은 아래에서 다룰 거예요!

이렇게 성별 칸에 남자 혹은 여자가 아닌 제3의 성을 선택할 수 있도록 한 나라가 미국이 처음은 아니에요. 이미 캐나다, 독일, 아르헨티나, 인도 등 10개 국가가 있었고, 미국까지 총 11개 국가로 늘어난 것이지요. 이렇게 성별 표기법이 추가된 배경에는 무엇이 있을까요?

너와 나는 모두 조금씩 다르다는 차이

사람은 각자 다른 모습으로 다양하게 살아가요. 이렇게 특성이 다른 것을 '차이'라고 해요. 그럼 우리에게는 어떤 차이가 있을까요? 성별이나 피부색, 출신 국가와 종교 등 다양할 거예요. 또 장애가 있을 수도 있고, 성 정체성과 성적 지향★이 다를 수도 있어요. 이러한 차이는 서로 다른 것이기 때문에 '다름'이라고 바꾸어 말할 수 있어요.

★ **성적 지향**
(性的 志向)
이성, 동성, 양성 등에 대한 끌림

사람들은 성별이라고 하면 여성 혹은 남성으로만 구분하는 경우가 많지만, 지구상에는 이 두 부류로만 구분하기 어려운 사람들도 있어요. 남자와 여자 어디에도 속하지 않는 중간의 성 정체성을 가진 사람(간성)이나 자신의 성별을 확실히 정하지 못한 사람들(성 정체성 의문자)처럼 제3의 성도 존재해요. 생물학적으로 타고난 성과 스스로 인지★하는 성이 다른 사람(트랜스 젠더, 성 전환자)도 있어요. 또한 성적 지향이 다수의 사람과는 다른 사람들도 있지요. 사랑하는 마음이 동성에게 향하는 동성애(레즈비언, 게이)와 성별의 구애★를 받지 않는 양성애(양성애자)를 지향하는 사람들도 있어요. 이렇게 제3의 성과 성적 지향이 이성애가 아닌 사람들을 '성 소수자'라고 해요. 남자와 여자로만 성별을 구분하고, 이성에게만 사랑하는 마음을 가질 수 있다고 생각하는 사회에서 성 소수자는 자신의 존재를 인정받지 못하겠지요.

★ **인지(認知)**
어떤 사실을 인정하여 앎

★ **구애(拘礙)**
거리끼거나 얽매임

그렇다면 여권에 'X' 표기를 할 수 있게 된 것은 어떤 의미가 있을까요? 제3의 성을 가진 사람들의 권리가 법적으로 인정된 것이며, 자신이 가진 특성의 차이를 있는 그대로 존중받게 된 것이라고 할 수 있어요! 사회적으로는 서로 다름을 인정하고 다양한 모습의 사회로 나아가는 계기가 되겠지요?

더 알고 싶어요!

왜 '무지개 깃발'일까?

위 사진 속에서도 보이는 무지개 깃발은 성 소수자의 인권을 상징합니다. 1978년에 미국의 예술가이자 동성애 인권 운동가인 길버트 베이커(Gilbert Baker)가 만들었는데, 영화 <오즈의 마법사> 주제곡인 '오버 더 레인보우'에서 영감을 받았다고 해요. 모든 색이 다 담겨 있는 무지개 색깔이 성적 다양성을 표현하기에 적합하다고 생각한 것이지요. 처음에는 성 소수자 혐오를 반대하는 퍼레이드에서 사용되었지만, 이제는 LGBT를 상징하는 이미지가 되었어요.

너와 나는 다르니까 안 된다는 차별

'차별'은 사람을 그 자체로 존중하지 않고 부당하게 대우하는 것을 말해요. 다르게 대우받을 이유가 없는데 불이익을 당하는 것을 차별이라고 할 수 있어요. 사례를 볼까요?

동성애자인 것이 직장에 알려져 동료들에게 은밀한 괴롭힘에 시달린다면 성 소수자라는 이유로 차별당한 것이고요. 피부색 때문에 식당이나 목욕탕 이용을 거부당하는 경우는 인종 차별이지요. 장애를 이유로 놀이기구를 이용하지 못하게 하는 것도 부당한 대우예요. 히잡을 쓰고 다닌다는 이유로 이상하게 바라보는 것도 종교를 이유로 차별하는 것입니다. 이외에도 아주 많은 차별이 존재해요.

그런데 차이를 이유로 다르게 대우하는 것이 모두 차별은 아니에요. 차이를 존중하기 위해서 다르게 대우해야 할 때도 있어요. 수능 시험을 칠 때 시각 장애인에게는 시각 장애인용 점자 시험지를 주어야 하고, 시간도 더 많이 주어야 해요. 왜 그럴까요? 특성의 차이 때문에 불리할 경우, 이것을 그대로 둔다면 오히려 차별이 될 수 있기 때문이지요. 이렇듯 합리적인 이유가 있을 때는 다르게 대우하는 것이 필요하기도 하답니다.

혹시 여러분도 차별 대우를 받아본 경험이 있나요? 기분이 어땠나요? 차별은 한 개인의 존엄을 무시하고 인권을 침해하는 것이에요. 또한 편견과 혐오를 조장하기에 사회적으로도 악영향을 끼칩니다.

차이는 왜 차별로 이어지나요?

특성의 차이를 비정상인 것으로 보기 시작하면 차이는 다름이 아니라 '틀린 것'이 돼요. 그럼 차이는 바꿔야 하고 고쳐야 하는 것, 열등한 것이라는 생각을 하게 되지요. 이러한 생각은 편견에서 비롯된 것이에요.

'편견'이란 'ㅇㅇㅇ은 이럴 거야' 'ㅗㅗㅗ은 저럴 거야'처럼 근거도 없이 한쪽으로만 치우친 생각을 말해요. 편견은 어릴 적부터 가정과 학교 그리고 각종 미디어★ 등을 통해서 습득하게 되는데, 이는 우리의 의식 속에 깊이 뿌리를 내려요. 편견이 생기게 되면 그 내용이 사실이 아니라 해도 마치 사실처럼 믿게 되고, 그 대상을 혐오하고 차별하기 쉽습니다. 문제는 이러한 편견이 사람

★ 미디어(media)
텔레비전, 신문, 라디오, 영화 같은 대중매체와 소셜 네트워크 서비스(SNS)나 인터넷을 이르는 단어

들에게 널리 퍼져 있어서 개인의 노력으로 해결하기가 어려워요. 그래서 편견을 만들어 내는 표현이나 부당한 차별을 법으로 규제해야 한다는 목소리도 나오고 있어요.

 우리나라는 점점 다문화 사회로 나아가고 있으며, 사회의 다양성을 강조하고 있어요. 이에 개인의 개성을 다양하게 드러내는 것이 자연스러워지고 있지요. 하지만 이러한 흐름과는 달리 차이를 부정적으로 바라본다면 인권 침해 같은 사회적 문제는 점점 심해질 거예요. 그동안 내 눈에 익숙하던 특성과 다르다고 해서 이상하게 보기보다 차이와 다름을 인정하기 위해 노력해야 해요!

생각 플러스

> 트랜스 젠더라는 이유로 군대에서 강제 전역★을 당했던 '변00 하사★ 사건'을 알고 있나요? 군인이었던 변 하사는 성별을 남성에서 여성으로 정정한 후에 군대에서 강제로 전역을 당했어요. 그 후 열심히 저항했지만, 좌절을 경험하고 극단적인 선택을 하여 모두의 안타까움을 자아냈지요. 변 하사는 성 소수자로서 부당한 차별을 받은 것이에요.
>
> 이러한 사건들이 반복되자 인권 단체를 중심으로 '차별 금지법'을 도입하자는 움직임이 나타나고 있어요.
>
> 차별 금지법이란 물건을 사거나 서비스를 이용할 때, 직장을 구하고 교육을 받는 데 있어 이유 없이 부당하게 차별하지 못하도록 막는 법안을 말해요. 미국, 유럽, 일본 등에서는 이미 도입되어 있지요. 표현의 자유를 가장 중요시하는 미국에서도 인종, 피부색, 종교, 출신 국가 따위로 차별하는 행위를 하게 되면 벌금이나 징역을 받도록 법으로 정해져 있어요.

★ 전역(轉役): 군대에서 일하고 있는 사람의 업무 종류가 바뀜
★ 하사(下士): 군대에서 부사관 계급 가운데 하나

■ 차별 금지법을 찬성하는 측과 반대하는 측의 입장을 각각 찾아보세요.

찬성	
반대	

■ 여러분은 차별 금지법을 찬성하나요, 반대하나요? 그 이유는 무엇인가요?

나의 의견	

한 줄 정리

☑ **차이**: 특성의 차이가 서로 다른 것
☑ **차별**: 차이로 구분하여 부당하게 대우하는 것

08 사회적 소수자를 공격하는 혐오

사회 이슈 — 혐오 표현과 사회적 소수자

'아시아인 혐오를 멈추라'라는 뜻의 구호가 전 세계에서 울려 퍼지고 있습니다. 지난 2021년 3월 미국 애틀랜타에서 발생한 총격 사건의 여파인데요. 사망한 8명 가운데 6명이 아시아인이며, 실제로 아시아인 여성을 노린 범죄라는 사실이 드러나 세계인들이 분노하고 있습니다.

"아시아인 혐오를 멈춰라"

코로나19 이후 미국과 유럽 등에서 아시아인에 대한 혐오가 심각한 상황이군요.

　국내외에서 사회적 소수자에 대한 혐오가 심각한 문제로 떠오르고 있어요. '혐오 표현'은 편견을 생산하고 폭력을 부추겨 증오 범죄로 이어지게 만듭니다. 위의 기사에서 알 수 있듯이 코로나19 이후 미국과 유럽에서는 코로나19 바이러스가 중국에서 시작되었다는 이유로 아시아인에게 혐오를 표현하며 폭력을 행사하는 범죄가 증가하고 있다고 해요. 국내에서도 사회적 소수자인 성 소수자와 여성, 이주민에 대한 혐오의 문제도 심각하게 나타나고 있어요. 전 지구적인 문제로 떠오르고 있는 혐오 표현에 대해 살펴볼까요?

증오 범죄로 이어지는 혐오 표현

'혐오'라는 것은 어떤 대상을 매우 미워하고 꺼린다는 뜻이지요. 혐오하는 것을 표현하면 혐오 표현이 되는 걸까요? 그저 싫어한다는 표현이 모두 '혐오 표현'이라고 할 수는 없어요. '난 민트 초코 싫어'라고 말했다고 혐오를 표현한 건 아니에요. 싫은 것을 표현하는 것 자체가 나쁜 것은 아니거든요. 하지만 어떤 표현이 사람의 인권을 침해하고, 사회적으로 부정적인 영향을 미친다면 혐오 표현이라고 할 수 있어요. 즉 혐오 표현은 특정 개인이나 집단을 무시하고 깔보며, 웃음거리로 삼아 놀리고 괴롭히고 위협을 가하는 것을 가리켜요. 이러한 표현은 말이나 글로도 할 수 있고, 표정이나 몸짓과 같은 행위로도 나타날 수 있습니다.

혐오 표현은 어떤 특정 집단에 대한 편견에서 비롯돼요. '여자들은 ○○○해', '아시아인은 다 ×××해', '동남아시아 인은 ▢▢▢해' '이슬람교는 △△△해' 같은 표현은 모두 편견을 바탕으로 하고 있어요. 편견이 강해지면 그 집단을 혐오하는 마음과 생각이 들고, 혐오를 표현하는 사람들이 나타나요. 그런데 혐오 표현은 하면 할수록 혐오를 더욱 조장*하고 확대한다는 문제점이 있어요. 또한 혐오 표현은 그 대상이 되는 당사자가 두려움을 느끼도록 만들어요. 왜 그럴까요? 혐오 표현은 표현으로만 끝나지 않기 때문이에요.

실제로 누군가의 아시아인에 대한 혐오 표현은 다른 사람의 편견을 만들어 내고 그것이 차별과 폭력으로

★ **조장(助長)**
바람직하지 않은 일을 더 심해지도록 부추김

이어졌어요. '아시아인이 코로나19를 만들었지. 그들은 다 세균 덩어리야!' 와 같은 혐오 표현은 그들을 대상으로 하는 폭력을 부추기는데 이것을 '선동'이라고 해요. 이렇듯 혐오 표현은 사람들을 선동하여 증오 범죄로 이어질 수 있어요. '증오 범죄'란 증오하는 집단을 대상으로 폭력이나 살인 등의 범죄를 저지르는 것이에요. 미국과 유럽에서의 아시아인을 향한 혐오 표현이 결국 증오 범죄로 이어지게 된 것이에요. 이 범죄는 개인 간에서만 일어나지 않아서 최악의 경우 집단 학살로도 이어질 수 있어요. 역사적으로 히틀러가 이끈 나치의 유대인 학살이 대표적인 사례예요. 유대인에 대한 혐오가 학살로 이어진 경우입니다.

혐오와 차별의 대상이 되는 사회적 소수자

여성 혐오, 장애인 혐오, 동성애 혐오, 아시아인 혐오의 공통점이 무엇일까요? 바로 '사회적 소수자'를 대상으로 하고 있다는 것이에요. 사회적 소수자는 자신이 가진 신체적, 문화적 특성 때문에 차별을 받는 사람을 말해요. '소수'라는 단어 때문에 수의 많고 적음으로 판단한다고 생각할 수 있지만, 그보다는 그들이 사회

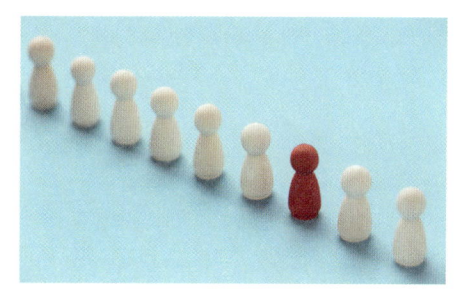

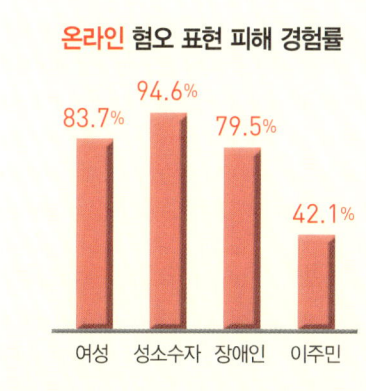

온라인 혐오 표현 피해 경험률
여성 83.7%
성소수자 94.6%
장애인 79.5%
이주민 42.1%

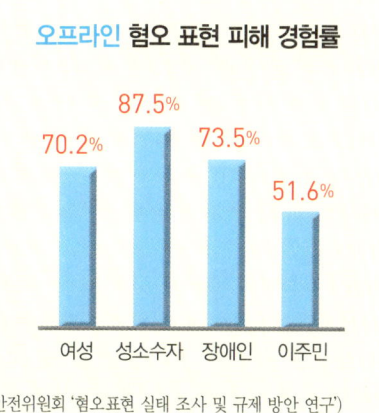

오프라인 혐오 표현 피해 경험률
여성 70.2%
성소수자 87.5%
장애인 73.5%
이주민 51.6%

(자료: 국가안전위원회 '혐오표현 실태 조사 및 규제 방안 연구')

속에서 혐오와 차별의 대상인지를 봐야 합니다. 그보다는 그들이 사회 속에서 혐오와 차별의 대상인지를 봐야 합니다. 어느 사회에서나 여성은 남성과 수적으로는 거의 비슷하지요. 하지만 여성을 차별하고 혐오의 대상으로 보는 사회라면, 그 사회에서 여성은 사회적 소수자라고 할 수 있어요.

사회적 소수자 집단은 다음과 같은 특성을 가집니다. 첫째, 신체적·문화적으로 식별할 수 있는 특성이 있어요. 유럽에서 히잡을 두르면 이슬람이라는 종교의 차이가 드러나요. 우리나라에서 동남아시아 이주민은 신체적으로 차이가 드러나지요. 이렇게 차이를 알게 되는 것을 '식별할 수 있다'라고 표현해요. 둘째, 사회적 소수자는 사회의 모든 면에서 힘이 약해요. 법이나 제도를 만들 수 있는 정치적인 권력이 거의 없고 사회적으로 높은 지위나 경제적인 부를 가진 사람보다 그렇지 못한 사람들이 더 많아요. 셋째, 그 집단에 속해 있다는 이유로 차별을 받아요. 우리 사회에서는 이주민, 장애인, 동성애자, 여성 등은 그 집단에 속해 있기에 차별과 혐오의 대상이 되고 있어요. 넷째, 사회적 소수자는 스스로 부당한 대우와 차별을 받고 있다는 의식을 가져요. 그래서 그 집단에 소속감을 느껴요.

사회적 소수자는 상대적인 개념이에요. '나는 사회적 소수자가 아니야,' '나는 사회적 소수자가 되지 않을 거야'라고 생각하더라도 누구나 공간, 시간, 상황이 바뀌면 사회적 소수자가 될 수도 있어요. 백인이 많은 곳에 가면 아시아인은 소수자예요. 후천적★으로 장애가 생길 수도 있고요. 어린 시절에는 차별받는다는 사실을 인지하지 못하다가 어른이 되어서 차별을 인식하게 되는 경우도 많아요. 그러니 이러한 상대성을 잘 알고 있는 것이 중요해요. '누구나 사회적 소수자가 될 수 있어'라는 생각은 사회적 소수자의 입장에 공감하고, 혐오 표현에 대해서도 비판적인 시각을 가질 수 있게 돕거든요!

혐오 표현은 규제해야 할까?

'싫은 것을 싫다고 하는 것인데 뭐가 어때?', '표현의 자유가 있는데 혐오도 표현할 수 있는 것 아닐까?'라고 생각하는 사람들도 있을 거예요. 여러분은 어떻게 생각하나요? 표현한다는 것은 우리의 기본권인 표현의 자유를 행사하는 것이지요. 하지만 앞서 살펴본 것처럼 우리가 살아가는 공동체에서는 무한정★

★ 후천적(後天的)
성질, 체질, 질환 등이 태어난 후에 얻어진 것

★ 무한정(無限定)
수량이나 범위가 제한되지 않음

의 자유를 누릴 수 있는 것은 아니에요. 누군가의 자유가 타인의 인권을 침해하고, 사회에 악영향*을 미치는 것이라면 제한이 필요해요.

★ 악영향(惡影響)
나쁜 영향

    세계의 보편적 인권을 명시한 〈세계 인권 선언문〉은 30개 조항으로 이루어져 있습니다. 제1조부터 29조까지는 사람들에게 주어진 보편적인 인권에 대해서 나열하고 있어요. 가장 마지막 조항인 30조의 내용은 무엇일까요? '권리를 짓밟기 위한 권리는 없다'예요. 사람이라면 제1조에서 29조까지의 인권을 모두 누릴 수 있어야 해요. 하지만 이 모든 자유와 권리를 다른 사람의 권리를 짓밟기 위해 사용할 수 없다는 뜻이에요. 엄밀히 따지자면 혐오 표현을 할 수 있는가는 논쟁해야 할 문제거리 자체가 아닌 것이지요. 혐오 표현이 편견과 차별 그리고 폭력을 만들어 낸다면 이것은 규제해야 할 심각한 사회적인 문제라고 할 수 있어요.

생각 플러스

2020년, 한 지하철 역 안에 성 소수자 혐오를 반대하는 광고판이 걸렸습니다. 하지만 얼마 가지 않아, 이에 반대하는 사람의 손에 처참히 찢기고 말았지요. 모두가 마음에 큰 상처를 입은 그때였어요. 누군가가 혐오가 할퀴고 간 자리에 '성 소수자는 당신의 혐오를 이길 겁니다'라는 문구를 합성해 인터넷에 올렸습니다. 이 멋진 작품에 많은 사람들이 감동하고 용기를 얻었지요.

혐오 표현에 대응하는 여러 가지 방법이 있지만, 그중 혐오 표현에 반대의 목소리를 내는 '대항 표현(counter speech)'이 있어요. 위의 이야기처럼 뜻이 맞는 사람들과 함께 혐오에 반대하는 광고를 걸거나, 캠페인 활동을 하는 것도 대항 표현이라고 할 수 있지요.

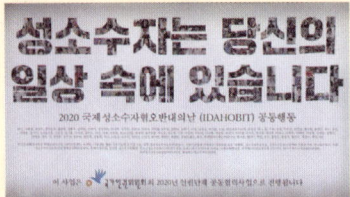
출처: 무지개행동

출처: 지호와 연대(@tiopp_11)

■ 다음과 같은 혐오 표현을 듣거나 보게 된다면 어떤 대항 표현을 할 수 있을까요?

> ×××(hater): 장애인들은 무조건 도와줘야 해.
> ㄴ ○○○(counter): 그들도 스스로 할 수 있어. 도움이 필요한지부터 먼저 물어봐야지.

혐오 표현	대항 표현
여자애들은 축구도 못하잖아.	
동남아에서 온 사람들은 다 가난한 거 아냐?	
난민들은 다 범죄자가 될 게 뻔해.	
이슬람교도는 전부 테러리스트야.	

한 줄 정리

☑ **혐오 표현**: 특정한 개인이나 집단을 무시, 비하, 조롱, 위협하는 표현
☑ **사회적 소수자**: 특성의 차이로 인해 사회적으로 차별을 받는 개인이나 집단

09 '여자답게, 남자답게'가 아닌 '나답게'!

사회 이슈 — 젠더와 페미니즘

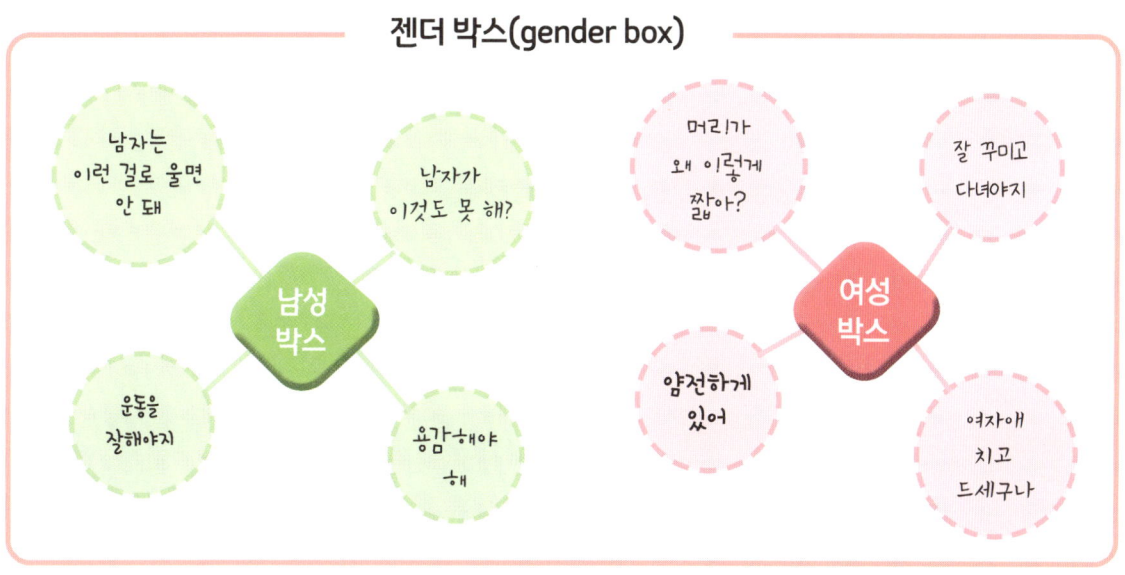

A: '젠더 박스'가 뭐야?

B: '여성스럽다', '남자답다' 같은 말 있잖아.

A: 그게 젠더 박스야?

B: 맞아, 사회에서 만들어 낸 성별에 대한 고정 관념★을 말해.

A: 아하! 좁은 상자에 가두는 표현이라서 '박스(box)'구나

B: 응, 그럼 젠더(gender)는 무슨 뜻일까?

★ 고정 관념(固定觀念) 마음속에 늘 자리하여 흔들리지 않는 관념. 고착 관념

여러분은 '젠더 박스(gender box)'라는 말을 들어 본 적이 있나요? 이 단어를 들어 보지 못했더라도 어른들 또는 TV와 책 같은 각종 매체로부터 '여자는~', '남자는~'이라고 성별을 구별하는 말을 많이 들어 봤을 거예요. 여자와 남자는 신체적으로 다르게 태어납니다. 그래서 그런지 사람들은 두 성별이 모든 면에서 다르다고 생각을 하는 거 같아요. 정말 남자는 남자답게 태어나고, 여자는 여자답게 태어나는 것일까요? 젠더와 페미니즘을 통해서 알아봐요!

알게 모르게 학습되는 여자다움과 남자다움

여자와 남자의 생물학적 성(sex)의 차이와 달리, 성장하면서 후천적으로 나타나게 되는 성별끼리의 차이를 젠더(gender)라고 해요. 즉 사회 문화적으로 학습된 성별의 차이를 말하지요. 그런데 사회 문화적으로 학습된 성별 차이라는 것이 무엇일까요?

사람들은 '여자는 이래야 해', '남자는 이래야 해'라는 기대와 믿음을 가지고 있어요. 이러한 생각은 오랫동안 사회에 스며들어 있어서 자연스럽게 우리는 성별에 따라 좋아하는 것, 행동하는 모습, 잘할 수 있는 분야에 차이가 있다고 생각하지요. 그래서 어릴 적부터 여자애들에게는 분홍색 물건, 남자애들에게는 파란색 물건을 사 줍니다. 장난감도 여자애들은 인형이나 소꿉놀이 용품, 남자애들은 자동차나 축구공을 선물받곤 하지요. 이처럼 가정이나 학교에서, TV나 인터넷, 책과 같은 매체로부터 끊임없이 교육받은 결과, 성별의 차이가 나타나게 되지요. 이렇게 젠더는 학습에 따른 차이이기 때문에 자라는 환경에 따라 다르게 나타나요. 즉 성별 차이는 고정된 것이 아니라 시대, 공간, 상황

에 따라 다르게 나타난답니다.

　1970년대에 문화 인류학★을 연구하던 마거릿 미드(Margaret Mead)는 파푸아 뉴기니의 세 원시 부족을 관찰하고 연구했어요. 그런데 각 부족마다 성별에 따른 성격 차이가 다른 거 아니겠어요? 한 부족에서는 남자가 순종적이고 여자는 공격적이었으며, 또 다른 한 부족에서는 여자가 순종적이고 남자가 공격적이었어요. 마지막 한 부족은 남녀 모두 공격적인 모습이 나타났고요. 왜 사회마다 이렇게 남녀의 행동 모습이 달랐을까요? 바로 자라면서 사회에서 요구하는 대로 학습되었기 때문이에요! 이 연구는 '남자답다, 여자답다'라는 사회적 성별인 젠더를 발견한 거였지요.

★ **문화 인류학**
 (文化人類學)
인류가 가진 공통된 문화에 대해 연구하는 학문

우리 모두 나답게 살아가게 만드는 운동

　'페미니즘(feminism)'이란 말을 알고 있나요? 페미니즘은 모두가 평등하게 대우받고 남자, 여자 그리고 제3의 성도 행복하게 살아갈 수 있는 사회를 만들자는 생각과 행동을 말해요. 이러한 생각을 행동으로 실천하는 사람들을 '페미니스트(feminist)'라고 부릅니다.

　페미니즘에서는 성별의 차이는 타고나는 것이 아니라 사회 문화적으로 학습된 것이라는 것을 강조해요. 신체적으로 다르다고 해서 취향, 성향, 능력이 다를 것이라고 여기는 것은 편견이라는 것이지요.

　자동차를 좋아하는 여자도 있고, 수학과 과학 과목을 더 잘하는 여자도 있지요. 당연히 섬세한 감수성을 지닌 남자도 있고, 운동을 싫어하는 남자들도 있어요. 하지만 남자는 집안의 기둥이 되어야 하고 여성은 그를 도와야 하는 가부장

땀이 뻘뻘 날 정도로 축구하는 건 최고야!

조용히 노래 들으며 책을 읽는 게 더 좋아.

★ **가부장제(家父長制)**
남성이 가족을 이끌어 가는 제도

★ **지양(止揚)**
더 나아가지 않도록 어떠한 것을 하지 않음

제★ 분위기가 강한 사회에서는 '남자는 이러하고 여자는 이러하다'라는 구분이 강해요. 하지만 페미니즘은 '왜 그래야 하지?'라는 의문을 품고, 사회에서 요구하는 모습이 아닌 자신이 가진 모습 그대로를 존중받아야 한다고 생각하지요.

페미니즘의 시각에서는 외모 평가도 지양★해야 한다고 주장합니다. 남자답거나 여자답다는 외모의 틀은 자유롭게 자신다운 모습으로 있는 것을 방해하기 때문이에요. 그런데, 외모에 대해 지적을 하는 것뿐만 아니라 '예쁘다, 잘생겼다'와 같은 칭찬도 하지 않는 것이 좋답니다. 상대에게 좋게 말하는 것이니 괜찮지 않은가 생각하나요? 하지만 외모에 대한 칭찬 또한 결국 평가일 수밖에 없어요. 이러한 외모에 대한 평가를 많이 들어온 사람이라면 그 기준에 알게 모르게 스스로를 구겨 넣고 말아요.

'몸매 좋다'라는 말을 들으면 조금이라도 살이 쪘을 때 살을 빼야 한다는 부담을 갖고, 계속 칭찬을 듣기 위해 외모를 가꾸는 데 많은 시간과 노력을 빼앗기겠지요. 그러니 만약 친구의 꾸밈새에 좋은 말을 해 주고 싶다면 "너 그거 참 잘 어울린다!"라고 말해 보는 건 어떨까요?

'남자답게', '여자답게'가 아니라 개성이 존중되는 사회

사람들은 페미니즘이라고 하면 인터넷에서 다루는 극단적인 모습을 보고 과격하다고 생각하거나, 여성적이라는 뜻의 'feminine'에 이념을 만드는 어미 '-ism'이 붙은 명칭이니 여성만을 위한 것이라고 오해하기도 해요. 하지만 여성 참정권 운동에서 시작된 개념이기에 붙은 명칭일 뿐, 페미니즘은 두 성별뿐 아니라, 다양한 성 정체성을 가진 사람들 모두가 강요와 차별을 받지 않는 평등한 사회를 위해 노력하는 활동이에요. 여자들에게 요구하는 '여자답게'와 남자들에게 요구하는 '남자답게'라는 젠더 박스를 뚫고 나와서 '나답게' 살아가자고 주장하니까요.

여자와 남자의 역할이 다르고, 각자의 성별에 따라 능력이나 모습이 다르게 나타난다는 생각은 고정 관념이고 편견입니다. 그러한 생각은 사람들이 가진 개성을 마음껏 발휘하지 못하게 하고, 공동체의 다양한 모습을 가로막을 수 있어요. 자기가 가진 모습 그대로를 존중받으며 자연스럽게 살아갈 수 있는 사회가 되기 위해 페미니즘은 현대 사회에 필요한 관점이지요!

생각 플러스

'유리 천장'은 눈에 보이지는 않지만 여성이 높은 지위로 올라갈 수 없게 만드는 벽이라는 뜻을 가진 사회 용어입니다. 사회적 소수자인 여성의 현실을 보여 주는 셈이지요.

	여성 중간 관리직 비율	남녀 성별 임금 차이	여성 경제 활동 참여
우리나라	15.6%	31.5%	59%(여성) / 79%(남성)
OECD 평균	31.9%	13.5%	–

출처: 2022년 《이코노미스트》

A: 중간 관리자 비율이 OECD 평균보다 2배나 낮네.

B: 임금 차이도! 남자가 100만 원을 벌 때 여성은 68.5만 원을 번다는 뜻이야.

영국의 《이코노미스트》라는 잡지에서는 매년 3월 8일 여성의 날을 맞아 OECD 국가를 대상으로 '유리 천장 지수'를 발표하고 있어요. 유리 천장 지수가 낮을수록 여성에게 보이지 않는 장벽이 많다는 뜻이지요. 그런데 우리나라는 유리 천장 지수가 100점 만점에 20점대로, 29개국 가운데 무려 10년째 '최하위'를 기록하고 있어요.

왜 그럴까요? 우선 우리 사회는 아직도 남성이 여성보다 더 냉철하다는 고정 관념이 강하기 때문입니다. 그래서 높은 자리는 남성이 맡아야 업무가 수월하다고 생각하니, 남성이 고용이나 승진에서 더욱 유리하다는 것이지요. 또한 여전히 집안일은 여성의 몫이라는 사회적 분위기도 영향을 미칩니다. 때문에 노동 참여율은 남성이 79%인 데 비해 여성은 59%로 20%나 차이가 납니다. 이러한 상황은 직장 내에서 보이지 않는 차별인 유리 천장을 견고히 만들지요. 성별과 관계없이 함께 성장하는 사회 분위기로 바꾸기 위해 우리 사회는 어떤 노력을 해야 할까요?

■ 우리나라가 OECD 국가 중 유리 천장 지수가 항상 최하위인 이유는 무엇일까요?

■ 유리 천장을 없애기 위해 우리 사회는 어떤 노력을 해야 할까요?

한 줄 정리

☑ **젠더(gender):** 사회 문화적으로 학습된 성별 차이
☑ **성(sex):** 생물학적인 성별 차이
☑ **페미니즘(feminism):** 성별로 인해 발생하는 차별을 없애자는 사회 활동

10 적극적 우대 조치가 역 차별을 만든다고?

사회 이슈 — 적극적 우대 조치와 역 차별

미국 연방 대법원이 하버드 등 미국 대학들이 신입생을 선발할 때 적용해 온 '소수자 우대 정책'과 관련한 소송을 심리*하기로 결정하였습니다.

★ **심리(審理)** 사실 관계와 법적 내용을 살피기 위해 법원이 증거나 방법을 심사하는 행위

미국 연방 대법원, 하버드 입학 '역 차별' 소송 심리하기로

소수자가 겪는 차별을 줄이기 위한 정책 같은데, 왜 소송을 하게 된 걸까?

★ **우대(優待)** 특별히 잘 대우함

★ **특혜(特惠)** 특별한 혜택

최근 미국에서는 옛날부터 흑인들에게 주어졌던 '적극적 우대★ 조치'가 오늘날 백인과 동양인을 역 차별하고 있다는 주장이 제기되고 있어요. 소수자란 앞서 살펴보았듯이 사회적으로 불리한 위치에 있어 차별받는 집단을 말해요. 흑인은 미국에서 오랜 기간 인종 차별을 겪었고, 그로 인해 대학교 입학에도 부당한 불이익을 받아 왔어요. 따라서 인종끼리의 교육 차이를 좁히고자 미국에서는 소수자에게 입학 특혜★를 주는 정책이 시행되었던 것이지요. 적극적 우대 조치와 역 차별의 문제는 평등의 개념과 관련이 있어요. 먼저 평등의 개념이 무엇인지 살펴보고 적극적 우대 조치가 왜 필요한 것인지, 역 차별은 무엇인지 생각해 보도록 해요!

누구에게나 기회가 똑같이 주어지도록

평등하다는 것은 부당한 대우를 받지 않는 것이겠지요. 평등은 두 가지 의미가 있어요. 먼저 평등이란 기회가 누구에게나 똑같이 주어지는 것이에요. 20세기★ 이전 사회에서는 신분이나 경제 능력 그리고 성별 등에 따라 차별 대우를 받았어요. 여성은 여성이라는 이유로 투표권을 가질 수 없었어요. 경제적으로 어려운 노동자, 농민들도 정치에 참여할 수 없었지요. 같은 사람인데 기회가 똑같이 주어지지 않는 것은 차별이며 불평등한 것입니다. 이러한 '기회의 불평등 문제'를 해결하기 위해서는 성별이나 사회적·경제적 지위와 상관없이 모든 사람이 똑같은 기회를 가져야 하겠지요? 그런데 기회를 완전히 평등하게 보장하는 것이 오히려 차별을 가져오는 경우가 있어요!

미국에서는 과거에 노예 제도가 있어 흑인에게 인종 차별을 서슴지 않았어요. 그러한 까닭에 백인과 흑인 간에는 사회적으로도 경제적으로도 격차★가 날 수밖에 없었습니다.

★ 세기(世紀)
100년 동안을 세는 단위
(20세기 = 1900년 ~1999년,
21세기 = 2000년 ~2099년)

★ 격차(隔差)
빈부, 임금, 기술 수준 등이 서로 벌어져 다른 정도

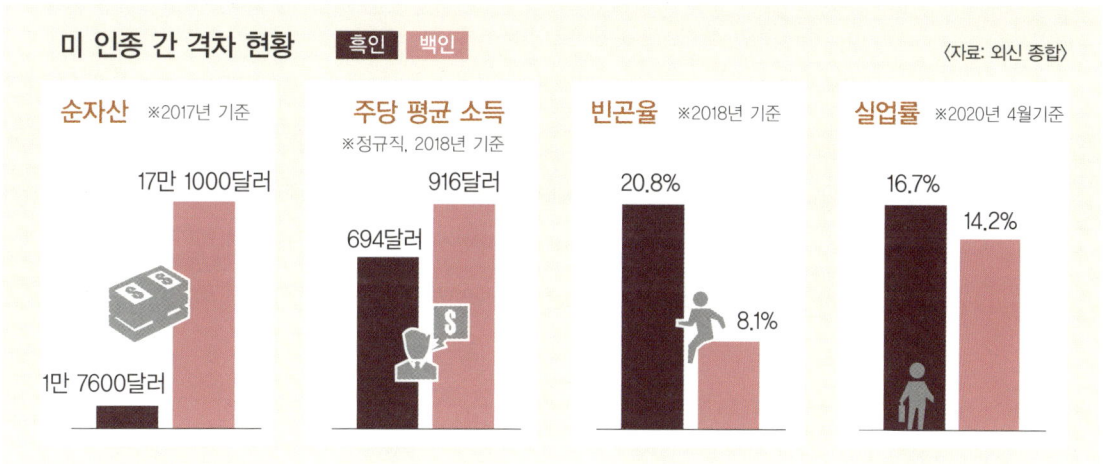

위 표를 보면 현재까지도 백인과 비교했을 때 흑인은 재산과 소득이 더 적으며, 가난한 사람의 비율과 직장을 잃은 비율은 더 높다는 것을 알 수 있어요. 경제적 차이는 곧 교육을 받는 수준에도 영향을 줍니다. 교육 수준의 차이는 직업 선택에도 영향을 미치고, 직업의 차이는 또다시 경제적인 차이로 나타나겠지요. 다시 말해 가난한 사람은 계속 가난해진다는 건데, 미국에서는 백인과 흑인 간에 이러한 악순환★이 지속되고 있어요.

★ 악순환(惡循環)
나쁜 현상이 끊임없이 되풀이됨

그러니 모든 상황을 무시하고, 똑같이 기회를 주는 것으로 이 문제를 해결할 수 있을까요? 아마 어려울 거예요. 정책적으로 똑같이 대우한다는 것은 인종에 따라 출발선이 다른 현재 상황을 그대로 유지하는 것과 같으니까요. 그러니 흑인에게 더 많은 기회와 혜택을 주는 것이 오히려 평등을 일구는 방법이 됩니다. 결과적으로 동등하게 균형을 맞추는 것이지요. 이것이 평등의 두 번째 의미예요. 사회에서 불리한 위치에 있는 사람들에게 특혜를 주어 결과에 차별이 발생하지 않도록 하는 것을 '결과의 평등' 또는 '실질적 평등'이라고 합니다.

출발선을 평등하게 만드는 적극적 우대 조치

'적극적 우대 조치'는 미국에서 등장해 유럽이나 우리나라에서도 실시하고 있는 정책이에요. 말 그대로 사회적 소수자에게 적극적으로 특혜를 제공하여 그동안 받아 왔던 차별로 인해 생긴 간격을 줄여 주기 위한 정책이에요. 미국은 1960년대부터 흑인들이 대학 진학이나 취업을 할 때 가산점을 주는 등 적극적인 우대 조치를 도입했어요.

이 정책을 처음으로 실시했던 린든 존슨(Lyndon Johnson) 대통령은 적극적 우대 조치의 필요성을 달리기 시합으로 비유했어요. 선수 두 명이 달리기 시합을 하는데, 한 명은 족쇄를 차고 달리고 다른 한 명은 자유롭게 달리기를 합니다. 이 달리기는 공정한 것일까요? 당연히 족쇄에 묶여 있는 사람이 차별받고 있는 것이지요. 공정한 시합을 위해서는 다리의 족쇄를 풀어 주어야 해요. 그런데 족쇄만 풀어 준다고 평등해질까요? 다리가 묶인 선수는 10m밖에 가질 못했고, 자유롭게 달린 선수는 이미 50m쯤은 더 갔을 텐데 말이에요.

그러니 이미 벌어진 간격을 줄여 주어야 공정한 경쟁이 될 수 있습니다. 더 이상 차별을 받지 않도록 하는 정책도 필요하지만, 오랫동안의 차별로 인해 벌어진 간격을 좁히는 적극적 우대 조

치가 필요하다는 것이에요.

흑인들은 그동안의 차별로 인해 대학 교육이나 직업을 구하는 데서 어려움을 겪고 있었기에 소수자 우대 정책은 실질적인 평등, 결과적인 평등을 위해서는 필요한 정책이라고 할 수 있어요.

적극적 우대 조치는 역 차별일까?

그런데 불리한 쪽에 너무 많은 특혜를 주면 어떻게 될까요? 이제는 별로 차이가 없는데, 계속해서 한쪽에게 유리한 조건을 준다면요? 그럼 이제는 적극적 우대 조치가 차별을 만들겠지요? 이렇듯 '역 차별'이란 부당한 차별을 받는 쪽을 보호하기 위해 만든 제도로 인해서 오히려 반대편이 차별을 받는 경우를 말해요.

위 기사처럼 소수자 우대 정책을 두고, 과거에는 필요한 정책이었지만 지금은 오히려 이것이 백인이나 동양인을 차별하는 정책이 되었다는 주장이 등장했습니다. 2008년도 대학교 입학시험에서 탈락한 백인 학생 애비게일 피셔(Abigail Fisher)는 흑인과 히스패닉★을 우대하는 대학을 상대로 소송을 제기했어요. 자신은 우수한 성적이었음에도 백인이라는 이유로 대학에 떨어졌으며 이것은 평등권을 침해한 것이라고 말이지요.

최근에도 소수 인종 우대 정책을 반대하는 미국 단체인 '공정한 입학을 위한 학생들'은 백인과 동양계 학생들이 입학에 불리해졌다며 하버드 대학을 상대로 소송을 냈지요. 그 결과 1심과 2심에서는 아직까지 이 정책은 필요하다고 판결이 나왔지만, 2022년 이후 최종심인 연방 대법원에서 어떤 판결이 나올지 주목이 되고 있어요.

그렇다면 소수자 우대 정책은 정말 평등권을 침해하는 것일까요? 다시 조금 더 위에 나왔던 빈부 격차 표를 보세요. 2017년과 2020년 사이에도 여전히 인종 간에 빈부 격차가 존재하고 있어요. 실질적인 평등을 위해서는 적극적 우대 조치가 여전히 필요한 실정★인 거예요. 그러니 환경이 개선★되지 않은 상황에서 사회적 소수자에 대한 우대 조치는 평등권 침해가 아니라, 오히려 합리적인 차별을 통한 결과의 평등, 실질적인 평등을 실현하기 위한 것이라고 할 수 있습니다.

★ 히스패닉 (hispanic)
스페인어를 쓰는 중남미에서 온 이주민으로, 미국 내에서 흑인과 함께 경제적으로 빈곤율이 높음

★ 실정(實情)
실제 사정이나 형편

★ 개선(改善)
잘못된 것이나 부족한 것, 나쁜 것 따위를 고쳐 더 좋게 만듦

더 알고 싶어요!

우리나라 적극적 우대 조치

여성 관리자 임용 목표제 : 중앙 정부 및 지방 자치 단체 그리고 공공 기관에 1명 이상의 여성 관리자를 의무적으로 임용해야 하는 제도

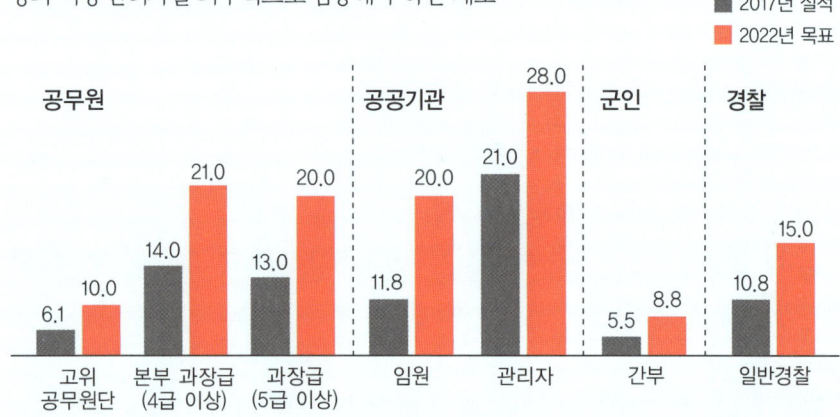

출처 : 여성가족부

생각 플러스

우리나라에서는 성별 간 노동 격차를 개선하기 위해 여러 가지 양성 평등 정책을 시행하고 있어요. 그런데 일부에서는 여성이 더 이상 사회적 소수자가 아니므로 이 정책들이 역 차별이라고 주장합니다. 다음 글을 보고 생각해 볼까요?

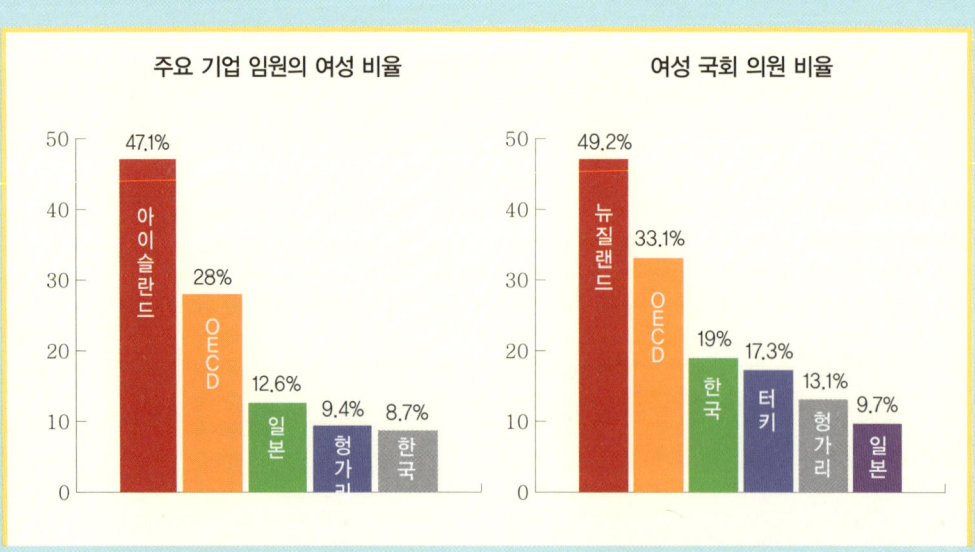

2022년에 발표한 유리 천장 지수에서 우리나라의 여성 임원★ 비율은 8.7% 수준에 불과합니다. 임원이 100명일 때 여성 임원은 약 8명뿐이라는 거지요. 또한 여성 국회 의원의 비율은 19%예요. 국회 의원이 100명일 때 여성 국회 의원은 19명이라는 말이에요.

이러한 결과는 무엇을 의미할까요? 우선 여성 임원이 적다는 것은 회사의 중요한 결정을 내릴 수 있는 힘이 여성에게는 거의 없다는 것을 의미해요. 그리고 국회는 국민의 대표 기관이지요? 우리나라 국민의 절반은 여성이지만, 국민을 대표하는 국회 의원 수는 남성보다 4배나 적습니다. 국회는 법을 만들 수 있는 정치적인 힘을 가진 권력 기관이므로, 여성의 수가 적다는 것은 그만큼 여성의 정치적인 힘이 적다는 것을 의미합니다.

★ 임원(任員) 회사나 기관의 윗선에서 중요한 일을 맡아보는 직위

■ 위 자료를 읽은 뒤, 여성은 사회적 소수자인지 자신의 생각을 적어 보세요.

■ 성 차별을 줄이기 위한 '여성 임원 할당제'는 필요할까요?

> 여성 임원 할당제: 기업의 임원 가운데 일정 비율을 여성으로 채우는 정책

한 줄 정리

☑ **적극적 우대 조치**: 사회적으로 불리한 위치에 있는 사람들에게 특혜를 주는 정책
☑ **역 차별**: 사회적 소수자를 위한 정책으로 인해서 발생하는 차별

11 대한민국이 사라질 수도 있다고?

사회 변화

― 저출산과 고령화

대한민국의 저출산 현상이 지속되고 있는 가운데, 고령화 현상도 함께 사회 문제로 나타나고 있습니다.

저출산이란 합계 출산율*이 2.1명 이하, 초저출산이란 합계 출산율이 1.3명 이하인 현상을 가리키는데요. 2020년 대한민국의 합계 출산율은 0.84명인 가운데 고령화 현상도 함께 사회 문제로 떠오르고 있습니다.

★ 합계 출산율(合計出産率)
여성 1명이 평생 동안 낳을 것으로 예상되는 평균 자녀 수

주변에 사람이 이렇게 많은데, 우리나라가 사라진다고?

'저출산', '고령화'라는 말을 들어보신 적이 있나요? 저출산은 '출산' 앞에 낮다는 의미의 '저(低)'가 붙은 단어로, 아이를 적게 낳는 것을 의미합니다. 한편 고령화의 '고(高)'는 높아진다, '령(齡)'은 나이(연령)예요. 사회의 연령이 높아진다는 말은 곧 전체 인구에서 65세 이상의 노인이 많아지는 것을 의미해요. 나이가 드는 것은 막을 수 없고, 아이를 낳는 것을 누군가가 강요할 수

없지요. 하지만 국가의 입장에서 저출산과 고령화는 생각보다 심각한 문제를 일으킵니다. 한 국가에 사는 사람들의 수와 그들의 나이는 우리에게 굉장히 큰 의미를 가진답니다. 그럼 왜 그렇게 되는지 한번 알아볼까요?

점차 늙어 가는 대한민국

태어나는 아기의 수가 점점 줄어든다면 어떻게 될까요? 한번 태어난 생명은 시간이 흐르면 점차 나이를 먹고, 언젠가는 세상을 떠나지요. 한 나라에서 새로이 태어나는 사람보다 사망하는 사람이 많아지게 되면 나라의 인구는 점차 줄어들게 됩니다.

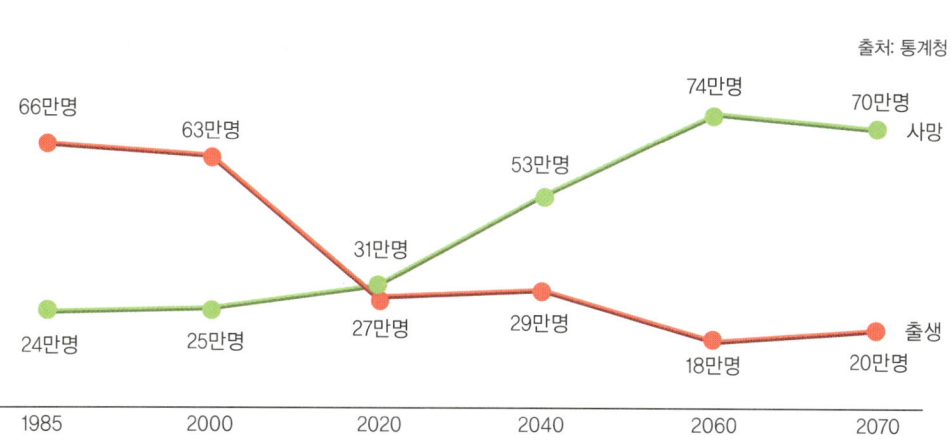

출생아수 및 사망자수

출처: 통계청

현재 우리나라의 인구는 점차 줄어들고 있는 상황이에요. 통계청에서 발표한 위 그래프를 보면 1985년과 2000년까지만 해도 태어나는 아기의 수가 더 많았지만, 2020년에는 사망자의 수가 3만 명 더 앞서게 되었습니다. 인구수가 늘어나지 않는 상황에서 점점 사망하는 사람이 늘어나면 당연히 전체 인구수가 점점 줄어들게 되겠지요?

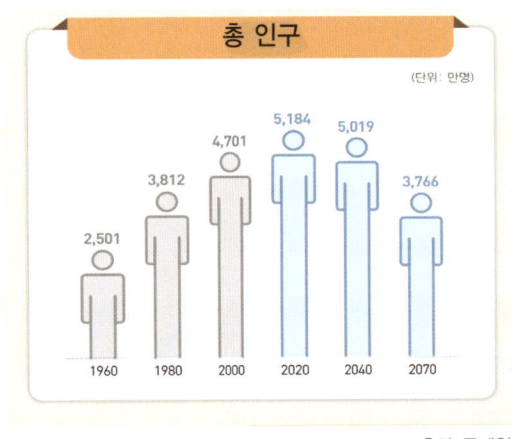

출처: 통계청

그래서 2020년 대한민국의 총 인구수는 5,184만 명이었지만, 전문가들은 2040년에 5,019만 명, 2070년에 3,766만 명으로 줄어들 것이라 예상하고 있어요.

반면에 우리나라의 노인 인구 비율은 점차 증가하고 있습니다. 나이가 어린 사람보다 나이가 많은 사람이 늘어나고 있다는 거지요. 아래 그래프를 함께 볼게요.

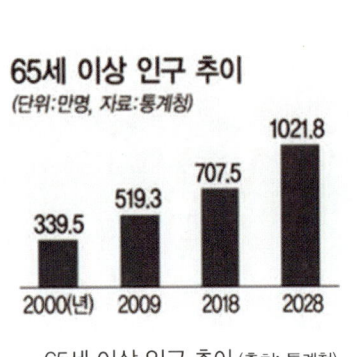

65세 이상 인구 추이 (출처: 통계청)

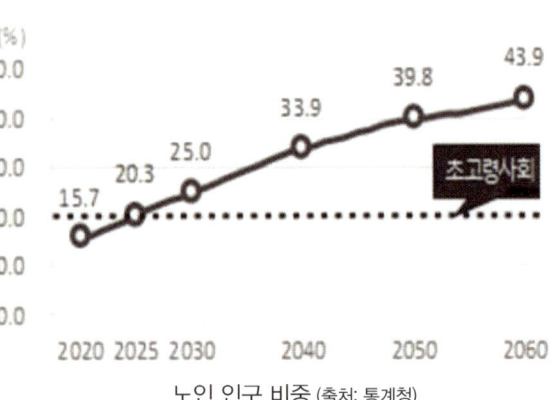

노인 인구 비중 (출처: 통계청)

왼쪽 그래프에서 우리나라의 노인 인구는 점차 늘어나고 있는 게 보이지요? 우리나라에서는 만 65세 이상의 사람을 '노인'으로 분류해요. 우리나라의 노인 인구는 2028년에는 1,021만여 명에 달할 것으로 예상되고 있습니다. 오른쪽 그래프는 우리나라 전체 인구 가운데 노인이 차지하고 있는 비율을 나타내요. 2020년에 이미 노인 인구는 전체 인구의 15%를 넘어섰어요. 2050년에는 39%가 넘어갈 것으로 예상되고 있다고 하네요. 여러분이 길거리에 마주치는 10명 가운데 4명이 만 65세 이상이라는 거지요.

저출산과 고령화 현상이 왜 문제가 될까?

우리나라의 저출산과 고령화 현상이 점점 심화되고 있다는 사실을 수치로 확인해 보았어요. 그럼 태어나는 사람의 수는 줄어들고, 나이가 많은 사람의 수는 점차 늘어나면 어떤 현상이 생길까요?

첫째, 일할 사람이 부족해집니다. 우리나라의 법정 정년은 60세예요. '정년(停年)'이란 회사에 근무하는 직원이 직장에서 물러나는 나이를 의미해요. 즉 은퇴하여 휴식을 취할 나이를 사회가 정해 둔 것이지요. 누군가 정년을 맞이해 은퇴를 하면 젊은 사람들이 그 자리를 대신하게 되니, 청년들의 안정적인 취직으로 연결되는 효과도 있습니다.

하지만 만 60세를 넘긴 사람들이 점차 많아지면서 은퇴할 사람은 늘어나는데, 새로 직장에 들어오는 청년들이 없다면 자연스럽게 우리나라에서 일할 사람은 점차 줄어들게 되겠지요? 그래프 속의 '생산 연령 인구'란 일할 수 있는 나이의 사람을 가리켜요. 그래프를 통해 2070년에는 일을 시작할 사람보다 은퇴할 사람이 10만 명가량 많다는 것을 볼 수 있습니다.

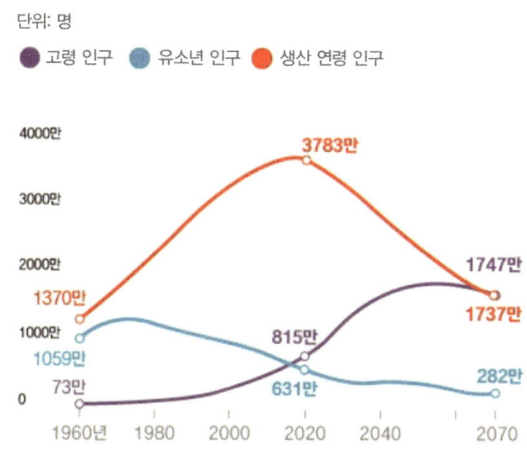

1960년~2070년 인구 구조 (출처: 통계청)

둘째, 세대★ 갈등이 나타날 수 있습니다. 즉 청년 세대와 노인 세대가 서로 충돌하는 현상을 가리켜요. 국가가 은퇴한 노인을 부양하기 위해서는 필요한 복지 예산을 따로 책정★해야 합니다. 그리고 예산은 국민이 내는 세금으로 구성되어 있지요.

보통 앞으로 열심히 일할 사람들은 20~30

★ 세대(世代)
공통된 가치관을 가지는 비슷한 연령층의 사람들

★ 책정(策定)
계획이나 방책을 세워 결정함

대와 같은 청년 세대예요. 그런데 앞에서 점점 저출산으로 인해 젊은 사람이 부족해진다고 했지요? 부양해야 할 노인이 늘어나는데, 돈을 버는 청년층은 점점 줄어드니 청년들이 내야 하는 세금은 점점 늘어날 가능성이 높습니다. 노인 부양을 위한 다양한 비용들이 청년들에게 점차 부담이 될수록 이로 인한 세대 갈등이 발생하게 될 거예요.

이런 현상이 나타나는 원인은 무엇일까?

어떤 문제를 해결하기 위해서는 그 문제의 원인을 정확히 파악하고 이를 해결해야 해요. 그런데 사회 문제는 대부분 단 한 가지의 원인만으로 발생하지 않습니다. 여러 분야의 문제들이 얽히고설켜 있기 때문에 '이렇게 하면 해결!'이라고 쉽게 말할 수 없는 거예요. 저출산과 고령화 현상도 마찬가지입니다. 특히나 두 현상은 우리나라뿐 아니라, 오늘날 세계 각국에서 발생하는 문제기도 해요.

먼저 고령화 현상의 원인으로 과학 기술의 발달로 인한 평균 수명의 증가 현상이 꼽혀요. '백세 시대'라는 말을 들어보았나요? 보건 기술과 의료 기술이 발달하며 인간의 평균 수명이 100세까지 늘어나게 된 오늘날을 가리키는 말이에요. 적당한 운동과 건강한 식습관, 적절한 질병 치료를 병행★한다면 100세까지 지내는 건 불가능이 아니게 되었지요. 덕분에 저절로 노인 인구가 증가하게 된 거예요.

저출산 현상의 원인으로는 맞벌이★ 부부의 증가와 점차 늘어나고 있는 양육비 등 아이를 기르기 어려운 사회 환경이 지적되고 있어요. 가족 모두가 일을 하러 나가니 아이를 낳아 기를 육아 시간과 여유가 부족해지고, 갈수록 늘어나는 양육비에 대한 부담 때문에 부부들이 출산 계획을 미루거나 끝내 포기하는 경우가 많아졌습니다.

과학 기술의 발달과 인간의 평균 수명이 증가하는 현상을 막을 수는 없어요. 자연스레 저출산과 고령화 현상을 해결하기 위해서는 저출산 현상을 해결하여 출산율을 높이는 방향으로 가야 해요. 출산율을 높여 노인 인구의 비율을 균형 있게 유지해야 하는 것이지요. 따라서 정부에서는 출산 및 육아 휴직 제도 등으로 부부들의 양육 시간을 확보해 주고, 아동 수당 제도 등 양육비를 지원해 주는 복지 제도들을 계속해서 늘려가고 있답니다.

★ 병행(竝行)
둘 이상의 일을 한꺼번에 행함

★ 맞벌이
부부가 모두 직업을 가지고 돈을 벎

저출산을 해결하려면 '맞벌이 배려하는 직장 문화'를 보장해야

자녀를 키우기 위해선 무엇보다 직장 문화와 노동 환경이 중요하다. 부모들이 가장 부담을 느끼는 것은 아이를 돌볼 여유나 환경이 부족하다는 점이다. 집에 갓난아기가 있는데도 직장에 출근해야 한다면 출산은 불가능하다. 이러한 상황에 대해 정부는 육아 휴직 제도를 보장하고 있다.

'육아 휴직'이란 아기가 있는 근로자가 양육을 위해 회사에 휴직을 신청하는 것을 말한다. 부부의 출산을 장려하고, 육아를 보장할 수 있도록 빠르게 퇴근하거나 며칠 동안 회사에 출근하지 않는 것을 허용하는 것이다.

문제는 간혹 직장 상사나 동료들이 육아 휴직을 사용하면 '눈치'를 준다는 것이다. 이런 분위기는 육아 휴직 제도가 사회에 자리 잡는 데 걸림돌이 된다. 부모들이 육아 휴직 제도를 활용하지 못한다면 저출산 현상을 해결할 수 없다. 직장 문화와 인식의 개선이 필요한 시점이다.

저출산 현상을 해결하기 위해 우리나라는 많은 노력을 하고 있습니다. 그런데 윗글처럼 저출산 문제를 해결하기 위해서는 사회의 분위기를 먼저 바꿔야 한다는 주장이 있습니다.

- 부모님이나 주변 어른들(선생님, 이웃 주민 등)에게 아이를 키울 때 어떤 점이 가장 어려운 점이었는지 물어봅시다. 어떤 점이 가장 어려웠다고 하나요?

사례

- 그 문제를 돕기 위해 사회에서 어떤 복지 제도를 만들면 좋을까요?

한 줄 정리

- ☑ **저출산**: 아이를 적게 낳아 사회 전반적으로 출산율이 감소하는 사회 현상
- ☑ **고령화**: 전체 인구에서 차지하는 고령자 비율이 높아지는 사회 현상
- ☑ **초고령 사회**: 65세 이상 인구가 총 인구에서 차지하는 비율이 20% 이상인 사회

12 국경이 낮아지는 지구촌

사회 변화 — 세계화와 정보화

K-콘텐츠 사랑받아…
한국 드라마 속 캐릭터 분장하는 외국인들

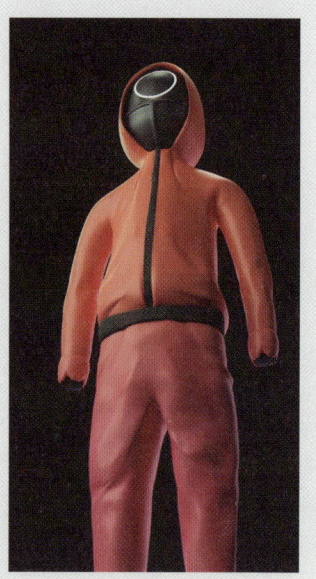

전 세계에서 이른바 'K-콘텐츠(코리아 콘텐츠)'라고 불리는 한국 콘텐츠★가 전성기를 맞았다. 해외 라디오 방송에서 우리나라의 가요가 흘러나오거나 외국 마트에서 한국 간식이 진열된 모습을 심심치 않게 발견할 수 있다.

이처럼 한국 콘텐츠가 세계 시장에 차지하는 비중은 점점 증가하고 있다. 그 예로 영화 <미나리>와 <기생충>은 해외 유수★의 영화제를 휩쓸었고, 수많은 한국 아이돌 그룹의 신곡이 빌보드 차트에 오른다.

특히 2021년에 공개된 드라마 <오징어 게임> 속 캐릭터의 복장으로 할로윈을 즐기는 '인증 사진'들이 줄을 이으며 한국 콘텐츠의 인기를 증명했다.

★ 콘텐츠(contents) 인터넷 통신망을 통해 제공되는 문자, 음성, 음향, 이미지, 영상 등 각종 정보나 그 내용물
★ 유수(有數) 손꼽을 만큼 두드러지거나 훌륭함

내 SNS에 연예인 사진을 찍어 올렸더니, 외국인이 자기도 팬이라며 댓글을 남겼어!

우와, 다른 나라 사람인데도 팬이라니 너무 신기하다!

오늘날 우리는 해외로 쉽게 떠날 수 있는 만큼 외국인과 소통하는 것도 그리 낯선 일이 아니지요. 하지만 조선 시대를 한번 생각해 보세요! 그 시대에는 옆 나라를 가는 데만 몇 개월씩 걸렸고, 해외 물건을 구하는 것도 굉장히 어려워 백성들은 쉽게 구경도 하기 힘들었지요. 하지만 지금은 당장 집 앞의 편의점에서도 해외에서 만든 물건을 구할 수 있어요. 과거에 비해 오늘날 전 세계의 국경*이 낮아지고 있는 거지요. 인터넷에서 우리는 다른 나라의 풍경을 마음껏 볼 수 있고, 위에서 말한 것처럼 우리나라 연예인에 대해 외국인과 댓글로 간단히 이야기해 볼 수도 있어요!

★ 국경(國境)
나라와 나라의 영역을 가르는 경계

우리 생활 속에 녹아드는 세계화

나라 간에 교류가 증가하고 서로 점차 닮아가는 과정을 가리켜 '세계화'라고 합니다. 세계화는 경제·정치·문화 등 다양한 영역에서 나타나요. 우리가 평소 자주 사용하는 물건들에서도 발견할 수 있지요! 자동차의 연료가 되는 석유, 우리가 학교에서 쓰는 볼펜, 게임이나 영화를 볼 수 있는 컴퓨터 등 자세히 살펴보면 다른 나라의 상표가 붙은 물건들이 많습니다. 반대로 우리나라에서 만든 제품을 다른 나라 사람들이 사서 사용하는 경우도 많아요. 자동차나 스마트폰 등 전자 기기가 그러하지요. 이렇게 오늘날에는 국가 간 상품의 교류가 활발해지면서 서로 많은 거래를 하고, 다양한 상품을 구매할 수 있게 되었습니다. 나라가 다른데도 한 나라인 것처럼 물건을 쉽게 사고파는 것을 '경제 영역에서 세계화가 진행되었다'라고 표현합니다.

그런데 이렇게 국가 간 거래가 활발하게 이루어지면 종종 큰 문제가 발생하게 됩니다. 갑자기 어느 한쪽이 물건을 팔지 않겠다고 하면 그 물품이 부족해

져 곤란한 상황이 생길 수 있거든요. 이를 두고 '경제적 상호 의존도가 높아졌다'라고 표현해요. 상호 의존도란 서로를 얼마나 의존하고 있느냐를 나타냅니다. 경제적 상호 의존도가 높을수록 경제적으로 서로 꼭 필요한 존재가 되는 것이지요.

경제 분야와 더불어 문화적으로도 세계화가 진행되고 있지요? 무역을 통해 물건을 주고받는 동시에 눈에 보이지 않지만 우리 문화 속에서도 세계화가 진행되고 있답니다. 영화관에서 영화를 보고, 식당에서 햄버거를 먹는 등 여러 나라들의 생활양식이 많이 비슷해지고 있어요. 세계화에 동참한 나라들은 유행하는 옷이나 신발처럼 사용하는 물건들을 공유하기 때문에 서로 영향을 끼치지요. 이렇듯 오늘날에는 세계 여러 나라들이 문화를 공유하며 서로 닮아 가고 있답니다.

점차 치열해지는 정보 싸움

오늘날에 세계화와 더불어 많은 변화를 일으킨 현상은 '정보화'예요. 정보화란 정보를 중심으로 사회나 경제가 운영되고 발전되는 것을 의미해요. 이전에는 사람들의 노동력이나 공장 같은 생산 시설을 중심으로 사회나 경제가 운영되었어요. 그러나 오늘날에는 '알짜'★ 정보를 얼마나 '빠르고', '정확하게' 얻느냐가 굉장히 중요해졌어요!

★ 알짜
여럿 가운데 가장 중요하거나 훌륭한 것

여러분이 해외여행을 간다면 인터넷으로 그 나라의 정보를 많이 찾아보고 가지요? 물건을 살 때에는 어떤 상품이 좋은지 이것저것 미리 알아보고요. 여러분처럼 기업들도 큰 이익을 내기 위해 사람들이 무엇을 좋아한다는 정보를 확인하고 물건을 생산해 판매합니다. 국가에서도 국민들에 대한 정보를 바탕으로 정책을 내지요. 이렇듯 정확한 정보가 산업과 사회에서 중요해지고, 다양한 정보의 생산과 전달이 이루어지는 사회를 '정보 사회'라고 합니다.

정보화가 진행됨에 따라 우리 사회에는 많은 변화가 나타났습니다. 사람들은 인터넷으로 빠르게 다른 사람과 정보나 소식을 주고받게 되었고, 손으로 처리하던 일을 기계를 활용하여 편리하게 처리할 수 있지요. 기업은 소비자의 의견을 곧장 물건에 반영하며 판매량을 높일 수 있고, 업무의 전산화★를 통해 보다 정확한 일 처리로 생산성을 향상시킬 수 있게 되었어요. 공장 전체

★ 전산화(電算化)
컴퓨터를 이용해 정보 처리가 되도록 만드는 일

를 인터넷을 통해 관리하며 로봇이 다양한 물건을 빠르게 만들어 내는 곳도 있답니다.

덧붙여 우리는 다양한 사람들과 소통하면서 문화 교류의 폭이 넓어지게 되었지요! 단순히 인터넷에서 채팅하는 것을 넘어, 많은 사람들이 온라인 커뮤니티★를 형성하거나 게임 공간에서 다양한 활동을 즐기기도 합니다. 이것을

'메타버스(metaverse)'라고 표현해요. 가공, 추상을 의미하는 '메타(meta)'와 현실 세계를 의미하는 '유니버스(universe)'가 합쳐진 말로, 마치 현실처럼 여러 활동이 이루어지는 가상 공간을 의미합니다.

가상 공간에서는 현실의 수많은 제약★들을 넘을 수 있습니다. 공간의 넓이에 한계가 없으니 다수의 사람이 모이기 좋고, 아무리 멀리 떨어져 있어도 얼굴을 맞대고 이야기할 수 있지요. 이렇듯 메타버스는 여러분의 놀이터가 되기도 하고, 학교 교실이 되기도 합니다.

최근에는 세계화가 더욱 빠르게 진행되고 있어요. 어디서든 통화하고, 영상을 찍어 보낼 수 있게 만든 정보화의 역할 덕분이에요! 인터넷 세계에서는 365일 24시간 놀라운 속도로 헤아릴 수 없이 많은 콘텐츠가 다양하게 오고가지요. 외국인들이 발매한 지 한 시간도 안 되는 노래를 따라 부르고 세계적으로 인기 있는 영화가 각국에서 동시 개봉하기도 해요. 시공간의 제약을 없애는 정보화로 인해 빠른 정보 전달이 가능해지면서, 오늘날 세계화는 더욱 더 가속★되고 있답니다!

★ 온라인 커뮤니티 (on-line community)
인터넷상에서 정보를 공유하기 위해 만든 모임 또는 공동체

★ 제약(制約)
무언가에 조건을 붙여 제한함

★ 가속(加速)
점점 속도를 더함

세계화와 정보화가 나타남에 따라 생겨나는 문제점도 있어요. 국가 간 경쟁이 심화되어 기업들이 힘들어하거나, 어느 한 나라의 산업이 도태*되어 경제 위기가 나타날 수 있어요.

예를 들어, 우리나라에서 휴대폰을 만드는 회사가 A 사 밖에 없다고 가정해 볼게요. 무역을 하지 않으면 A 사는 경쟁자 없이 우리나라에서 휴대폰을 마음껏 판매할 거예요. 하지만 경쟁사인 해외 B 사, C 사의 휴대폰이 우리나라에서 판매되기 시작하면 어떨까요? 이제 고객을 빼앗기지 않기 위해 A 사는 그들과 경쟁해야 합니다. 가격을 낮추거나 더욱 수준 높은 기술을 개발해야지요.

그런데 만약 국내 기업인 A 사가 경쟁에서 밀려 문을 닫는다면, 우리나라의 산업과 경제에 큰 타격이 있을 수도 있답니다. 게다가 두 해외 기업이 갑자기 우리나라에서 휴대폰을 한 대도 팔지 않거나, 가격을 비싸게 올려 버리면 어떻게 될까요?

*도태(淘汰/陶汰) 여럿 중에서 불필요하거나 무능한 것을 줄여 없앰

■ 위 글에서 말하는 세계화와 정보화가 불러일으키는 문제점은 무엇인가요?

한 줄 정리

☑ **세계화**: 세계 여러 나라가 공통된 문화를 이해하고 받아들여 서로 닮아 가는 현상

☑ **정보화**: 가치 있는 정보를 중심으로 사회나 경제가 운영되고 발전되는 현상

13 뜨거워지고 있는 지구

사회 변화 － 기후 위기와 지속 가능한 발전

앞으로 전세계 '이상 기후' 자주 일어난다

'기후 변화에 관한 정부 간 협의체(IPCC)'가 지구 온난화에 대한 우려를 나타내며 앞으로 이상 기후가 더욱더 많아질 것이란 전망을 내놨다. IPCC는 이미 지구의 평균 기온은 1.09도 상승한 상태이며, 0.41도가 더 상승할 경우 "극한 현상의 발생이 증가할 것"이라고 이야기했다.

실제로 최근 전 세계 곳곳에서 발생한 산불로 그 피해가 막심*한 상황이다. 이상 기후로 인한 폭염과 건조한 날씨 탓에 산불이 자주 발생할뿐더러 한번 발생하면 쉽사리 잡히지 않아 큰 문제로 여겨지고 있다.

★ **막심(莫甚)** 더할 나위 없이 심함

지구 온난화를 막으려면 어떻게 해야 할까?

    과학 기술이 눈부시게 발전하면서 우리는 매우 편리한 생활을 누려 왔습니다. 특히 전기를 사용한 전자 제품은 우리 생활을 완전히 뒤바꾸었지요. TV와 컴퓨터, 냉장고 등 생활에 많은 부분을 차지하고 있는 제품들은 대부분 전기를 사용합니다. 그러나 이러한 편리함의 뒤편에는 에너지 사용으로 인한 심각한 환경 문제가 숨겨져 있답니다. 2022년 3월에 경북 울진과 강원도 동해안 일대에서 발생한 대형 산불 또한 가뭄과 건조한 기후로 인해 불이 잡히지 않아, 역대 최장 기간인 213시간 동안 지속되며 2만 523ha★의 숲이 불에 타고 말았습니다.

★ **헥타르(hectare)**
미터법에 의한 넓이의 단위
(1ha=10,000㎡)

★ **지표면(地表面)**
지구 또는 땅의 겉면

기후 위기! 지구가 위험하다!

신문이나 뉴스에서 '지구 온난화(地球溫暖化)'라는 단어를 들어본 적 있을 거예요. 지구 온난화란 지구의 평균 지표면★ 기온이 점점 상승하는 것을 말해요. 문제는 기온이 계속 올라갈수록 지구의 기후가 뒤죽박죽되고 만다는 거예요! '기후'란 쉽게 말해 한 지역의 일반적인 날씨를 의미합니다. 그런데 기온이 지속적으로 상승하면 더운 곳이 더욱 더워져 살기 힘들어지거나 추운 곳이 더워지는 등 변화가 생기게 돼요. 예를 들어 남극과 북극처럼 굉장히 추운 지역에서는 빙하가 녹아내리고, 이로 인해 바닷물이 불어나면서 낮은 지형들이 가라앉는 현상이 나타나고 있습니다. 또 사막처럼 건조한 지역에서는 가뭄이 크게 일며 그 주변이 전부 사막이 되는 '사막화'가 진행되고 있지요.

최근에는 지구 온난화의 심각성을 강조하기 위해 '기후 위기'라는 표현을 많이 씁니다. 기후 위기란 지구 온난화가 심각해지면서 전 세계적으로 기후 패턴이 급격하게 바뀌는 현상을 뜻해요. 그만큼 이제 이 문제는 우리에게 '위기'로 다가오고 있고 무시할 수 없는 중대한 문제가 되었지요.

그런데 어쩌다 지구 온난화가 발생하는 걸까요? 지구가 뜨거워지는 가장 큰 이유는 '온실 가스'라고 불리는 대기 물질 때문입니다. 온실 가스란 지구를 둘러싸서 지표면에서 뿜어져 나오는 열기가 대기권 밖으로 빠져나가지 못하게 막는 기체를 의미해요. 대표적인 온실 가스로는 '탄소'가 있는데, 석탄이나 석유 같은 화석 연료에서 많이 발생합니다. 우리는 산업 혁명★을 지나며 전기를 만들기 위해 화석 연료를 많이 사용해 탄소를 잔뜩 배출★하게 되었지요.

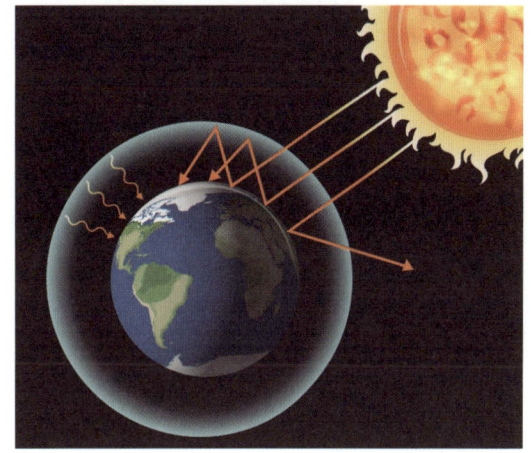

지구 온난화와 온실가스

따라서 기후 위기를 해결할 방법은 굉장히 명확합니다. 화석 연료의 사용을 줄이면 되는 거예요!

지구는 단 하나뿐이니까

기후 위기에 대비하는 가장 쉬운 방법은 앞서 말했듯이 화석 연료를 줄이는 일입니다. 이는 곧 지금보다 전기를 덜 쓰고 자동차를 덜 타고 다녀야 한다는 말이지요. 사실 이것은 나라의 경제와 산업에 큰 부담이 돼요. 전기를 덜 쓰는 만큼 공장은 기계를 멈춰야 되고, 자동차를 덜 타고 다닌다는 것은 상품을 실은 트럭이 멈추는 것을 의미하니까요. 하지만 지구는 우리 모두가 함께 살아가는 공간이고, 대체할 수 있는 또 다른 지구가 있는 것도 아니지요. 그러니 기후 위기는 전 세계인이 모두 노력해야 하는 문제예요.

따라서 전 세계의 과학과 기술 전문가들은 '지속 가능한 발전'을 중요한 해결책으로 제시하고 있어요. 지속 가능한 발전은 '녹색 성장'이라고도 부르는데요. 이 개념은 미래 세대가 사용할 지구를 손상시키지 않는 범위에서 지금 세대가 필요한 자원을 충족하는 발전을 의미합니다.

지속 가능한 발전을 위한 대표적인 노력으로는 화석 연료를 대신할 '대체 에너지', '신·재생 에너지'를 개발하고 사용하는 것이 있습니다. 태양광 에너지, 수소 에너지, 풍력 에너지처럼 햇빛, 물, 지열★, 바람 등 재생 가능한 에너지를 전기로 변환시키는 에너지가 바로 여기에 속해요. 물론 아직 지리적

★ 산업 혁명
(産業革命)
18세기 후반부터 100년 동안 유럽에서 일어난 생산 기술과 그에 따른 사회의 큰 변화

★ 배출(排出)
안에서 밖으로 밀어 내보냄

★ 지열(地熱)
지표면 또는 지구 내부에 존재하는 열

조건의 영향을 크게 받고, 대체 에너지 발전소를 만드는 비용에 비해 에너지 생산량이 적다는 단점은 존재합니다. 그러나 계속된 개발과 보급으로 세계적으로 점차 그 비중이 증가하는 추세예요. 그 외에도 우리 개인이 할 수 있는 노력으로는 대중교통을 이용하는 것과 일회용품 사용을 줄이는 것 등이 있답니다.

기후 위기와 같은 환경 문제는 어른들 세대에서 끝나지 않고 여러분이 어른이 되었을 때에도 큰 위협으로 존재할 거예요. 우리가 지구를 더럽히면 미래에 태어나는 사람들은 더러워진 혹은 엉망이 된 지구를 물려받게 되겠지요. 따라서 미래 세대가 깨끗한 환경을 누릴 수 있도록 '개발'할 때에도 환경을 생각하여 지속 가능한 상태를 유지할 필요가 있어요!

더 알고 싶어요!

전 세계가 함께 노력하기 위한 '기후 협약'

환경을 보호하려고 몇몇 나라들이 열심히 노력해도 나머지 나라들이 환경 오염을 일으키면 상황이 많이 나아지지 않겠지요? 특히 경제적으로 어려운 개발도상국의 경우, 화석 연료를 줄이는 것을 꺼려하는 편입니다. 환경을 지키는 것보다 공장을 계속 가동시켜 경제 발전을 이루는 것이 더 급한 문제라고 생각하기 때문이에요. 따라서 환경 문제에 있어서는 선진국과 개발도상국 모두가 힘을 합쳐 이야기해야 합니다.

그러한 노력의 결과로 1997년에 세계인들이 함께 약속한 '교토의정서'에서는 선진국의 온실 가스 감축* 목표치를 규정하였고, 2015년에 체결된 '파리 기후 변화 협약'에서는 195개국이 참여하여 온실가스 감축에 합의하였습니다.

★ 감축(減縮)
덜어서 줄임

생각 플러스

최근 'ESG 경영'이라는 개념이 사회에서 많이 언급되고 있습니다. 'Environment(환경)', 'Social(사회적 책임)', 'Governance(지배 구조)'의 앞 글자를 딴 단어인데요. 기업을 운영할 때, 친환경을 중요한 가치로 여기며 사회 문제를 외면하지 않고 투명하게 경영하겠다는 기업 철학을 가리켜요. 이로써 '우리 회사도 지속 가능한 발전에 함께 할게요!'라는 의지를 보이는 것이지요. 이렇게 환경 오염과 지구 온난화를 예방하기 위해서는 국가뿐만 아니라 기업들의 노력도 중요해지고 있습니다.

더불어 우리들도 환경 오염을 막기 위해 최선을 다해야 합니다. 사람과 동물, 환경에 해를 끼치는 상품을 사지 않거나 분리배출, 생활 쓰레기 줄이기, 채식 등 환경 오염을 막기 위해 실천할 수 있는 많은 활동들이 있습니다.

■ 기후 위기를 극복하기 위해 자신이 실천할 수 있는 방법을 생각해 볼까요? 아래에 여러분만의 다짐을 적어 보세요.

한 줄 정리

- ☑ **지구 온난화**: 장기간에 걸쳐 지구 평균 지표면 기온이 상승하는 현상
- ☑ **온실 가스**: 지구를 둘러싸고 있는 기체로, 지표면에서 우주로 발산하는 적외선 복사열을 흡수 또는 반사할 수 있는 기체
- ☑ **지속 가능한 발전**: 미래 세대가 그들의 필요를 충족시킬 수 있는 가능성을 손상시키지 않는 범위에서 현재 세대의 필요를 충족시키는 개발

14 세계인은 하나야, 둘이 될 수 없어

사회 변화

— 민족주의와 세계 시민주의

2024 파리올림픽의 '파격'… 개막식 센강에서 열린다

현지 시간으로 2024년 7월 26일에 열릴 하계 올림픽의 개막식은 센강에서 개최된다. 이 파격*적인 개막식은 프랑스 국립도서관 인근에 위치한 오스테를리츠 다리에서 시작해 노트르담 대성당, 에펠탑 등을 지나서 트로카데로 정원에서 끝난다. 이곳은 에펠탑이 한눈에 보이는 곳이다. 참가 선수들은 약 170여 척의 배를 나눠 타고 약 6㎞를 이동해 개막식에 참가할 예정이다. 현지 언론은 보다 많은 사람들이 개막식을 즐길 수 있을 것이라며 이전 개막식보다 10배가량 많은 약 60만 명의 인원이 관람할 것이라고 예상했다.

★ **파격(破格)** 일정한 격식을 깨뜨림

올림픽은 국가 간의 경쟁 무대야. 현실에서도 온갖 것을 둘러싸고 경쟁이 벌어지고 있다고.

올림픽은 세계인이 하나가 되어 즐기는 축제야. 우리는 인류 공동체의 일원이니, 서로 이해하고 협력해야지!

4년마다 200여 개 국가가 참여하는 세계적인 스포츠 대회인 올림픽은 지구촌에서 열리는 모든 축제들 가운데 가장 규모가 큰 행사지요! 우리나라 국가대표 선수들도 그간 준비한 실력을 이곳에서 발휘하는데요. 시상식에서 태극기가 높이 걸리고, 애국가가 흘러나온다면 더할 나위 없이 큰 감동을 느낍니다. 하지만 우리나라 사람이 아니더라도, 선수들이 경기에 집중하는 모습을 보면 두 손 모아 응원하게 돼요. 인간의 한계를 극복하기 위해 온 힘을 쏟는 그들의 모습에 감동을 받기 때문이겠지요? 여러분은 이런 올림픽을 보며 '국가대표들 진짜 멋있다. 우리나라 최고!'라는 생각이 드나요? 아님 '인간은 대단해. 세계인은 하나구나!'라는 생각이 드나요? 민족과 세계를 바라보는 두 가지 시각을 한번 알아볼게요!

애국심을 높이는 민족주의

우리는 자신을 설명할 때 "저는 배려심이 큰 사람입니다"라고 말하기도 하지만, "저는 OO학교에 다니고 있어요"라고 말하기도 합니다. 자신이 속한 집단으로 스스로를 소개하는 거지요. 이렇듯 우리가 어느 공동체에 속해 있는지는 자신이 누구인가를 나타내는 데 중요해요. 인간은 사회적 동물이라는 표현이 있듯이, 우리는 항상 어떠한 공동체의 일원으로 살아가니까요.

우리가 속한 공동체의 범위를 서서히 넓혀 가면 위 그림처럼 된답니다. 이 범위들 가운데서도 우리는 어느 '국가'의 일원이라는 것에 강한 소속감을 가지고 있어요. 그런데 사실 오늘날과 같은 성격의 국가는 수만 년 동안 인류 역사에서 대략 200년밖에 되지 않은 공동체입니다. 그전에 존재했던 왕조 체제도 '국가'라고 부르기는 하지만, 오늘날의 국가와는 아예 다른 성격의 공동체예요.

왕조 체제에서 사람은 신처럼 여겨지던 높은 지위의 왕족과 그들에게 봉사하는 백성으로 구분되었습니다. 하지만 모두가 평등한 오늘날의 국민들은 역사와 문화, 환경처럼 여러 가지 공통점을 가진 '민족'이라는 믿음 아래 결속되어 있어요.

이렇게 민족으로 묶여 국가를 형성하고 유지하려는 정신을 '민족주의'라고 합니다.

민족주의는 국민들의 마음을 하나로 만드는 효과가 있어요. 만약 대한민국을 향한 애정이 없는 사람들이 수천수만 명이라면, 우리는 해외에 나가서 스스로를 굳이 한국인이라고 여기지 않겠지요?

이렇게 민족주의는 애국심을 고취★시키는 장점이 있어요. 그래서 우리나라를 포함해 과거에 식민★ 지배를 받았던 국가들에게 민족주의는 독립 운동의 중심 역할을 했습니다. 민족주의의 중심에 있는 대표적 인물로는 김구 선생이 있어요. 특히 우리나라는 오랫동안 다른 지역 사람, 다른 언어, 다른 외모를 가진 사람들과의 교류가 적은 편이었기 때문에 오늘날에도 이러한 인식이 비교적 강합니다.

★ 고취(鼓吹)
생각이나 사상 등을 강하게 주장하여 불어넣음

★ 식민(植民)
강대국이 어느 나라를 침략하여 본국과는 다르게 차별적인 지배를 함

인류 공동체의 시민이 되는 세계 시민주의

한 집단 안에서 민족주의는 결속력을 키워 준다는 강점이 있어요. 그러나 이 마음이 지나치면 낯선 언어와 생활 방식을 지닌 사람에게 거부감을 느낀다는 커다란 단점도 있습니다. 같은 민족이 아닌 집단에게 마음의 벽을 세우고 마는 것이지요.

1차 세계 대전으로 폐허가 된 프랑스 릴

폴란드의 아우슈비츠 수용소

제1차, 2차 세계 대전을 알고 있나요? 100년 전, 그리고 70년 전에 일어났던 세계 규모의 전쟁이지요. 특히 2차 세계 대전은 지금까지 인류 역사상 가장 큰 인명★ 피해를 일으킨 전쟁으로 꼽혀요. 수천만 명의 목숨을 앗아 간 이 세계 대전의 바탕에는 다른 민족에 대한 차별과 혐오가 깔려 있었습니다. 제1차 세계 대전은 다른 민족과 다른 나라의 영토를 침공하여 자국의 힘을 키우려는 '제국주의' 사상으로 말미암은 전쟁이거든요. 제2차 세계 대전은 앞선 1차 세계 대전으로 국력이 약해진 독일이 스스로를 우월한 존재라고 주장하며 이웃나라들을 짓밟으며 시작된 전쟁입니다.

★ 인명(人命)
사람의 목숨

그러나 아무리 정반대로 사는 사람들이 있다 하더라도, 그들이 사는 일상을 들여다보면 우리와 마찬가지로 비슷한 면이 많은 사람들입니다. 누구나 가까운 사람들과 맛있는 식사를 원하고, 기쁜 일이 있으면 축하해 주며 아픔은 나누지요. 나와 다르게 생기고, 다른 언어로 말하며 다른 삶을 살아도 '우리는 같은 사람!'이라고 이해하는 것이 바로 '세계 시민주의'입니다. 개인이 속한 민족·국가 등을 뛰어넘어 세계를 하나로 바라보는 커다란 관점이지요.

전 지구적 문제를 함께 해결할 우리는 세계 시민!

앞서 배운 세계화는 교통과 통신의 발전으로 전 세계가 하나가 되는 현상을 말했지요. 이런 세계화가 활발해지면서 각종 '사회 문제'들이 어느 특정 국가의 문제가 아니라 '지구의 문제'로 확대되곤 합니다. 세계인의 이동과 접촉이 활발하다 보니, 코로나19 같은 전염병이 단 며칠 사이에 전 세계로 전파된 것처럼 말이에요. 미세먼지나 기후 위기 같은 환경 문제 또한 전 지구인의 문제예요. 이 외에도 자원 확보나 무역 경쟁 등 국가끼리의 경제 활동이 활발할수록 강대국은 점점 더 부유해지고 약소국은 점점 더 가난해지는 불평등의 문제도 있습니다.

몇몇 사람들만의 노력으로는 해결할 수 없는 **전 지구적 문제에 대해 세계 시민주의로 다가가야 하는 이유가 여기 있습니다. 하나의 인류 공동체라는 자세로** 환경 문제를 마주하면, 모두가 친환경적인 제품을 생산하거나 소비하려고 노력하게 될 테지요. 전쟁 위기에 놓인 분쟁 지역에 평화의 메시지를 보낼 수 있고, 빈곤과 기아에 시달리는 사람들에게 도움을 주는 방법을 다 함께 찾을 수 있을 거예요!

우리나라 사람들은 해외 이주를 가장 많이 떠난 민족 가운데 하나입니다. 일본의 식민 지배와 한국 전쟁을 겪으며, 삶의 터전을 해외로 옮겨 살아가는 '재외 동포'들이 현재 800만 명이 넘습니다. 이렇게 자국을 떠나 지내는 사람들 가운데 무척이나 열악한 위치에 놓인 사람들이 있어요. 바로 '난민'입니다.

난민은 생활이 곤궁해서, 전쟁이나 천재지변★으로 인해 원래 살던 곳을 떠나게 된 사람들을 말해요. 한번 상상해 보세요. 정처 없이 떠돌던 난민들이 만약 우리 동네에 정착한다면 어떨까요? 그들이 생전 처음 듣는 언어와 문화를 가진 사람들이라면? 실제로 몇 년 전에 예멘 난민이 제주도에 도착했을 때, 찬성과 반대 주장이 치열하게 갈렸었습니다.

★ 천재지변(天災地變): 지진, 홍수 태풍 등 자연 현상으로 인한 재앙

■ 여러분은 난민에 대해 어떻게 생각하나요? 앞에서 배운 두 관점으로 생각해 보세요!

난민들이 내가 사는 마을에 정착한다면?	
반대 (민족주의)	
찬성 (세계 시민주의)	

한 줄 정리 ■

- ☑ **민족주의**: 민족에 기반을 둔 국가의 형성을 목표로 삼고, 이것을 유지·확대하려고 하는 민족정신
- ☑ **세계 시민주의**: 세계의 전 인류를 하나의 동포로 생각하고, 전 세계를 고향으로 보는 사상

15 내 스마트폰이 두 얼굴을 가졌다고?

대중문화 — 대중문화와 미디어

우리나라의 드라마와 아이돌 그룹이 해외에서 큰 인기를 누리고 있습니다. 하지만 청소년들이 드라마 속 폭력적인 장면을 따라하거나, 연예인들과 자신의 외모를 비교하는 문제도 이어지고 있습니다.

드라마 주인공이 오토바이로 폭주하는 장면, 너무 멋있더라! 꼭 해 보고 싶어!

현실에서는 위험한 행동일 뿐이야. 드라마는 드라마라고!

여러분은 좋아하는 가수가 있나요? 요즘 인기 있는 드라마는 무엇인가요? 우리가 누리는 문화 가운데 가요나 드라마처럼 누구나 쉽게 즐길 수 있는 것들을 '대중문화'라고 부릅니다. 문화라는 말은 의식주와 같이 사람들이 생활하는 방식을 뜻하기도 하지만, 교양 있는 사람들이 즐기는 고급스러운 것을 지칭할 때도 쓰이곤 해요. 클래식 음악 연주회나 오페라는 과거에 부유한 사람들만 즐기는 고급 문화였지만, 지금은 TV나 인터넷을 통해 누구나 쉽게 접할 수 있게 되어 대중문화의 일부가 되었지요. 그렇게 된 배경에는 '미디어(대중 매체)'의 도움이 있었어요!

누구나 쉽게 즐기는 대중문화, 전달하는 미디어

콘서트, 영화 제작 이미지 아래에 '인기 가수의 콘서트나 영화도 대중문화에 속한답니다.'

대중문화는 우리 사회에서 어떤 역할을 할까요? 우선 우리는 대중문화를 통해 즐거움을 느낍니다. 좋아하는 아이돌 그룹의 콘서트에 가서 공연을 관람할 기회가 주어졌다고 생각해 보세요! 상상만으로도 짜릿하지 않나요? 직장 생활에 지친 사람들은 퇴근한 후 영화나 드라마를 보며 휴식을 취하기도 하지요.

그리고 대중문화를 통해 사회의 단면★을 엿보기도 합니다. 인터넷과 SNS, 신문 광고의 사진과 글들을 보며 요즘 사람들은 어떤 생각을 하는지, 좋아하거나 싫어하는 것이 무엇인지 손쉽게 알 수 있지요. 이렇게 대중문화는 우리 삶에 정신적인 풍요로움을 가져다줍니다. 그렇다면 대중문화를 사람들에게 널리 퍼뜨려 준 '미디어'라는 것은 도대체 무엇일까요?

★ 단면
물체를 잘라낸 면. 또는 어떤 사건의 여러 특징 가운데 한 부분

미디어(media)라는 말에는 '중간에서 잇다'라는 뜻이 담겨 있습니다. 다시 말해, 정보를 주는 사람과 받는 사람 사이에서 다리 역할을 한다는 것이지요. 우리가 일상생활에서 흔히 접하는 인터넷이나 TV, 라디오, 신문 등도 미디어에 속합니다. 여기서 빼먹어서는 안 될 게 있지요. 여러분이 매일 접속하는 SNS 역시 인터넷을 기반으로 하는 오늘날 가장 대표적인 미디어입니다. 시간이 흐를수록 기술은 발전하니, 이러한 미디어의 성능은 나날이 좋아지고 종류도 다양해지고 있어요. 사람들은 더 많은 정보를 빠르게 얻을 수 있게 되었습니다. 그 결과, 먼 옛날에는 소수의 사람들만 누리던 문화를 지금은 아주 많은 사람들이 공유할 수 있게 되었지요. 그런데 미디어와 대중문화에 장점만 있는 것은 아니에요.

대중문화를 대하는 올바른 자세

드라마를 보다가 갑자기 엉뚱한 장면이 나와 이상하다고 느낀 경험이 있지 않나요? 흥미진진한 이야기를 한참 집중해서 보고 있는데, 갑자기 등장인물들이 특정 상표가 붙은 과자를 먹으며 '아, 이 과자 진짜 맛있다'라고 말하는 장면 같은 거 말이에요. 눈치가 빠른 친구라면 이 장면이 광고라는 사실을 알아차렸을 거예요. 이렇게 대중문화 속에 광고를 심으면 어떤 효과가 나타날까요? 그 장면을 본 시청자들은 무의식적으로 '주인공이 그 과자를 엄청 맛있게 먹던데…'라고 생각하며 이후에 그 제품을 사고 싶은 욕구를 느끼게 됩니다.

이렇게 대중문화는 종종 우리에게 어떠한 인상을 심어 주곤 합니다. 흥행★한 영화나 드라마에서 배우가 보여 주는 재밌는 대사나 멋있는 행동은 사람

★ 흥행(興行)
공연이나 상영 등이 상업적으로 큰 수익을 거둠

들 사이에 유행하기도 하지요. 특히 대중문화의 영향력은 인기와 비례해서, 인기 있는 작품일수록 많은 사람이 영향을 받아요. 그런데 혹시 앞에 나온 기사 내용과 친구들의 대화를 기억하나요?

대중문화가 멋지게 표현한 행동이 실은 폭력적이거나 비윤리적인 행동일 수 있습니다. 우스갯소리로 주고받는 농담이 누군가를 비방★하는 표현일 수도 있고요. 문제는 이것을 아무도 지적하지 않은 채 하나둘씩 쌓이면, 고정 관념★으로서 사람들의 머릿속에 굳어져 버릴 가능성이 높아요.

★ 비방(誹謗)
남을 비웃고 헐뜯어서 말함

★ 고정관념
당연한 것처럼 여겨져 잘 변하지 않는 생각

그것을 막기 위해 대중문화를 예리한 눈초리로 바라보는 사람들이 있어요. '방송 통신 심의 위원회'나 '방송 통신 위원회'는 방송국에서 내보내는 모든 프로그램들에 유해한 내용이 없는지를 다루고요. '영상물 등급 위원회'는 영화나 비디오 및 공연의 등급을 정합니다. '전체 관람가', '15세 이상 관람가'라는 화면을 본 적 있나요? 이것은 이 작품을 관람하기에 적절한 나이를 나타내는 등급인데요. 이때 나이를 결정하는 곳이 바로 영상물 등급 위원회예요!

또한 우리 스스로도 미디어에서 전달받은 내용이 사실인지를 곰곰이 따져봐야 합니다. 매일매일 쏟아지는 정보의 바다에서 즐거움만을 쫓다 보면 알고 보니 내가 얻은 정보가 사실이 아닌 경우가 많을 거예요. 이러한 거짓 정보를 흔히 '가짜 뉴스'라고 부릅니다.

가짜 뉴스로 부당한 이득을 보거나 차별을 부추기는 사람을 가려내려면 어떻게 해야 할까요? 정보를 비판적으로 바라볼 필요가 있어요. 지금 이 책을 읽는 것도 미디어를 잘 활용하는 자세 가운데 하나예요. 이 책으로 여러분은 정보를 이해하고 제대로 받아들이는 능력을 가리키는 '문해력'을 기르는 중이니까요!

생각 플러스

> "대중들의 심리를 가지고 노는 이른바 '이슈 크리에이터'가 사회 문제로 떠오르고 있다. 이슈 크리에이터란 온라인에 특정 인물에 대한 정보를 짜깁기한 영상을 올려 조회수를 빨아들이는 이들을 가리킨다. 그들이 올리는 영상은 대부분 사실을 교묘히 조작한 것이며, 그 내용도 자극적인 경우가 많다. 하지만 시청자들은 진위★ 여부를 확인하지 않은 채, 그것을 진실로 받아들이고 주변에 퍼뜨리면서 상황이 심각해지고 있다.
>
> 실제로 2021년 2월에는 이들의 허위 사실★ 유포로 인해 수많은 악성 댓글에 시달리던 유명인 A씨가 극단적 선택을 하는 사건까지 발생했다. 이슈 크리에이터의 심리에 대해 어느 전문가는 '돈을 버는 것도 영상을 올리는 이유겠지만, 그 영상을 보고 금세 분노하며 맞장구 쳐주는 댓글에서 얻는 쾌감이 가장 큰 이유일 것'이라고 말했다."

출처는 스타투데이 2022.3.13.

★ 진위(眞僞) 참과 거짓 또는 진짜와 가짜를 통틀어 이르는 말
★ 허위 사실(虛僞事實) 고의로 퍼트린 잘못된 정보 또는 부정확한 정보

■ '이슈 크리에이터'는 어떠한 문제를 일으키나요?

■ 이러한 문제를 해결하기 위해 우리는 미디어를 어떻게 다루어야 할까요?

한 줄 정리

☑ **미디어(대중 매체):** 여러 사람들에게 많은 정보를 동시에 전달하는 수단
☑ **대중문화:** 음악, 드라마, 영화처럼 누구나 쉽게 즐기고 누릴 수 있는 문화

16 숙제할 때 남의 글을 베끼면 안 돼

대중문화 — 저작권과 표절

정치계에 잇따른 '논문 표절' 논란

정치계에 잊을 만하면 등장하는 단어가 있다. 바로 '논문*표절'이다. 최근 국회 의원, 장관 후보자의 자녀나 배우자 등 정치인 본인 또는 그의 가족들이 잇따라 표절 의혹*에 휩싸이고 있다.

국민의 대표로서 청렴*해야 할 정치인들의 부도덕한 모습에 국민들은 "표절은 범죄"라며 실망을 보였다. 사실 논문 표절은 오로지 정치계만의 문제는 아니다. 이토록 유명 인사들의 표절 논란이 우후죽순* 생겨나는 까닭은 저작권 의식이 부족한 사회 분위기에 있다.

★ 논문(論文) 어떤 문제에 대한 학술적인 연구 결과를 체계적으로 적은 글
★ 의혹(疑惑) 의심하여 수상히 여김
★ 청렴(淸廉) 성품과 행실이 높고 맑으며, 탐욕이 없음
★ 우후죽순(雨後竹筍) 비가 온 뒤에 여기저기 솟는 죽순이라는 뜻으로, 어떤 일이 한때에 많이 생겨남을 비유적으로 이르는 말

뭐 하러 숙제를 그렇게 열심히 하니? 인터넷에서 베껴 쓰면 되는걸.

'네가 인터넷에서 베낀 글들, 정당한 대가를 지불하고 쓰는 거 맞니?'

숙제를 할 때 백과사전이나 인터넷 사이트에 쓰여 있는 문장들을 그대로 베끼고 싶다는 생각을 한 적 있나요? 만약 그렇게 해서 숙제를 제출한다면 좋은 점수를 받지 못할 거예요. 자신의 생각이 담긴 결과물이 아니라 다른 사람의 노력을 그대로 따라 쓴 것이기 때문이지요. 그런데 그거 아시나요? 다른 사람이 만든 글이나 그림, 음악 등을 함부로 쓰면 처벌을 받을 수도 있어요!

창작자를 보호하는 저작권

여러 예술 분야에서 작가들은 소설, 그림, 영화, 예술품 등을 창작하며 우리 삶을 풍요롭게 만들어 주지요. 그런데 만약 내가 시간과 정성을 들여 만든 작품을 누군가 마음대로 가져가 자신이 만든 것이라고 우긴다면 억울하겠지요? 특히 창작을 통해 생계★를 이어 나가는 사람들이라면 상황은 더 심각해집니다. 예를 들어 직접 만든 노래가 크게 유명해져도 돈 몇 푼 받지 못한다면 작곡가라는 직업을 계속하기가 막막하겠지요.

이런 일들을 막기 위해 창작자에게는 법적인 권리가 주어집니다. 저작권이란 예술이나 학문에 관한 작품 등을 뜻하는 '저작(著作)'에 대해 갖는 법적 권리예요. 창작자가 가지는 권리로는 자기 작품을 어딘가에 공개할지 말지를 결정할 권리, 작품에 자신의 이름을 표기할 권리, 내용이나 형식을 마음대로

★ **생계(生計)**
살림을 살아 나갈 방도 또는 현재 살아가고 있는 형편

우리가 만든 작품은 우리의 재산이에요!

  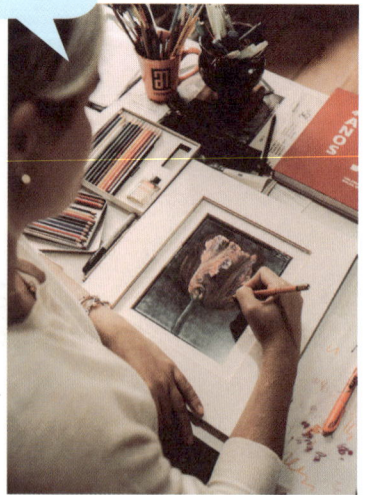

바꾸게 하지 못할 권리가 있어요. 작품을 사고파는 등 재산처럼 사용할 권리도 오로지 저작자에게 있습니다.

그래서 우리가 인터넷이나 SNS 등을 이용할 때에도 우리가 올리는 게시물이 다른 사람의 저작권을 침해하지는 않는지 잘 살펴봐야 해요. 위에 이미지처럼 저작권이 있는 창작물임을 나타내는 기호들이 있다면 함부로 사용해서는 안 된답니다. 제대로 확인을 하지 않으면 나도 모르는 사이에 음악이나 영화를 무단으로 공유하거나, 문학 작품을 복사해서 법적인 문제를 일으킬 수도 있으니까요!

다른 사람의 권리를 존중한다면 멈춰, 표절!

다른 사람의 창작물을 허락 없이 가져다 사용해 내 것인 양 행동할 경우 '표절'이 됩니다. 표절은 도덕적으로 바람직하지 않은 행동으로 여겨질 뿐 아니라, 법적으로도 문제가 될 수 있어요. 우리는 종종 어떤 가수의 인기곡이 알고 보니 누군가 예전에 발표했던 노래를 표절한 것이었다는 뉴스를 접하곤 하지요. 이런 경우, 노래를 만든 창작자의 저작권을 존중하지 않은 행동이라는 비난을 피하기 힘듭니다. 게다가 자신의 능력으로 만든 결과물이 아니었다는 것이 밝혀지면 창작자로서의 명예가 땅에 떨어질 수도 있는 노릇이지요. 다른 이에게 해를 끼치고 나에게도 이롭지 않은 표절, 어떻게 해야 막을 수 있을까요?

다른 사람들이 만든 작품을 그대로 가져와 내 숙제에 쓰더라도 표절이 되지 않을 수도 있습니다. 정식으로 창작자에게 대가를 지불하거나, 무료로 이용하더라도 창작자의 허락을 구한 경우는 그렇습니다. 또한 '인용'을 했음을

표시하는 것도 방법이 돼요. '끌어다 쓰다'라는 뜻의 인용(引用)은 주로 글로 이루어진 창작물에서 이루어지는데, 글의 일부분을 그대로 사용하면서 원래 출처★가 어디인지 정확히 밝히는 경우를 가리켜요. 이것은 마치 빌려 쓰는 행위로 여겨져 문제가 되지 않습니다. 표절을 하지 않으려면 당연히 위와 같은 절차를 따라야겠지요.

마지막으로 스스로 표절에 해당하는 행동을 하고 있는지도 꾸준히 점검해 보아야 합니다. 어딘가에서 본 다른 사람의 말이나 글을 빌려 와 인용할 때에 출처 밝히는 것을 깜빡하고 잊지는 않았는지, 무료로 쓸 수 있는 그림이 아닌데 몰래 복사해서 쓰고 있지는 않은지 등을 꼼꼼히 살펴봐야겠지요?

★ 출처(出處)
사물이나 말 따위가 생기거나 나온 근거

더 알고 싶어요!

어느 정도부터가 표절인 걸까?

그럼 인용처럼 그대로 문장을 사용하지 않고, 조금씩만 바꿔서 내가 쓴 것이라고 하면 어떨까요? 이런 꼼수를 가려내는 방법이 다 있답니다! 특히 논문은 미리 표절의 정도를 확인할 수 있는 인터넷 사이트들이 여럿 있어요. 그곳에서 학계★에 보고된 논문들의 모든 문장과 내가 쓴 글을 비교해 볼 수 있는데, 그럼 똑같거나 비슷한 문장들이 저절로 추려지지요.

참고로 몇 퍼센트가 동일한지에 따라 표절인지 아닌지는 그 논문을 받아 주는 기관에 따라 달라져요. 하지만 맨 처음 등장한 뉴스 속 표절 의혹을 받는 사람들은 자그마치 50%, 70%가 넘는 표절률을 보여 논란이 되었지요!

★ 학계(學界)
학문 연구에 힘쓰는 학자들의 활동 분야

생각 플러스

■ 인터넷에서 다른 사람의 저작물을 표절한 사례를 찾아 써 보고, 앞에서 배운 내용을 참고하여 표절을 하지 않기 위해 지켜야 할 것들이 무엇인지 생각해 봐요.

■ 다음 글을 읽고 질문에 답해 볼까요?

> '철수는 도서관을 뒤적거리다가 국어 시간 글쓰기 숙제에 그대로 옮겨 쓰면 딱 좋을만한 내용이 담긴 책을 한 권 발견했다. 책을 빌린 철수는 집에 돌아와 글쓰기 숙제를 하면서 그 책에 나온 표현들을 마치 복사해 붙여 넣듯 그대로 베껴 적었다. 철수는 그 내용들이 어떤 책에서 나온 표현인지도, 원작자가 누구인지도 밝히지 않았다.'

1) 철수의 행동에는 어떤 문제가 있을까요?

2) 만약 철수가 책 속 문장들을 자신의 국어 숙제에 사용하려면 어떻게 해야 할까요?

한 줄 정리

☑ **저작권**: 창작자가 자신의 생각이나 감정을 표현한 창작물인 저작물에 대해 가지는 권리
☑ **표절**: 다른 사람이 만든 저작물의 일부 또는 전부를 몰래 가져와 쓰는 행위

PART 03

경제

01 경제는 서로 연결되어 있어!

경제 활동 — 가계와 기업

코로나 19, 길어진 '집콕'에 달라진 소비

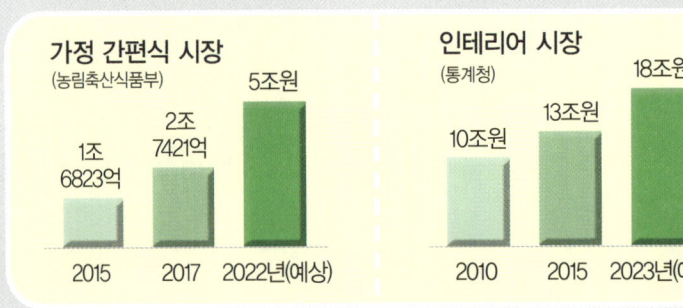

가정 간편식 시장 (농림축산식품부): 1조 6823억 (2015), 2조 7421억 (2017), 5조원 (2022년(예상))

인테리어 시장 (통계청): 10조원 (2010), 13조원 (2015), 18조원 (2023년(예상))

코로나19로 인한 '집콕' 현상이 소비 생활에 변화를 불러오고 있다. 집콕이란 집에 콕 박혀 있다의 준말로, 집에서 보내는 시간이 늘어나면서 시민들이 주로 돈을 사용하는 곳이 달라진 것이다. 우선 노트북이나 태블릿, 대형 화면을 가진 TV, 그리고 운동 기구에 대한 소비가 늘고 있다. 또한 가정에서 조리하기 편하게 포장된 음식인 '가정 간편식' 시장도 증가하였다. 마지막으로 집 꾸미기도 주목받고 있는데, 재택 근무★가 길어지면서 집을 사무실로 꾸미거나 보기 좋게 꾸미려는 수요★가 늘고 있는 것이다.

★재택 근무(在宅勤務) 집에 통신 기기를 설치해 놓고 집에서 회사 업무를 보는 일
★수요(需要) 어떤 물건이나 서비스를 사려고 하는 욕구

집에 있는 시간이 길어지니까, 내 방을 깨끗하고 예쁘게 꾸미고 싶은 마음이 커졌어.

실제로 인테리어 용품 판매량이 늘어났다고 해.

여러분의 가족이 일주일 동안 구입한 것들을 한번 떠올려 볼까요? 물건일 수도 있고, 배달 같은 서비스일 수도 있겠지요. 다양한 소비를 통해 여러분은 필요와 욕구를 충족했을 거예요. 그런데 이러한 소비는 국가 경제에 영향을 미친답니다!

사람들이 소비를 늘리면 기업의 생산 활동이 늘어나고, 소비를 줄이면 생산 활동이 줄어들겠지요? 그런데 기업이 생산을 줄이면 일자리가 줄고, 노동으로 돈을 버는 사람들의 소득이 줄어듭니다. 이렇게 여러분의 소비는 기업이 생산하는 상품들의 종류와 양, 품질에 영향을 준답니다. 그럼 여러분이 '가계'와 기업이 경제에서 어떤 역할을 하는지 차근차근 살펴볼까요?

물건을 소비하는 가계

경제 활동을 하는 대표적인 주인공으로는 가계와 기업이 있어요. '가계(家計)'라는 말이 생소하지요? 국어사전에서는 '한 집안 살림의 수입과 지출 상태'라고 나와 있어요. 한 집안이라고 하면 함께 사는 '가족'으로 생각하겠지만, 경제 분야에서 쓰일 때는 조금 다릅니다.

우리는 혈연이나 혼인, 입양 등으로 가족이라는 집단을 이루고 살아요. 그런데 가계는 구성원들이 가족 관계에 있지 않더라도, 한집에 살면서 살림을 공유한다면 '하나의 가정'이라고 여깁니다. 이러한 가계는 소득을 바탕으로 재화★와 서비스를 소비하는 경제 주체이며, 국가 경제를 구성하는 가장 기본적인 단위예요.

★ 재화(財貨)
사람이 바라는 바를 충족시켜 주는 모든 물건

물건을 생산하는 기업

기업은 쉽게 말하면 돈을 벌기 위해 재화나 서비스를 생산하는 주체예요. 그걸 어려운 말로 하면 '이윤★을 추구한다'라고 합니다. 예를 들어 신발을 생산하는 기업의 의사 결정을 살펴볼까요? 신발을 많이 판매하면 수입이 늘겠지요. 판매 수입을 더욱 늘리기 위해 기업은 소비자의 욕구나 필요에 귀를 기울여요. 운동화를 생산하는 기업의 경우, 독특한 개성을 드러내고 싶어 하는 소비자를 위해 한정판 신발을 생산하기도 하지요. 또한 생산 비용을 줄이기 위해 기술을 발전시키고 원자재★ 비용을 낮추려고 노력을 한답니다.

★ 이윤(利潤)
장사 따위를 하여 남은 돈

★ 원자재(原資材)
어떤 물건을 만드는 데 들어가는 재료

때로는 위험 부담을 감수하며 새로운 도전을 시도하기도 하는데요. 새로운 상품을 개발하거나 새로운 시장을 개척하는 거예요. 이러한 기업의 노력을 통해 소비자는 더 나은 품질의 상품을 구입할 수 있게 됩니다.

기업과 가계는 서로 주고받는 관계

기업과 가계는 어떤 관계일까요? 일방적으로 가계가 기업에게 돈을 주고 물건을 사오는 거라고 생각하나요? 사실 가계와 기업은 서로 필요한 것을 주고받는 사이예요!

신발 회사를 다시 생각해 볼게요. 신발을 생산하기 위해서는 신발을 생산할 공장과 기계 같은 자본이 필요하고, 이를 만드는 기술을 가진 노동력 그리고 공장을 지을 토지가 필요하겠지요? 따라서 기업이 어떠한 재화나 서비스를 생산하기 위해서는 토지나 노동, 자본과 같은 생산 요소가 필요해요. 이러한 생산 요소를 공급하는 것도 가계의 중요한 역할이에요. 신발 공장에서 일하는 사람들도 가계를 꾸리는 우리 시민들이니까요! 이렇게 가계는 육체적 또는 정신적 활동인 노동을 제공하기도 합니다.

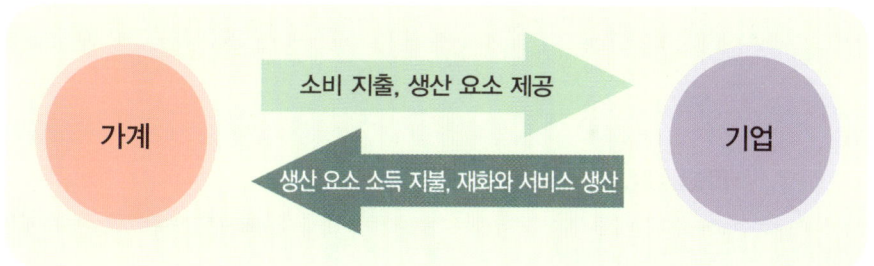

이처럼 가계는 재화와 서비스의 소비자이자 생산 요소의 공급자로, 기업은 재화와 서비스의 공급자이자 생산 요소의 수요자로 밀접한 관계를 맺으며 서로의 경제 활동에 영향을 주고받고 있어요.

소비자의 권리와 기업의 책임

신발을 구매했는데, 재봉 상태에 불량이 있으면 어떻게 해야 할까요? 우선 구매한 곳에 가서 교환이나 환불을 받을 수 있습니다. 이처럼 가계가 소비자로서 상품을 구입하고 사용할 때 누릴 수 있는 권리를 '소비자기본법'으로 보호하고 있어요. 물론 권리만 있는 법은 없지요! 소비자로서 물품을 올바르게 선택하고 소비자의 권리를 정당하게 행사할 책임과 자원을 절약하고 친환경적인 소비를 할 의무도 있어요.

기업 또한 규모가 점점 커지면서 그들이 지켜야 할 사회적 책임도 함께 커지고 있어요. 경제에 큰 영향을 끼치는 기업이라면 법과 윤리를 잘 지키며, 사회에 긍정적인 영향을 미치길 바라는 기대가 높아지기 때문이지요. 기업의 사회적 책임에는 성실하게 세금을 납부하는 등 투명한 운영, 소비자와 사회적 약자를 고려하는 올바른 윤리의식, 환경을 생각하는 생산 등이 있어요. 이 내용을 어디선가 배운 것 같지 않나요? 맞아요, 바로 지속 가능한 발전에서 배웠던 'ESG 경영'이에요!

생각 플러스

최근 기업의 ESG 활동이 소비자들의 제품 구매에도 영향을 주는 것으로 조사되었다. 대한 상공 회의소가 2021년 국민 300명을 대상으로 'ESG 경영과 기업의 역할에 대한 국민 인식'을 조사한 결과, 응답자의 63%가 기업의 ESG 활동이 제품 구매에 영향을 준다고 응답하였다. 또한 ESG에 부정적인 기업의 제품을 의도적으로 구매하지 않은 경험이 있는지를 묻는 질문에는 70.3%가 그렇다고 답했다.

ESG 경영에 대한 국민 인식 조사 결과

출처: 대한 상공 회의소

- 63.0% ☑ 제품 구매 시 기업의 ESG 활동을 고려한다.
- 70.3% ☑ ESG 활동이 부정적인 기업의 제품을 일부러 구매하지 않은 적이 있다.

■ 여러분이 기업가라면 ESG를 고려하여 기업의 경영 활동을 어떻게 할 것인가요?

■ 여러분이 소비자라면 생산 과정에서 무엇을 신경 쓰는 기업의 제품을 선택할 것인가요?

한 줄 정리

☑ **가계**: 소득을 바탕으로 재화와 서비스를 소비하고, 생산 활동에 필요한 생산 요소를 공급하는 경제 주체

☑ **기업**: 가계가 제공하는 생산 요소를 구입하여 재화나 서비스를 생산하는 경제 주체

02 가격은 누가 결정하는 걸까?

경제 활동  — 수요와 공급

딸기 가격 급등에 '금'딸기

봄의 대표적인 제철 과일인 딸기는 이제 겨울에도 쉽게 만나볼 수 있다. 그런데 올해 1월, 본격적으로 출하*되고 있는 딸기의 가격이 크게 올랐다. 평소보다 늦게 찾아온 장마와 오래 지속된 여름으로 수많은 딸기 모종이 말라 죽었기 때문이다. 다시 심은 것들은 성장이 더딘 상황이라 수확량이 쉽사리 늘지 않을 것으로 보인다.

모종이 성장하면 다소 물량*이 늘어나겠지만, 설 명절이 다가오고 있어 딸기를 사려는 사람들도 많을 것이기에 가격 하락을 기대하기는 어려운 상황이다.

★ **출하**(出荷) 생산자가 생산품을 시장으로 내보냄
★ **물량**(物量) 물건의 분량

딸기 가격에 영향을 미치는 요인에는 무엇이 있을까요?

가격을 안정시키기 위해 어떤 노력을 할 수 있을까요?

235

★ 변동(變動)
바뀌어 달라짐

새빨간 딸기를 보면 나도 모르게 입에 침이 고이지요? 위에서 읽은 기사는 이런 맛있는 딸기 가격이 많이 올랐다는 내용이었어요. 그 원인으로는 평소보다 비가 늦게 왔고, 오랫동안 더웠기 때문이라고 하네요. 이처럼 시장에서 물건의 가격은 하락하기도 하고 상승하기도 하는 가격 변동★이 일어납니다. 날씨가 어떻게 가격에 영향을 주는 것일까요? 우리나라 같은 시장 경제 체제에서는 '수요'와 '공급'이 가격을 결정하기 때문이에요! 그럼 경제 체제란 무엇인지, 왜 이 경제 체제를 가진 사회에서는 수요와 공급으로 가격이 결정되는지 알아봅시다.

사회마다 다른 다양한 경제 체제

경제란 쉽게 말하자면 사람들에게 자원이 돌고 도는 것이라고 할 수 있어요. 그리고 누가 어떤 방식으로 자원을 생산할 것인지, 생산된 자원이 누구에게 얼마만큼 나누어지는지를 결정하는 방식을 '경제 체제'라고 부릅니다. 그리고 경제 체제는 사회마다 다르게 나타나지요!

★ 자급자족
(自給自足)
필요한 물자를 스스로 생산해 충당함

아주 옛날에는 필요한 자원을 얻기 위해 사냥을 하거나 농사를 짓는 등 모든 것을 직접 해결했어요. 가족이나 작은 부족 단위로 살면서 자급자족★하던 시기였지요. 그때에는 무엇을 어떻게 생산할지, 그것을 어떻게 구성원들이 나누어 가질지를 과거로부터 전해 내려온 전통이나 관습에 따랐지요. 그래서 이러한 방식을 '전통 경제 체제'라고 해요.

자원을 생산하는 기술이 엄청나게 발전한 오늘날의 대부분 국가들은 '시장 경제 체제'를 따릅니다. 누구나 마음만 먹으면 물건을 생산할 수 있으니 사람들끼리 자유롭게 필요한 물건을 서로 사고파는 것이지요. 그래서 경제 분야에서 발생하는 문제들, 예를 들어 가격의 오르내림 같은 문제에 대해 정부는 최대한 개입하지 않습니다. 그런데 반대로 국가의 계획에 따라 경제가 굴러가는 '계획 경제 체제'도 있습니다. 무엇을 얼마나, 어떻게 생산할지 그것을 어떻게 나눌지를 정부의 철저한 계획과 명령에 따르는 방식이지요. 이러한 경제 체제에 대해서는 뒤에서 조금 더 자세하게 다룰 거예요!

수요와 공급이 결정하는 가격

 그럼 가격은 어떻게 이랬다저랬다 하는 걸까요? 부모님과 무엇인가를 구매하기 위해 우리는 슈퍼마켓이나 전통 시장에 방문하지요. 이처럼 무엇인가를 구매하려는 사람과 판매하려는 사람이 만나 거래가 이루어지는 곳을 '시장'이라고 해요. 눈에 보이는 상품을 거래하는 구체적인 장소만을 가리키진 않습니다. 화폐 자체가 오가는 금융 시장, 인터넷 거래가 활발한 인터넷 쇼핑몰도 시장이랍니다. 시장이 어떻게 작동하고 있는지를 앞서 본 기사 내용을 떠올리며 구체적으로 알아볼까요?

 기사에서 시장에서 팔고 있는 딸기 양보다 딸기를 사려는 사람이 더 많다고 했어요. 공급이 수요에 미치지 못하는 상황이었던 거예요. 그러면 사람들 가운데 돈을 더 많이 내고서라도 딸기를 사려는 사람들이 나오게 됩니다. 그 결과, 시장에서 딸기 가격은 올라가게 되는 거예요! 반대로 시장에 공급되는 딸기의 수량이 사려는 사람들의 수보다 많다면 어떨까요? 딸기는 가판대에 남아돌게 되겠지요. 그럼 할인을 해서라도 재고★가 된 딸기를 파는 게 이득일 거예요. 따라서 딸기의 가격은 떨어지게 된답니다.

 이처럼 시장 경제에서 가격은 수요와 공급에 의해 결정돼요. 수요란 사겠다는 마음과 능력을 갖춘 사람이 무언가를 구매하려는 욕구고, 공급이란 팔겠다는 마음과 능력을 갖춘 사람이 무언가를 판매하려는 욕구를 의미합니다. 이러한 수요와 공급을 통해 생산과 소비는 자연스럽게 조절되고, 자원은 효율적으로 배분된답니다. 시간이 지나 새로 심은 모종에서 다 자란 딸기가 시

★ 재고(在庫)
팔다가 남아서 창고에 쌓여 있는 물건

장에 나오고, 명절이 지나 딸기를 사려던 수요도 줄어든다면 딸기 가격도 내려가게 될 거예요.

시장을 움직이는 '보이지 않는 손'

시장 경제는 경제 활동의 자유를 중시해요. 무엇을 어떻게 얼마만큼 생산하고 소비할 것인지를 가계와 기업과 같은 경제 주체의 자유로운 선택과 판단에 맡겨야 한다고 보는 것이지요. 마치 아래 대화처럼요!

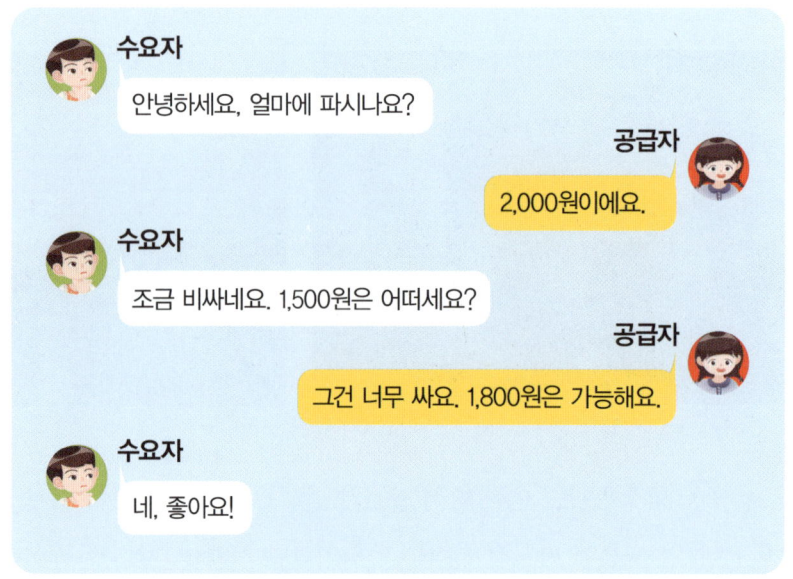

여러분이 만약 중고 거래를 하게 되면 위와 같은 대화를 하게 될 테지요. 수요자여도 공급자여도 비슷한 대화를 주고받은 뒤에, 서로 두 사람 간의 이해(利害)가 맞으면 거래가 이루어지는 거예요. '양쪽의 이해가 맞다'라는 것은 서로 이익과 손해가 적당해서 모두가 만족하는 상황이라는 뜻입니다.

이러한 시장의 원리를 두고 "우리가 맛있는 저녁 식사를 할 수 있는 것은 푸줏간 주인이나 양조장 주인, 빵 제조업자들의 박애★ 덕분이 아니다. 오히려 그들의 돈벌이에 대한 관심 덕분이다"라고 이야기한 영국의 경제학자가 있어요. 바로 경제학의 아버지라 불리는 애덤 스미스(Adam Smith)예요. 그는 각자 이익을 추구하는 경쟁을 거치면 자원을 효율적으로 사용할 수 있으

★ 박애(博愛)
모든 사람을 평등하게 사랑함

며, 모두가 만족하는 거래가 이루어지니 사회 전체의 이익을 실현하게 된다고 보았어요. 그리고 이렇게 자유롭게 움직이는 경제를 '보이지 않는 손'이라고 비유했습니다.

하지만 시장 경제 체제가 잘 작동하려면 각 경제 주체 간의 공정한 경쟁이 보장되어야 해요. 하지만 현실에서는 기업들이 서로 가격이나 생산량을 소비자 몰래 정해 버리는 '담합'을 하거나, 정보의 불평등 또는 우월한 지위를 이용하여 불공정한 거래를 일으키는 경우가 나타나고 있지요. 이를 해결하기 위해 정부가 시장에 개입하여 상황을 해결하기도 해요.

■ 딸기 시장에 아래와 같은 변화가 생겼습니다. 각각의 변화가 딸기 가격에 어떤 영향을 미칠지 추측해 볼까요?

역대 최장기간 이어지고 있는 가뭄

출처: '옥티니언'
딸기를 수확하는 로봇 개발

가뭄으로 인해 딸기의 가격은 _____ 될 거예요.

왜냐하면

로봇 개발로 인해 딸기의 가격은 _____ 될 거예요.

왜냐하면

한 줄 정리

☑ **수요**: 구매 의사와 능력을 갖춘 수요자가 어떤 재화나 서비스를 구매하려는 욕구
☑ **공급**: 판매 의사와 능력을 갖춘 공급자가 어떤 재화나 서비스를 판매하려는 욕구

03 물가는 계속 오르기만 할까?

경제 활동 — 물가와 인플레이션

청소년 10명 가운데 8명 "물가 높다"

2020년에 이루어진 ○○○ 학생복 조사 결과에 따르면, 우리나라 청소년 10명 가운데 8명은 용돈에 비해 물가가 높다고 생각하고 있다. 특히 최근 코로나19와 맞물린 물가 상승은 청소년들의 소비 패턴*에도 영향을 미치고 있다.

실제로 소비에 변화가 있었냐는 질문에 79.2%의 학생들이 '그렇다'라고 답했다. 덧붙여 '3년 전과 비교해 물가가 올랐다고 느끼는지를 묻자, 93.2%의 학생들이 '그렇다'라고 답했다.

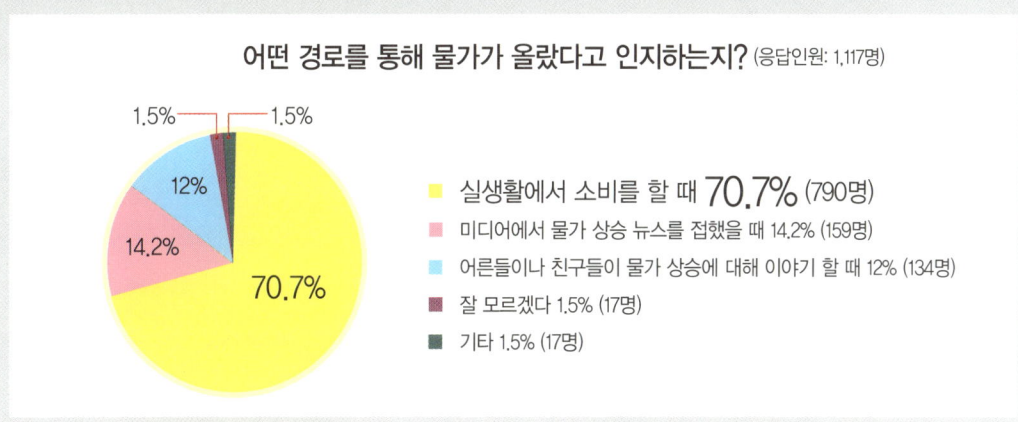

어떤 경로를 통해 물가가 올랐다고 인지하는지? (응답인원: 1,117명)

- 실생활에서 소비를 할 때 70.7% (790명)
- 미디어에서 물가 상승 뉴스를 접했을 때 14.2% (159명)
- 어른들이나 친구들이 물가 상승에 대해 이야기 할 때 12% (134명)
- 잘 모르겠다 1.5% (17명)
- 기타 1.5% (17명)

★ 패턴(pattern) 일정한 형태나 양식 또는 유형

물건의 가격이 오르면 물가도 상승하나요?

위 기사에 따르면 청소년들은 물가가 높아졌다고 느끼는 것으로 보이는군요. 음료나 식품을 구매할 때 물가가 올랐다는 것을 인식한다는 친구들의 답변에 공감이 되나요? 그런데 가격과 물가는 서로 연관성이 있기는 하지만 조금 다른 개념이에요. 가격과 물가는 어떻게 다르고, 물가는 왜 오르며 계속 오르기만 하는지 지금부터 차근차근 알아봅시다!

과거와 현재의 가격을 비교하는 물가

시장에서 구입한 재화의 가치를 돈으로 나타낸 것을 가격이라고 하지요. 이에 반해 물가는 시장에서 거래되는 재화와 서비스의 평균적인 가격 수준을 의미해요. 물가의 움직임은 국민 경제에 많은 영향을 미쳐요. 그래서 정부는 물가의 움직임을 살펴보는 지표로 '물가 지수'를 만들고 관리한답니다.

물가 지수는 어느 시점의 물가를 100으로 놓았을 때, 비교해 볼 다른 시점의 물가 수준이 그때에 비해 얼마나 다른지를 측정하는 지표★예요. 아래 그림처럼 올해 물가 지수가 110이라면 10%가 오른 거예요. 만약 비교 연도가 95라면 5%가 내려간 거고요. 물가 지수는 목적에 따라 다양하게 구성되는 지표인데, 대표적인 물가지수로는 소비자 입장에서의 소비 가격 변동을 나타내는 '소비자 물가 지수', 생산자 입장에서의 공급 가격 변동을 나타내는 '생산자 물가 지수'가 있답니다.

★ **지표(指標)**
방향이나 목적, 기준 따위를 나타내는 표지

기준 연도   비교 연도

★ **생계비(生計費)**
생활하는 데 드는 비용

특히 소비자 물가 지수를 통해 가계의 생계비★ 변동을 살펴볼 수 있어요. 그래서 소비자가 지난해와 동일하게 생활하는 데 지불해야 하는 금액이 얼마나 더 증가했는가, 감소했는가를 판단할 수 있습니다. 정부에서는 소비자 물가 지수의 변화를 통해 경기★를 판단하고, 이에 필요한 경제 정책을 만들 수 있기 때문에 많은 노력을 들여 조사를 한답니다.

★ 경기(景氣)
거래에 나타나는 호황 또는 불황 등 경제 활동 상태

인플레이션은 왜 일어날까?

물가 지수는 얼마나 상승했는가를 표현하는 '물가 상승률'로도 나타낼 수 있어요. 작년에 비하여 올해의 물가 지수가 얼마나 변화했는지를 보는 것이지요.

$$지난해(월) 대비\ 물가\ 상승률(\%) = \frac{올해(월)\ 물가\ 지수\ -\ 지난해(월)\ 물가\ 지수}{지난해(월)\ 물가\ 지수} \times 100$$

이러한 물가 상승률이 0보다 커서 물가가 지속적으로 상승하는 현상이 나타나면, 이것을 '인플레이션(inflation)'이라고 해요. 그런데 물가는 항상 오르기만 할까요? 반대로 물가 상승률이 0보다 작아서 물가가 지속적으로 하락하는 현상도 있어요. 이것을 '디플레이션(deflation)'이라고 부르지요. 디플레이션도 아주 드물지만 용어가 있는 만큼 실제로 발생할 수 있답니다. 물론 현실에서는 인플레이션이 빈번하게 나타나지만요!

그런데 어떤 재화나 서비스의 가격이 오르는 원인은 무엇일까요? 가장 간단한 이유로는 기업에서 생산하는 데 드는 비용이 증가했기 때문이에요. 신발을 만드는 데 사용되는 가죽이나 천 같은 원자재의 가격이 상승하거나 노동자들의 임금이 인상된다면 신발 생산 비용이 증가하게 되지요. 그럼 기업에서는 수

입을 유지하기 위해 신발의 가격을 높일 수밖에 없습니다. 이러한 현상이 시장 전체적으로 나타나게 된다면 물가 수준이 지속적으로 상승할 수 있습니다.

또한 일반 소비자나 국가 차원에서 돈을 많이 써도 가격이 오르게 돼요. '수요와 공급'에서 배운 것처럼 공급량이 수요량에 비해 부족하면 가격이 오르는 것과 같은 원리예요.

물가가 계속 오르는 인플레이션이 발생하면 어떤 일이 일어날까요? 놀랍게도 돈의 가치가 떨어져요! 상상해 보세요. 물건의 가격이 1,000원에서 2,000원으로 오른다면, 여러분이 가진 10,000원의 돈으로 살 수 있는 물건의 개수가 달라지지요? '화폐 가치'가 달라진 거예요.

그래서 인플레이션이 발생하면 화폐★로 월급을 받는 직장인은 손해를 볼 수 있어요. 물가가 오른 만큼 월급이 오르지 않는다면 내 월급의 가치가 하락한 셈이거든요. 저축을 하는 경우에도 은행 이자율보다 물가 상승률이 크다면 큰 이득이 아니게 되어 버리지요. 물론 그냥 화폐로 가지고 있는 것보다는 덜 손해를 볼 수는 있겠지만요.

그럼 이득을 보는 사람은 없을까요? 돈을 빌린 채무자 입장에서는 돈의 가치가 떨어졌기 때문에 돈을 빌려 준 채권자에 비하여 이득을 얻는답니다. 그때의 10,000원과 지금의 10,000원이 다를 테니까요. 그리고 부동산이나 금 같은 자산을 가진 사람은 오히려 그 값이 올라 이득을 볼 수도 있습니다. 이처럼 인플레이션은 사람들의 소득과 자원 분배에 많은 영향을 준답니다.

★ 화폐(貨幣)
상품과 교환할 수 있는 수단

★ 중앙은행
(中央銀行)
한 나라의 금융과 통화 정책의 주체가 되는 은행으로, 은행권(현금)을 발행함

★ 통화(通貨)
유통 수단이나 지불 수단으로서 기능하는 화폐(화폐와 거의 유사한 개념)

더 알고 싶어요!

인플레이션 현상을 막을 방법은 없을까?

지나치게 물가가 변동하면 경제가 안정되지 않겠지요? 따라서 물가를 안정시키기 위하여 정부는 국가의 지출을 줄이거나 세금을 인상하여 기업과 개인 등 모든 경제 주체들의 지출을 줄이려고 노력한답니다. 또한 우리나라의 중앙은행★인 '한국은행'은 이자율을 인상하는 등 통화★ 정책을 실시해요. 이자율을 높이면 사람들은 많은 이자를 기대하며 돈을 쓰지 않고 저축을 하게 되거든요. 물가 안정은 곧 화폐 가치를 높게 유지하는 것이기 때문에 한국은행은 언제나 물가 안정을 최우선 목표를 삼고, 이를 달성하기 위하여 금융 정책을 수행하고 있답니다.

생각 플러스

통계청에서는 가정에서 구매할 만한 대표적인 품목들을 고른 후, 어느 한 도시의 업체들을 방문하여 대표 품목들의 가격을 조사합니다. 이렇게 매월 가격을 조사한 뒤에 이 물건이 생활에 얼마만큼 필요한 것인지에 따라 항목별로 중요도를 따져 소비자 물가 지수로 계산해 냅니다. 굉장히 섬세한 작업이지요? 그래서 통계청은 소비자 물가 지수를 계산하는 데 필요한 품목을 정기적으로 수정합니다. 사람들의 생활 방식이 매번 다르니, 물건의 중요도도 매번 달라지거든요!

기준연도	대표 품목수	추가 품목	탈락 품목
2010년	481	전복, 밑반찬, 전기 매트, 가전제품 대여료, 휴대용 멀티미디어 기기, 인터넷 전화료, 스마트폰 이용료, 유아용 학습 교재, 캠핑 용품, 반려동물 미용료, 수입 승용차, 요양 시설 이용료, 문화 강습료 등	가자미, 북어, 청주, 한복, 캠코더, 정수기, 세탁비누, 공중전화 통화료, 유선 전화기, 자판기 커피, 전자 사전, 금반 등
2015년	460	현미, 낙지, 블루베리, 파프리카, 아몬드, 파스타면, 식초, 전기레인지, 보청기, 헬스 기구, 지갑, 건강 기기 대여료, 휴대 전화 수리비, 컴퓨터 수리비, 도시락, 휴양 시설 이용료, 보험료	꽁치, 난방 기기, 잡지, 케첩, 커피 크림, 사전(책자), 피망, 세면기, 예방 접종비
2020년	458	새우, 망고, 체리, 아보카도, 파인애플, 식기 세척기, 의류 건조기, 유산균, 마스크, 반창고, 전기 동력차, 선글라스, 기타 육류 가공품	넥타이, 연탄, 스키장 이용료, 프린터, 비데, 정장, 학생복, 교과서, 고등학교 납입금, 학교 급식비, 의복 대여료, 사진기

■ 2010년에 비해 2015년과 2020년에 추가한 품목들과 탈락한 품목들을 살펴보고, 그 이유가 무엇인지 생각해 볼까요?

추가된 이유:

탈락된 이유:

한 줄 정리

☑ **물가**: 시장에서 거래되는 재화와 서비스의 평균적인 가격 수준

☑ **인플레이션**: 물가 상승률이 0보다 커서 물가 수준이 지속적으로 상승하는 현상

04 왜 소중한 것은 귀한 걸까?

경제 활동 — 희소성과 기회 비용

청소년, 하루 평균 5시간 스마트폰 사용

2021년 통계청이 발표한 청소년 통계에 따르면 2020년 10대 청소년은 인터넷을 일주일에 27.6시간 이용한다. 또한 초등학생 83.8%, 중학생 98.7%, 고등학생 99.2%가 인스턴트 메시지*를 이용하며, 사회적 관계망 서비스(SNS)는 초등학생이 36%, 중학생은 74.2%, 고등학생은 81.4%가 이용하고 있다고 하였다.

★ **인스턴트 메시지**(instant message) 온라인상에서 실시간으로 메시지와 파일을 주고받을 수 있는 서비스

청소년들의 인터넷 이용 시간이 굉장히 길군요.

하지만 SNS를 이용할 때 돈을 지불하지 않으니까 아까울 건 없지 않나요?

통계 자료를 보면 청소년들이 '카카오○' 같은 인스턴트 메시지와 사회적 관계망 서비스(SNS)를 많이 이용하고 있다는 사실을 알 수 있지요. 실제로 스마트폰을 사용하다 보면 거기에 푹 빠져서 시간 가는 줄 모르는 경우가 많아요. 다양한 사람들의 일상을 보는 것은 무척이나 흥미로우니까요. 그런데 이러한 애플리케이션을 사용할 때 여러분들은 비용을 지불하고 있나요? 아마도 이와 유사한 서비스를 이용할 때 별다른 비용을 지불하고 있지 않을 거예요. 그렇다면 정말 이 모든 것이 공짜일까요?

선택하게 만드는 자원의 희소성

SNS를 이용하면서 직접 돈을 쓴 것은 아니지만, 오늘 하루 SNS를 사용한 시간이 1시간이었다면 우리는 '1시간'을 사용한 것이 됩니다. 우리는 그 시간 동안 무엇을 할 수 있었을까요? 만약 아르바이트를 할 수 있는 상황이었으나 일하지 않고 SNS를 선택한 거였다면, 여러분은 1시간의 시급★(2023년 최저 임금: 9,620원)을 벌지 못한 것이에요. 이렇게 볼 수 있는 이유는 하루가 24시간으로 제한되어 있고, 제한된 시간 내에서 우리는 무엇을 할 것인지 선택을 해야 하는 상황에 놓여 있기 때문이지요! 이처럼 개인의 욕망에 비해 시간이나 자원이 부족한 것을 '희소성'이라고 해요.

★ 시급(時給)
노동한 시간에 따라 지급되는 임금

다음은 희소성과 희귀성에 따라 재화를 분류한 것이에요. A와 B에 해당하는 재화는 경제적 가치가 있어 시장에서 거래가 되어요. C에 해당하는 재화는 멸종위기 독버섯과 같이 인간의 욕구와 무관하게 자원의 양이 절대적으로 적어요. D에 해당하는 재화는 인간의 욕망에 비해 자원의 양이 많아요. 공기나 햇빛을 생각해보면 이해가 쉬울 거예요. 희소성이 없는 C와 D에 해당하는 재화는 경제적 가치가 없어서 시장에서 거래되지 않는답니다.

그럼 그 수가 적으면 다 희소성이 있는 것일까요? 아뇨, 희소성이 있으려면 자원의 양이 적으면서 동시에 사람들이 갖고 싶어 해야 합니다. 단순히 자원의 양이 절대적으로 부족한 상태는 '희귀성'이라고 해요. 예를 들어 몹시 희귀한 버섯이 있는데 독버섯이라면 사람들이 필요로 하지 않겠지요? 그러면 희소하다고 말하지 않아요. 다시 말해 희소성이 있다는 것은 경제적인 가치가 있다. 즉 사람들이 기꺼이 돈을 지불하려 한다는 뜻이에요.

하지만 희소성이 없던 자원이 시대에 따라 희소성을 띠기도 합니다. 과거에는 어디서나 맑은 물을 구할 수 있었어요. 따라서 사람들은 물을 돈 주고 사 마시리라고는 생각하지 못했어요. 그러나 산업화가 진행되면서 마셔도 안전한 물은 점차 줄어들었고, 과거보다 깨끗한 물에 대한 선호★기 증가했지요. 그래서 오늘날에는 물을 사먹는 것이 일상적이게 되었어요. 이는 이전보다 깨끗한 물의 희소성이 상대적으로 커진 것이에요.

★ **선호(選好)**
여럿 가운데 특별히 가려서 좋아함

선택할 때 고려해야 하는 기회비용

우리가 무언가를 살까 말까 고민하는 까닭은 바로 자원의 희소성 때문이에요. 우리가 가진 자원은 유한하기 때문에 원하는 것을 모두 가질 수 없거든요! 우선 하루 24시간이라는 정해진 시간 동안 무엇을 할지 매일 선택하지요. 그리고 정해진 용돈 금액 안에서 원하는 물건이나 서비스를 구매하고 있어요. 이러한 선택에는 대가가 따른답니다. 어떤 하나를 선택하면 다른 어떤 것을 포기해야만 하기 때문이에요. 이때 한쪽을 위해 포기하는 것 가운데 가장 큰 가치를 '기회비용'이라고 해요.

앞서 등장했던 예시를 통해서 기회비용 개념을 더 자세히 이해해 볼까요? SNS 앱에 들인 시간은 다른 활동에 쓸 수도 있었던 시간이에요. 위에서는 아르바이트 근무라는 상황을 예로 들었지요. 그 밖에도 현실에는 우리가 SNS를 하느라 포기하는 다양한 활동들이 있습니다. 축구하기, 공원 산책하기, 낮잠 자기, 친구와 통화하기, 숙제하기 등등…. 여러분은 이런 활동들에 쓸 시간을 얻지 못했던 것입니다. SNS를 1시간 동안 하느라 포기할 수밖에 없는 대안들의 목록을 만들어 볼까요? 그리고 중요한 순서대로 정리해 봅시다.

중요한 순위	SNS 구경 대신 했을 최선의 활동
1순위	
2순위	
3순위	
4순위	
5순위	

이러한 대안적인 활동 중에서 가장 1순위였을 활동이 무엇이었나요? 그것이 기회비용이 된답니다. 이렇게 내가 선택함으로써 포기하게 된 것 중에서 가장 가치있는 것이 기회비용이랍니다! 자, 그러면 여러분은 어떤 선택을 하시겠어요? 휴대폰을 들어 올리실 건가요, 아니면 1순위에 적은 활동을 하실 건가요?

더 알고 싶어요!

기회비용은 어떻게 계산할까?

여러분이 거실 청소를 하고 용돈 10,000원을 받기로 부모님과 약속을 했다고 가정해 볼게요. 그런데 그날 친구가 영화를 보자고 하는데, 거실 청소 시간과 영화 관람 시간이 겹쳐 어느 한쪽을 선택해야 하는 상황이에요. 만약 여러분이 고민 끝에 영화를 보기로 결정했다면, 이 선택에 대한 기회비용은 얼마일까요? 참고로 영화 관람료는 9,000원이에요. 또한, 영화 관람을 통해 어느 정도의 만족감을 얻어야 여러분의 선택이 합리적이었다고 볼 수 있을까요?

영화를 보기로 하였다면 영화 관람료 9,000원과 영화를 보기로 해서 포기한 10,000원을 더한 19,000원이 기회비용이에요. 영화 관람 선택이 합리적이기 위해서는 영화 관람의 만족감이 19,000원보다는 커야겠죠.

생각 플러스

> 우와, 홈쇼핑에서 여행 상품을 판매하네!
> 이번에야말로 꼭 여행을 가야겠어!
> 여행 상품 모두 가고 싶은데, 어디로갈까?

겨울 방학 특집!
여행 특가 상품 TOP 3

짜릿한 스키 여행 30만 원
따뜻한 온천 여행 20만 원
맛있는 미식 여행 25만 원

■ 각 선택에 따른 기회비용을 한번 계산해 봅시다.
(단 각각의 여행 상품에 대한 만족감을 동일하다고 가정합니다.)

 스키 여행을 골랐을 때: _____

 온천 여행을 골랐을 때: _____

 미식 여행을 골랐을 때: _____

■ 여러분은 어떤 여행을 좋아하나요? 여러분들의 각각의 여행에 대한 만족감은 동일하지 않겠지요. 이런 만족감의 차이를 고려한다면 여러분은 어떤 선택을 하겠습니까?

_____

--- **한 줄 정리** ---

☑ **희소성**: 인간의 욕구에 비해 이를 충족하여 자원의 양이 상대적으로 부족한 상태
☑ **기회비용**: 선택의 대가로 포기한 것에서 얻을 수 있는 가치

05 내가 쓰는 돈이 세상을 바꾼다고?

경제 활동

— 합리적 소비와 윤리적 소비

'플렉스(flex)'라는 단어를 들어 보셨습니까? 1990년대 미국 힙합 문화에서 래퍼들이 부나 귀중품을 뽐낼 때 사용되던 이 단어는 오늘날 소비를 통해 자신의 재력을 과시*하는 행위를 가리킵니다.

그런데 최근 10대 청소년들 사이에서 이런 '플렉스 바람'이 불고 있다고 합니다. 미디어에서 접한 고가의 명품들을 직접 소장*하고 싶은 욕구가 10대의 자유분방한 소비 패턴과 만난 결과인데요. 이러한 플렉스 문화, 어떻게 바라봐야 할까요?

★ 과시(誇示) 자랑하여 보임
★ 소장(所藏) 자기 것으로 지니어 간직함

명품 찾는 10대들의 '플렉스' 문화

명품을 사고 싶은 마음은 어디서 온 거지?

명품을 사는 만족감은 그 비용보다 클까?

영화 〈알라딘〉을 알고 있나요? 이야기 속에서 램프의 요정 '지니'는 알라딘에게 세 가지 소원을 들어주겠다고 제안하지요. 여러분에게 램프의 요정 지니가 나타난다면 어떤 소원을 말하고 싶은가요? 꼼수를 부려 소원의 개수를 늘릴 수 없다면 단 세 번뿐인 기회를 신중하게 선택해야 할 거예요. 그런데 이것은 일상생활에서도 마찬가지입니다. 여러분에게 주어진 돈은 무한정 쓸 수 없는 한정된 자원이에요. 그래서 원하는 물건을 살 때에는 쓸 금액과 남은 금액을 생각하며 구입해야 하지요. 앞에서 배운 희소성과 기회비용을 어떻게 다루느냐에 따라 여러분이 하는 소비는 합리적인지, 그렇지 않은지로 나뉠 거예요.

소비할 때 우리가 확인해야 하는 것들

미성년자인 여러분들에게 '쓸 수 있는 돈'이란 곧 부모님께 받은 용돈일 거예요. 때로는 아르바이트 등을 통해 스스로 버는 금액도 있을 거고요. 이러한 용돈을 소비할 때 여러분은 무엇을 고려하고 있나요? 아무 계획 없이 충동적으로 소비한다고요? 그럼 조금씩 차곡차곡 저축하기도 어렵고, 정작 사야 할 물건은 구입하지 못할지도 몰라요. 그렇기 때문에 소비를 할 때에는 계획을 세워 만족과 비용을 고려해야 합니다.

만약 블루투스 이어폰을 구입하려는 상황이라면 무엇을 따져 봐야 할까요? 블루투스 이어폰을 구입하려는 이유, 즉 만족이 무엇인지 고려해야 해요. 블

루투스 이어폰을 가지게 되면 유선 이어폰에 비해 선이 없기 때문에 편리하겠군요. 운동하거나 등하교를 할 때, 조금 더 편하게 음악을 듣거나 통화를 할 수 있지요. 하지만 블루투스 이어폰은 대체로 유선 이어폰보다 가격이 비쌉니다. 그러므로 제품의 가격이 나의 예산으로 소비 가능한지도 살펴봐야 해요. 이처럼 소비할 때 제한된 예산 내에서 만족과 비용을 고려해야 하는데, 이때 구매했을 때 만족이 비용보다 큰 선택을 '합리적 소비'라고 해요.

혹시 필요하지 않은 상품을 구매해 놓고 집에 그대로 방치★했던 경험이 있지 않나요? 또는 정보 수집을 충분히 하지 않아 만족스럽지 않은 물건을 비싸게 구입한 적은요? 충동적 소비는 불필요하게 많은 물건을 구입하게 만들고, 이미 전에 구입했던 물건을 다시 구입할 수도 있게 하지요. 또한 자신의 예산★보다 과도하게 지출할 수도 있고요! 이는 합리적 소비라고 보기 힘들겠지요. 합리적 소비를 위해서는 소비하기 전에 충분한 시간을 가지며 고민해보는 습관이 꼭 필요합니다. '합리적(合理的)'이라는 것은 이론이나 이치에 맞는 것을 가리키지요? 다른 사람이 보아도 '아, 이럴 만하다'라는 것이 합리적인 것이에요. 그런 합리적인 이유 없이 소비를 하거나 아무런 준비나 계획 없이 즉흥적, 충동적으로 이루어지는 소비는 조심해야 해요! 그런데 왜 그런 소비를 할까요?

★ 방치(放置)
내버려 둠

★ 예산(豫算)
필요한 내용을 미리 헤아려 계산한 내용

다른 사람의 행동이 내 소비에 영향을 준다고?

어떤 사람의 소비가 다른 사람의 소비에 영향을 미치기도 해요. 한때 겨울에 발목까지 내려오는 '롱 패딩'을 너도나도 입었던 때가 있었어요. 어느 해에는 짧은 패딩이 유행했고요. 이렇게 주변 친구들이 모두 갖고 있다는 이유로 나도 구입하는 경우가 있지요? 유행하는 물건을 나도 따라 구입하는 것을 '편승 효과(便乘效果) 또는 밴드왜건 효과(bandwagon effect)'라고 합니다. 유명인이 사용하는 것을 따라 소비하는 것처럼 다른 사람의 영향을 받아 소비를 한 것이지요.

이렇게 짐을 싣는 마차를 영어로 '왜건(wagon)'이라고 해요. 그래서 악단(band)을 태운 마차가 바로 '밴드 왜건'인 거지요!
사람들이 유행을 좇는 모습이 마치 신나는 악단의 뒤를 졸졸 쫓는 것 같아서 '밴드왜건 효과'라는 이름이 붙었습니다.

반대로 다른 사람들이 많이 사기 시작하면 오히려 구매 의사가 줄어드는 효과도 있어요. 자신은 다른 사람들과 똑같은 물건은 구매하지 않고, 남들과 다른 특별한 물건을 구매하려는 심리에서 나오는 현상이에요. 이를 '속물 효과(snob effect)'라고 해요. 스노브(snob)는 영어로 고상한 척하거나 잘난 척하는 사람이라는 뜻인데, 이를 속물이라고 해석한 거예요.

앞선 기사에서 다룬 10대의 '플렉스 문화'를 한번 생각해 볼까요? 스스로 돈을 벌지 않아 경제력★이 부족한 청소년에게 플렉스 소비가 유행처럼 퍼지는 것이었지요. 2019년 '청소년 명품 소비 실태★ 조사'에 따르면 358명의 10대 청소년 가운데 56.4%가 명품을 구매한 적이 있다고 답했고, 명품을 구매하는 방법으로는 부모님이 사 주시는 경우가 39.1%로 높았다고 해요. 스스로의 구매 능력에 벗어나는 물건을, 그것도 다른 사람을 의식하기 때문에 소비한다는 것은 바람직하지 않겠지요?

★ **경제력(經濟力)**
경제 행위를 해 나가는 힘으로, 재산이나 자본의 힘을 가리킴

★ **실태(實態)**
있는 그대로의 상태, 또는 모양

내 소비가 사회에 미치는 영향

사회가 내 소비에 영향을 끼치듯, 내 소비가 사회에 영향을 미치기도 한답니다. 위에서 고민하던 블루투스 이어폰을 마침내 구입했다고 할게요. 새로운 이어폰을 샀으니 원래 쓰던 이어폰은 쓰레기로 버려질 거예요. 더욱이 멋진 새 제품이 다시 등장하면 여러분의 마음은 또 흔들리겠지요? 이렇게 아직

쓸 수 있지만 버려진 이어폰은 플라스틱과 다양한 금속 제품으로 이루어졌기에 땅에서 모두 분해되기까지 오랜 시간이 걸립니다. 3대 환경 오염이라 꼽히는 대기 오염, 수질 오염, 토양 오염에 모두 걸쳐 있는 환경 문제 가운데 하나가 쓰레기 처리 문제라는 점은 이미 모두가 알고 있을 거예요. 나의 이어폰 구매 하나에 이렇게 많은 것이 걸려 있다는 사실, 알고 계셨나요?

　이렇게 나의 선택이 갖고 올 결과에 대해 책임감 있게 소비하는 것을 '윤리적 소비'라고 합니다. 더 나아가 사회와 환경 등 넓은 범위에 어떤 영향을 미치는지 고려하는 것을 '지속 가능한 소비'라고 이야기해요. 미래 세대가 사용할 경제·사회·환경 자원을 낭비하지 않고, 조화와 균형을 이루기 위해 소비 과정에서 지속 가능성의 가치를 실현하려는 소비인 것이지요.

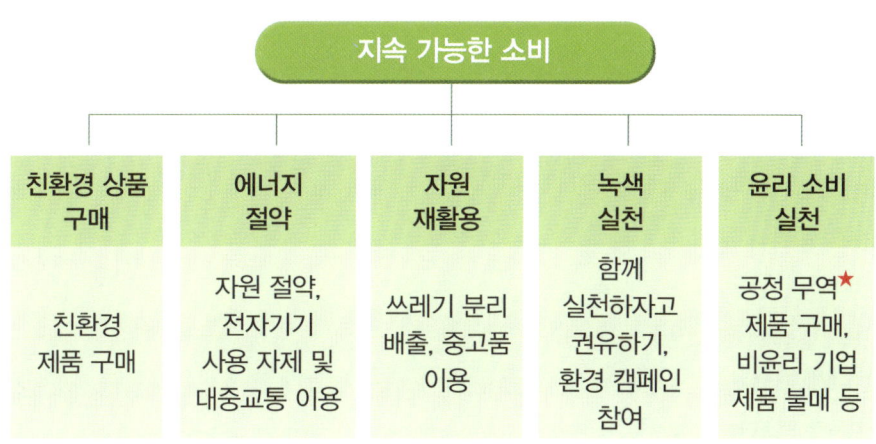

2019 한국의 소비생활지표(www.kca.go.kr)　　　　　　　　출처: 한국소비자원

★ 공정 무역 (公定貿易)
개발 도상국 생산자에게 정당한 대가를 지불하는 무역

　물건을 사기 전에 나와 내 주변, 우리 사회에 미치는 영향이 무엇인지를 한 번 생각해 보세요. 자원을 낭비하는 것은 아닌지, 이 물건을 생산하는 기업이 환경에 해를 끼친 것은 아닌지, 사회적으로 지지할 만한 기업인지를 살펴보는 것입니다. 되도록 지역 내에서 생산한 물건을 직접 구매하여 운반이나 배송, 포장에 따른 환경 오염을 줄일 수도 있어요. 나 하나 바꾼다고 세상이 달라질까 싶나요? 하지만 나 같은 사람이 하나둘 모여 큰 흐름이 만들어지기에 사회는 변화한답니다!

생각 플러스

■ 최근에 내가 소비한 물건과 그것이 내 주변에 미치는 영향을 아래와 같이 마인드맵 형식으로 분석해 봐요.

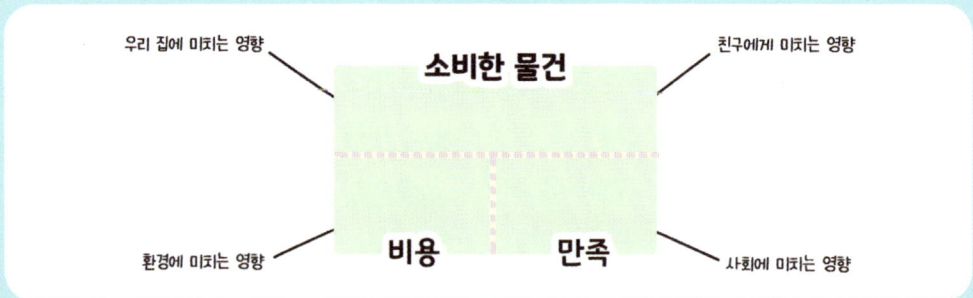

■ 윤리적 소비를 할 수 있는 실천 방법에 나도 동참할 수 있는지 체크해 봅시다.

	실천 문항	확인
01	일회용품 대신 텀블러나 다회용기 사용하기	
02	장바구니 사용하기	
03	재활용품은 분리 배출하기	
04	인권을 보호하는 사회적 기업의 제품 구매하기	
05	공정 무역 상품 구매하기	
06	친환경 가치를 보호하는 기업 제품 구매하기	
07	중고 거래 이용하기	
08	친구들과 줍깅★ 챌린지 하기	
09	비건★ 제품 구매하기	
10	업사이클링★ 제품 구매하기	

★ 줍깅 '플로깅(plogging)'의 우리말 표현으로, 조깅을 하며 길거리 쓰레기를 줍는 활동을 뜻함
★ 비건(vegan) 채식주의를 뜻하며, 오리털, 모피처럼 동물성 재료를 사용하지 않는 의류나 동물 실험을 거치지 않고 식물에서 얻은 성분만을 사용하는 화장품 등으로 확장됨
★ 업사이클링(up-cycling) 폐현수막, 자투리 천, 폐목재 등에 디자인을 입혀 가치를 높은 제품으로 재탄생시키는 것

한 줄 정리

☑ **합리적 소비**: 예산 제약 하에서 개인의 만족과 비용을 고려하는 소비
☑ **윤리적 소비**: 자신의 소비가 이웃, 사회, 환경 등 더 넓은 범위에 어떤 영향을 미치는지를 살펴보고 공익과 사회 규범을 고려하는 소비

06 노동자와 자본가는 이렇게 달라?

경제 체제 — 자본과 노동

최저 임금으로 노동계와 경영계 갈등

2022년도 최저 임금이 지난해(8,720원)보다 5.1% 오른 9,160원으로 발표된 가운데 최저임금의 인상 폭을 둘러싸고 노동계와 경영계가 모두 반발하고 있다. 경영계는 중소기업과 소상공인*들이 한계에 달했고, 고용 시장에도 악영향을 미칠 것으로 우려된다면서 정부에 이의*를 제기했다. 반대로 노동계는 최저 임금 1만 원이 이뤄지지 않아 취약 계층이 생존 위기에 놓였다면서 강도 높은 파업을 예고했다. 최저 임금으로 해마다 사회적 갈등이 되풀이되면서, 노사(노동자와 사용자) 양측에서는 최저 임금에 대한 전면적인 제도 개선이 필요하다는 목소리도 커지고 있다.

★ 소상공인(小商工人) 소기업 중에서도 규모가 특히 작은 기업이나 자영업자들
★ 이의(異議) 다른 의견이나 논의

임금이 오르면 회사를 운영하기 정말 힘들어요. 아르바이트생을 고용하는 소규모 자영업자들은 더 심하고요. 따라서 최저 시급을 올리는 데 신중해야 합니다. 전년보다 130원 오른 8,850원을 제안합니다.

노동자에게 임금은 생존의 문제입니다. 한국의 최저 임금은 우리와 비슷한 경제 규모를 가진 국가들보다 훨씬 낮아요. 시간당 최소 10,000원을 받아야 수백만 명의 노동자가 생계를 이어갈 수 있습니다!

자본가 　　　　　　　　　　　　노동자

★ **사용자(使用者)**
노동자(근로자)를 고용하는 사람

여러분들이 아르바이트를 한다면, 시간당 얼마를 받고 싶은가요? 우리나라를 비롯한 대부분의 국가들은 1시간을 일하면 얻을 수 있는 최소한의 금액을 정해 놓는 '최저 임금제'를 실시하고 있어요. 국가가 노동자와 사용자★ 사이에서 적극적으로 끼어들어 사용자가 일정 수준 이상의 임금을 지급하도록 하는 것이지요. 그래서 매년 노동자 대표와 사용자 대표가 모여 '최저 임금 위원회'를 구성하고 회의를 거쳐 다음해 최저 임금을 결정합니다. 그런데 그 과정이 참 어렵습니다. 노동자와 자본가가 입장이 다르기 때문이에요.

2022년 최저 시급을 정하는 2021년 최저 임금 위원회에서도 사용자는 8,850원, 노동자는 10,000원을 요구했고 결국 9,160원으로 정해졌어요. 그럼에도 양측 모두 받아들이기 어렵다고 해서 이후에도 갈등이 이어졌지요. 이토록 다른 의견을 보인 까닭이 무엇일까요?

자본과 생산 수단을 투자해 경제 성장을 이끄는 자본가

자본주의 사회에서 사람들은 크게 자본가와 노동자로 구분됩니다. 자본, 공장, 기계 등을 생산 수단이라고 부르는데, 이것들을 소유했는지가 구분의 기준이에요. 혹시 '부르주아(bourgeois)'라는 말을 들어보셨나요? 재산이 많은 부자를 비유할 때 자주 쓰는 표현인데요. 우리말로 옮기면 '자본가', '경영자', '사용자'입니다. 드라마나 영화에 나오는 재벌 2세들이 바로 자본가지요.

자본가는 노동자를 고용해서 상품을 생산합니다. 그리고 이 상품을 판매해서 부를 축적해요. 자본가가 기업을 운영하는 주요 목적은 큰 수익을 남기는 거예요. 당연히 생산할 때 드는 비용을 줄여서 남는 이익이 크면 좋겠다고 생각하겠지요? 생산 비용에는 공장에 들어가는 기계 구입비, 전기요금이나 수도 요금, 재료비 등의 비용도 있지만, 노동자에게 주는 돈인 임금이 큰 비중을 차지해요. 따라서 자본가는 노동자에게 들어가는 임금이 더 오르질 않기를 바라는 한편, 동시에 노동자들이 해 오던 것처럼 성실하게 일해 주기를 바랍니다. 그래서 최저 임금이 높아지는 것을 반대하는 거지요.

자본주의 사회를 떠받치는 숨은 주인공 노동자

자본주의 사회를 살아가는 사람들은 대부분 노동자가 된다고 봐도 무방합니다. 생산 수단을 소유하는 게 어렵거든요. 그래서 노동자들은 회사나 공장 또는 가게에 취직하여 자신의 노동력을 제공하고 그 대가로 임금을 받습니다. 따라서 노동력의 가치를 더 인정받기를 원하며 생활을 유지할 수 있도록 가급적 높은 임금을 받고 싶어 해요. 동시에 안전한 노동 환경과 노동 중간에 편히 쉴 수 있는 권리를 요구합니다. 노동자들이 권리를 요구할수록 회사에 부담을 지우는 것이라 생각하기 쉽지만, 사실 노동자가 스스로 권리를 당당히 주장하는 데에는 이유가 있어요. 자본가를 더욱 큰 부자로 만드는 상품 생산은 오로지 노동자 덕분에 가능하거든요.

예를 들어, 스마트폰을 볼까요? 겉으로 보기엔 기업이 선보이는 하나의 상품입니다. 그러나 하나하나씩 뜯어보면 액정과 배터리 같은 부품을 조립하는 노동, 각 부품을 만드는 노동, 부품이 되는 재료를 가공하는 노동, 자연에서 채취한 원료를 재료로 가공하는 노동 등 수많은 노동자의 손을 거쳐 우리 눈앞의 스마트폰이라는 상품으로 놓여 있는 거예요! 어때요, 노동자들의 역할이 어마어마하지요? 최저 임금은 말 그대로 인간다운 삶을 살 수 있는 '최소한'의 임금을 정하는 거예요. 2022년의 최저 시급으로 한 달을 꽉 채워 일하면 약 190만 원의 소득을 갖습니다. 나 혼자만의 용돈이라면 충분하겠지만 다른 가족들의 생계를 함께 꾸려야 한다면 어떨까요? 맛있는 음식을 먹으러 가는 것도, 가끔씩 재충전을 위한 여행을 떠나는 것도 어려울 거예요. 그래서 노동자는 좀 더 나은 생활을 위해 최저 시급 인상을 강하게 요구하는 것입니다.

항상 싸울 수밖에 없는 걸까?

★ **임금 삭감(賃金削減)**
동일한 내용의 노동에 대해 이전보다 임금을 낮추어 지급하는 것

★ **성과급(成果給)**
작업의 성과에 따라 지급하는 특별 임금

자본가와 노동자가 항상 대립하는 것만은 아닙니다. 서로를 인정하면서 모두가 좋은 결과를 얻는 '윈-윈(win-win)'의 관계가 될 수도 있어요. 회사가 날이 갈수록 성장하면 노동자의 임금과 일터 환경이 좋아질 수 있고요. 반대로 일하는 모두가 자기에게 주어진 노동에 충실하면 상품의 질이 높아지게 되겠지요? 회사가 경영 위기에 놓여 있을 때 노동자들을 해고하는 대신, 노사가 잘 타협하면 일시적인 임금 삭감★을 통해 위기를 극복할 수도 있습니다. 위기를 넘긴 후에 함께 힘써 준 노동자들에게 높은 성과급★을 제공하기도 하고요. 이렇게 각자가 처한 위치를 더욱 이해하고 협의하면 좋은 관계를 맺을 수 있습니다.

나아가 노동자와 사용자의 협력으로 회사를 운영할 수도 있어요. 독일 같은 주요 선진국에서 실제로 운영되고 있는 '노동 이사제'가 그 예입니다. '이사회'란 회사를 운영할 때 생기는 중요한 문제들을 결정하는 모임이에요. 회사의 주인 격인 사람들이 모이는 자리인 셈이지요. 그런데 노동 이사제는 노동자 대표가 회사 이사회에 참여하는 방식입니다. 노동 이사제를 실시하면 노동자도 기업 경영의 주인으로 인정받게 되어, 더 능동적으로 일을 할 수 있게 된답니다.

생각 플러스

요즘 청소년들 사이에 새롭게 떠오르는 인기 직업은 '유튜버'입니다. 유튜버는 세계 최대 동영상 공유 사이트인 '유튜브(Youtube)'에서 창의적인 콘텐츠를 제작하는 사람들이에요. 이들은 사람들의 궁금증을 해결해 주고, 사람들이 쉽게 경험하지 못하는 광경을 촬영해 보여 주면서 수많은 시청자들을 끌어모읍니다.

그중에서도 '먹방 유튜버'는 맛있는 음식을 즐기는 방송으로 시청자를 만나는데요. 인기 먹방 유튜버의 엄청난 식사량에 감탄하면서 수백만 명의 시청자가 몰리고, 이들이 방문했던 식당은 입소문을 타 사람들로 북적입니다. 그렇게 유튜버는 광고 등 다양한 방식으로 수익을 얻습니다. 유명한 유튜버의 월수입은 수억 원에 이른다는데…. 맛있고 푸짐한 음식을 먹고, 구독자들의 관심과 인기도 얻고, 심지어 어마어마한 소득도 생기다니! 일석 3조네요. 그런데 먹방 유튜버도 '노동자'일까요? 아니면 '자본가'일까요? 그 이유를 말해 볼까요?

■ 나의 생각을 적어 볼까요?

자본가	
노동자	

■ 한 줄 정리 ■

☑ **자본가**: 자신의 자본금으로 영리활동을 수행하는 경영자
　　　같은 말) 기업가, 경영자, 사용자, 고용주, 부르주아
☑ **노동자**: 노동력을 판매하여 얻은 임금을 가지고 생활을 유지하는 사람
　　　같은 말) 근로자, 임금 생활자

07 우리나라의 국가 체제는 무엇일까?

경제 체제 — 자본주의와 사회주의

독일, 사회주의 정당의 총선 승리··· 연립 정부 구성

사회민주당의 올라프 숄츠(Olaf Scholz) 재무 장관이 새로운 독일 총리로 취임하며, 독일에서 최초 '3당' 연립★ 행정부가 탄생한다.

2021년 9월 총선(국회의원 선거)에서 승리한 사회민주당(SPD)은 자유민주당(FDP), 녹색당과 연립 정부를 만들 것에 합의했다. 이에 따라 각 당의 상징색인 빨간색(사회민주당), 노란색(자유민주당), 초록색(녹색당)을 따 '신호등 연립 정부'란 별명이 붙었다.

비교적 친★기업 성향인 자유민주당의 당 대표가 재무 장관으로 취임할 전망이고, 녹색당은 경제, 기후 보호, 에너지, 외교를 맡을 예정이다.

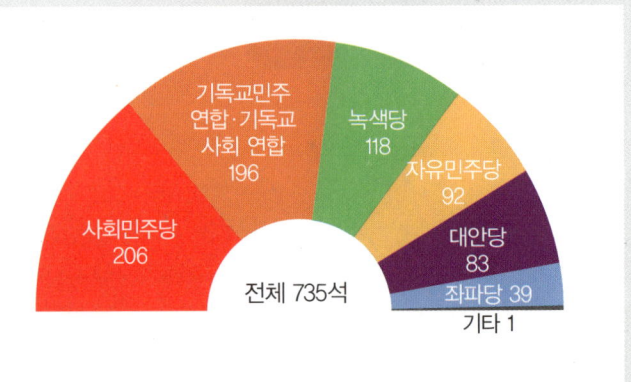

사회민주당 206 / 기독교민주연합·기독교사회 연합 196 / 녹색당 118 / 자유민주당 92 / 대안당 83 / 좌파당 39 / 기타 1 / 전체 735석

★ 연립(聯立) 여럿이 어울려 서거나, 그렇게 서서 하나의 형태로 만듦
★ 친―(親) '친하다'는 접두사

사회주의에 뿌리를 둔 사회민주당에서 내각을 이끌게 되었어. 자본주의가 일으키는 환경 오염, 빈부 격차 등의 문제를 줄이려고 노력할 거야.

하지만 기업의 자유로운 경제 활동을 지지하는 자유민주당이 연립 정부에 참여했는걸?

2021년 9월에 치러진 독일의 총선 결과, 전체 735개의 의석 가운데 사회민주당이 206석으로 가장 많은 의원을 배출했네요. 그렇지만 혼자서 정부를 구성하기에는 적은 의석수였어요. 그래서 사회민주당은 자유민주당, 녹색당과 함께 연립 정부를 구성하게 됐어요. '사회주의'에 뿌리를 둔 사회민주당, 그리고 '자본주의' 성향의 자유민주당, 마지막으로 생태주의★를 추구하는 녹색당이 하나의 정부가 되어 다양한 정책을 펼치게 된 것이지요. 경제 이야기를 하는데 갑자기 등장한 정치 이야기로 당황스럽나요? 하지만 경제 체제는 국가에게 무척이나 중요한 만큼 정치와 밀접한 관계를 갖는답니다. 함께 그 종류에 대해 알아볼까요?

★ **생태주의**
(生態主義)
환경 문제를 해결하기 위해서 사회 전체의 근본적인 변화를 요구하는 주장

세상의 풍요로움을 가져온 자본주의

편의점에 가면 간식거리부터 식사까지 수많은 먹을거리들이 있어요. 백화점에 가면 최신 스마트 기기와 화려한 옷가지들이 끝없이 전시되어 있지요. 말 그대로 없는 게 없는 세상입니다. 이렇게 많은 상품들은 어디서, 어떻게 만들어져서 우리 눈앞에 펼쳐지는 걸까요?

사실 처음부터 이렇게 다양한 상품들이 많이 있었던 건 아니에요. 수만 년의 인류 역사에서 최근 200년 사이에 벌어진 일이지요. 바로 자본주의의 출현과 함께 가능해진 일들입니다. 그리고 자본주의는 '산업 혁명'★으로 인해 본격적으로 시작되었습니다. 사람과 동물의 힘을 훨씬 웃도는 기계가 발명되면서

★ **산업 혁명**
(産業革命)
18세기 후반부터 100년 동안 유럽에서 일어난 생산 기술의 발전과 그에 따른 사회의 큰 변화

많은 나라들에 대규모 공장이 만들어졌어요. 다시 말해 생산 능력이 폭발하게 된 것입니다. 라디오와 TV, 컴퓨터와 스마트폰의 통신 매체의 발달부터 기차, 지하철, 자동차와 비행기 등 교통수단의 발달까지! 지금도 이어지는 기술의 진보와 개발 속도는 놀랍지요!

자본주의는 개인이 자유롭게 경제 활동에 참여할때 사회 전체의 부가 늘어난다는 믿음을 가지고 있어요. 개인이 더 많은 소득, 더 많은 소비를 위해 경제 활동에 참여하면 자연스럽게 생산과 소비가 확대되면서 풍요로운 사회가 된다는 것이지요. 실제로 인류는 자본주의 이후, 전에 없던 풍요를 누리게 됐어요. 주변을 둘러보세요. 우리의 삶을 편리하게 하는 온갖 생활용품, 문구, 옷, 가구, 가전제품이 우리 곁에 있으니까요.

자본주의의 문제를 보완할 수 있는 사회주의

햇볕이 강할수록 그림자는 짙습니다. 사회 현상도 그런 모습을 보이는데요. 자본주의가 가져오는 풍요로움이 클수록, 그 뒤에 드리운 어둠은 인류가 과거에 경험하지 못한 심각한 문제들로 나타났어요. 우선 과도한 자원 채굴, 오염 물질 배출 등으로 인한 환경 파괴가 일어났습니다. 이제는 익숙해져 버린 미세먼지나 황사도 옛날에는 없었지만 지속적인 환경 오염 때문에 생겨난 현상이에요.

무엇보다 심각한 사회 문제로, 가난한 사람과 부유한 사람의 재산 차이가 벌어지는 빈부 격차와 불평등이 떠올랐어요. 농경과 목축으로 생활하던 사람들은 자본주의 사회가 되면서 점차 도시로 이주해 공장 노동자가 됐습니다. 그리고 이들은 장시간의 고된 노동에 시달리게 되었지요. 노동자들은 하루에 16

시간씩 일을 하면서도 밥 한 끼를 제대로 먹지 못한 반면, 공장의 주인인 자본가들은 공장에서 쏟아져 나오는 상품들을 팔아 부를 축적했어요. 신분제가 무너졌지만, 자본주의 사회의 대부분을 차지하는 노동자들은 오히려 과거보다 더 열악한 삶에 처하고 말았습니다.

19세기 무렵 곳곳에서는 불평등을 유발하는 자본주의를 뒤엎어 버리고 새로운 사회를 건설하려는 '사회주의자'들이 나타났습니다. 사회주의는 개인의 자유로운 경제 활동보다 국가의 계획적인 경제 활동이 불평등을 해결할 거라고 믿습니다. 유럽의 여러 국가들에서 자본주의의 문제점을 지적하며 사회주의 혁명이 일어났다가, 자본가와 국가에 의해 진압되는 사건들이 반복되었습니다. 그리고 1917년, 유럽의 동쪽 끝에 위치한 러시아에서 사회주의 혁명이 성공하게 됩니다. 노동하는 사람들이 주인이 된 사회, 즉 빈부 격차와 불평등을 없애고자 노력하며 국민 누구나 자유롭고 평등한 삶을 보장하기 위한 국가가 등장하게 된 거예요.

자본주의를 바탕으로 사회주의를 품다

하지만 사회주의 국가는 생각대로 운영되지 못했어요. 혁명의 초반기에는 경제 성장과 평등을 모두 이루는 듯 보였는데요. 가면 갈수록 사회주의 정책을 지도하는 사람들이 권력을 마구 휘두르는 문제가 계속되고 말았습니다. 더욱이 경제 성장은 제자리걸음을 이어갔지요. 경제가 나빠지고 지도자들은 독재를 일삼으니, 불평등을 없애고자 시작된 사회주의 국가의 국민들은 오히려 더 큰 불평등을 겪어야 했습니다. 결국 사회주의 국가들은 60년 정도 운영되고 1980년대 후반에 붕괴되고 말았습니다.

오늘날 대부분의 국가들은 자본주의 체제를 기본으로 합니다. 그리고 사회주의 체제가 갖는 장점을 일부 받아들이고 있어요. 원래 자본주의가 해 오던 대로 생산과 소비 등 사람들의 자유로운 선택과 판단을 보장하되, 경제 활동이 어려운 사람들을 국가가 지원하는 정책을 실시하는 등 사회주의의 아이디어를 덧붙여 보완하는 것이지요. 이러한 체제를 두고, 바로잡아 고친다는 뜻의 '수정'을 붙여 '수정 자본주의' 또는 새로운 자본주의라는 뜻으로 '신(新)자본주의'라고 부른답니다.

코로나19 전염병 확산은 전 세계 사람들에게 큰 영향을 미쳤어요. 코로나19에 감염되면 건강을 잃게 되는 건 물론이고, 전염될 위험성이 크기 때문에 사람들과의 만남이 금지되었지요. 생산과 소비의 순환이 멈추니, 경제 위기도 함께 찾아왔습니다. 특히 자영업자는 수입이 줄고 노동자는 일자리를 잃게 되었어요. 자본주의가 갖는 빈부 격차와 불평등 문제가 심각하게 드러나게 된 것입니다.

따라서 정부는 급히 전 국민에게 '재난 지원금'을 지급하는 정책을 실시했어요. 사람들이 생계를 유지할 수 있도록 국가가 지원한 것인데요. 이것은 자본주의 사회에서 사회주의의 성격을 일부 가진 정책을 실시한 것으로 볼 수 있어요. 이 정책을 시작으로, 재난 상황이 아니더라도 전 국민에게 일정한 소득을 지급하는 '기본 소득'에 대한 논쟁이 뜨겁게 달아올랐습니다.

■ '기본 소득'이 무엇인지 찾아보고, 이것을 찬성하는 논리와 반대하는 논리를 찾아보세요. 조사를 끝내고 난 후, 자신의 입장을 정리해 볼까요?

	기본 소득에 대한 생각	나의 입장
찬성		
반대		

■ 한 줄 정리 ■

☑ **자본주의**: 개인의 재산에 대한 권리를 인정하며 이윤 획득을 위해 상품의 생산과 소비가 자유롭게 이루어지는 체제

☑ **사회주의**: 자본주의 속 노동자의 소외와 경제적 불평등 등에 반발하여, 생산 수단을 공동으로 소유하고 관리하여 평등한 사회를 이루려는 체제

08 오르락내리락하는 물가는 누가 잡나요?

경제 체제

— 시장 경제와 계획 경제

마스크 가격 폭등하는 시장 실패, 정부가 대책 마련 나서

2020년 1월 20일, ○○도는 코로나19 확산으로 마스크 가격이 10배 이상 폭등하고 마스크 품귀* 현상이 일어나자, 중앙 정부에 매점매석* 금지 상품에 마스크를 포함해 달라고 요청했고, 마스크 최고 가격을 지정해 줄 것을 건의했다. 이에 정부는 해당 건의를 수용해 2월 5일 마스크 매점매석 금지를 시행했다.

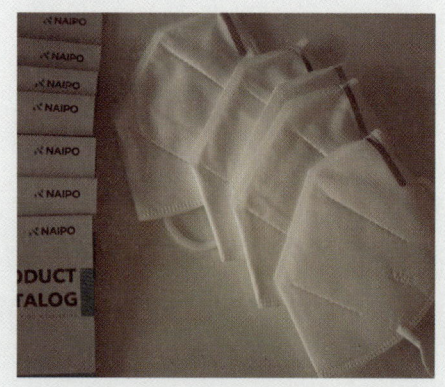

★ **품귀(品貴)** 물건을 구하기 어려워짐
★ **매점매석(買占賣惜)** 어떤 상품의 가격이 오를 것을 예상하여, 싼 가격에 많이 사 두고는 가격이 오를 때까지 팔지 않는 행위

최근 마스크 1장당 가격 동향 (단위: 원)

- KF80 규격 온라인: 5491 → 7350 → 6545
- KF94 규격 온라인: 3835 → 4175 → 4813
- KF80 오프라인: 2369 → 2062
- KF94 오프라인: 2300 → 1871

자료: 통계청 / 중앙일보

마스크 가격 변동 2020. 3.

이것 봐, 마스크 가격이 엄청나게 날뛰었어! 일주일 사이에 2,000원 가까이 올랐었네.

코로나19 바이러스 때문에 그런 거였대. 이제 정부가 매점매석을 금지했으니, 가격이 다시 안정될 거야.

전염병 바이러스는 감염자의 침으로 퍼지는 감염이기 때문에, 마스크 착용은 필수적인 개인 방역★ 수칙입니다. 그렇기에 코로나19 전염병이 확산되면서 마스크를 찾는 사람들이 많아졌지요. 하지만 수요에 비해 마스크 생산과 공급이 빨리 늘어나지 않아 마스크가 부족해졌습니다. 그 와중에 제품이 충분히 있음에도 값을 올리기 위해 물건을 팔지 않는, 이른바 매점매석을 시도하는 비양심적인 업체들이 등장하면서 시장은 더욱더 혼란스러워졌고요. 실제 2020년 3월의 마스크 가격을 나타낸 그래프를 보시면 약 5,400원이었던 제품이 5일 만에 7,350원까지 오른 것을 볼 수 있습니다. 따라서 정부는 긴급히 마스크 시장에 개입★하기로 결정했지요.

★ **방역(防疫)**
감염병이 발생하거나 유행하는 것을 미리 막는 일

★ **개입(介入)**
자신과 직접적인 관계가 없는 일에 끼어듦

시장 실패의 경우에는 국가가 적극 개입해야 해

시장 경제 체제에서는 자유롭게 상품을 생산하거나 소비하지요. 그런데 자유로운 경제 행위가 위험을 발생시키기도 해요. 예를 들어 거대한 자본을 가진 사람이 혼자서만 상품을 잔뜩 사들이거나, 업체에서 일부러 물건을 팔지 않아 구입이 어려워지는 일이 생길 수 있어요. 또는 어떤 상품을 필요로 하는 사람들이 갑자기 많아졌는데, 그걸 예측하지 못하는 바람에 생산과 공급이 그 속도에 못 따라가기도 하지요. 이렇게 시장이 정상적으로 기능하지 못하는 것을 '시장 실패'라고 합니다. 그럼 이때 국가(정부)가 나서게 돼요!

위에서 말했던 마스크 품귀 현상과 가격 폭등 현상도 시장 실패에 해당됩니다. 이러한 현상이 지속되자, 코로나 시대에 필수품이 된 마스크 시장에 국가가 나서야 한다는 여론이 높아졌어요. 시장 실패에 대해 정부가 개입해야 한다는 주장이 힘을 얻게 된 거예요.

따라서 정부는 긴급히 예산을 마련해서 공공 마스크를 생산하고 저렴한 가격으로 약국에 공급했습니다. 또한 마스크를 매점매석하는 행위를 단속했어요. 덕분에 마스크의 가격은 점차 내려갔고, 누구나 가까운 약국이나 마트에서 공공 마스크를 싸게 구입할 수 있게 되었습니다. 이렇게 시장 실패에 대한 정부의 적극적 개입을 '계획 경제'라고 해요.

그래도 시장이 자연스럽게 해결하게 둬야 해

정부가 모든 상품의 생산과 소비를 조절하는 상황은 어떨까요? 정부 주도의 계획 경제는 실제 사회주의 국가에서 실행했던 방식이랍니다. 앞의 장에서 살펴본 것과 같이 사회주의 국가는 실패로 돌아갔어요. 왜 실패했을까요? 계획 경제를 운영하는 데에는 몇 가지 문제가 있거든요!

우선 모든 경제 활동이 정부의 계획에 의해 이루어지는 것은 사실상 불가능합니다. 예기치 못한 일들로 급변★할 수 있는 경제 상황을 정확히 예측하기란 무척이나 어렵기 때문이에요. 예를 들어, 배추를 재배해 판매할 업체부터 생산할 배추의 양까지 나라가 정한다고 상상해 보세요. 아무리 잘 관리하더라도 미래를 내다보지 않고서야 갑작스러운 태풍으로 인한 피해까지 대비하기란 쉽지 않겠지요. 더욱이 업체가 만약 국가의 눈을 피해서 농사를 소홀히 했다면? 아무리 계획을 잘 세워놓았다 한들, 김장철에 배추가 부족해지겠지요.

★ 급변(急變)
상황이나 상태가 갑자기 달라짐

또한 경제 문제가 발생했을 때 해결책을 딱 알맞게 만들어 시행하는 것은 쉬운 일이 아닙니다. 국가가 적극적으로 시장에 개입해서 계획 경제를 실시했지만 오히려 상황이 더 악화되었을 때, 이것을 '정부 실패'라고 합니다. 현대인들은 역사에서 여러 교훈을 얻어, 최대한 시장이 자연스럽게 문제를 해결하도록 두자는 주장이 다시 힘을 얻게 되었고요.

시장 경제와 계획 경제의 만남

사실 현실에서는 시장 경제와 계획 경제를 구분하기가 쉽지 않아요. 역사적으로 시장 경제의 자본주의 국가, 계획 경제의 사회주의 국가라는 두 진영 간 대결에서 자본주의가 승리했습니다. 따라서 오늘날 대부분의 국가는 자본주의 시장 경제를 따릅니다.

하지만 보건, 의료, 교육, 노동 등 삶의 질과 연결되는 분야에서는 정부가 경제 활동에 적극적으로 개입해요. 경제 상황에 따라, 경제 분야에 따라 시장 경제를 그대로 지켜보다가 문제가 생겼을 때에는 정부가 나서는 모양새이지요. 이렇게 경제 구조가 혼합되어 있는 것을 '혼합 경제'라고 불러요.

더 알고 싶어요!

우리나라는 언제부터 시장 경제였을까?

대한민국은 1910년부터 일본의 식민 지배 때문에 산업화가 제대로 진행되지 못하다가, 1945년에 광복을 맞이한 이후부터 급격히 경제가 발전했어요. 그리고 빠른 성장세를 효율적으로 관리하기 위해 국가가 나서서 계획 경제를 실시해 왔지요. 그렇게 전 국민이 발전을 위해 일사분란하게 움직인 결과, 우리나라의 경제는 큰 성장을 거뒀어요. 1990년대 무렵부터 대한민국은 선진국에 속하게 되었지요. 이때부터 본격적으로 시장 경제를 기본으로 하는 경제 구조를 갖추어 오늘날에 이르고 있습니다.

생각 플러스

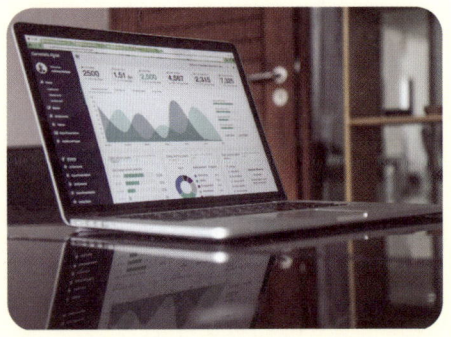

미국의 한 기업은 고객에게서 수집한 수많은 자료인 '빅 데이터(big data)'를 활용하여 예측 배송 서비스를 하고 있어요. 이 서비스는 이렇게 시작합니다. 우선 누군가 온라인 쇼핑몰에서 특정 제품을 보며 머무는 시간이 길어지면 빅 데이터는 그가 제품을 살지 말지 고민하는 것이라 분석해요. 그러고는 그 사람의 과거 구매 내역, 반품 내역, 찜한 내역, 장바구니 내역 등을 모두 데이터로 만들지요. 그렇게 정리된 데이터를 놓고 이전에 샀던 제품들의 가격과 그가 고민하던 상품의 가격을 비교합니다. 만약 가격이 비슷하다면 소비자가 이 제품을 살 것이라고 예측해 근처 물류 창고로 미리 물건을 옮겨 놓습니다. 그럼 실제로 구매가 이루어졌을 때 빠른 배송이 가능하겠지요!

■ 빅 데이터 기술이 더욱 발전하면 자본주의 사회에서 계획 경제가 가능해지는 걸까요? 상품의 생산과 소비를 예측하는 기술에 대해 여러분은 무엇이 기대되고 무엇이 우려되나요?

기대되는 점	우려되는 점

한 줄 정리

☑ **시장 경제**: 자유 경쟁의 원칙에 의해 시장에서 가격이 형성되는 경제
☑ **계획 경제**: 중앙 정부의 계획에 의하여 재화의 생산·분배·소비가 계획되고 관리되는 경제
☑ **시장 실패**: 시장이 스스로 자원의 최적 분배라는 과제를 해결하지 못해 발생하는 문제 상황
☑ **정부 실패**: 최적의 자원 배분과 공정한 소득 분배를 실현하기 위해 실시한 정부의 정책이 실패하는 상황

09 경제가 성장했는지는 어떻게 알까?

거시 경제

― 국내 총생산과 1인당 국내 총생산

한국의 경제 규모가 2020년 기준으로 세계 10위를 기록했습니다. 1975년 10조원에 불과했던 '국내 총생산(GDP)'이 2006년 1000조 원을 돌파하였고, 2021년 기준으로는 2000조 원을 넘어서며 매우 빠르게 성장하였습니다.

한국의 경제 규모, '세계 10위'

우리나라의 경제가 세계 10위래! 정말 많이 성장했네!

근데 국내 총생산이 뭐야?

　간혹 신문을 들여다보거나 뉴스를 틀면 이런 말들이 나옵니다. '세계 경제 규모', '국내 총생산', '국민 총생산'…. 우리나라 경제 순위가 높다고 하니 축하할 일이지만, 도대체 무엇을 보고 나라의 경제를 판단하는 걸까요? 그리고 국가 경제가 어떻게 되는 것이 경제가 좋아진다는 뜻일까요? 넓은 시야로 경제를 보도록 돕는 국내 총생산과 1인당 국내 총생산을 알아봐요!

활발하게 돌고 도는 경제가 최고!

경제가 성장한다는 것이 무엇인지 알기 위해서는 우선 '경제'가 어떤 것인지부터 정확히 알아야겠지요? 경제는 영어로 '이코노미(economy)'라고 하는데, 이 단어는 '집'을 뜻하는 '오이코스(oikos)'와 '관리한다'라는 뜻의 '노미아(nomia)'가 합쳐진 그리스어 '오이코노미아(oikonomia)'에서 유래되었습니다. 다시 말해 국가의 경제란 '나라의 집안 살림을 관리한다'라는 뜻입니다. 곧 경제가 좋아진다는 말은 나라의 집안 살림이 원활하게 관리된다는 말과 비슷한 말이라고 할 수 있겠지요?

좀 더 자세하게 알아봅시다. 사전에서 경제를 찾아보면 이렇게 나와 있어요. "재화와 용역을 생산·분배·소비하는 활동 및 그와 직접 관련되는 질서와 행위의 총체." 여기서 '재화'는 사람의 욕구를 충족시켜 주는 모든 물건 및 서비스를 의미하고, '용역'이란 생산이나 소비에 필요하며 인간의 욕구를 충족시켜 주는 비물질적 활동을 의미합니다.

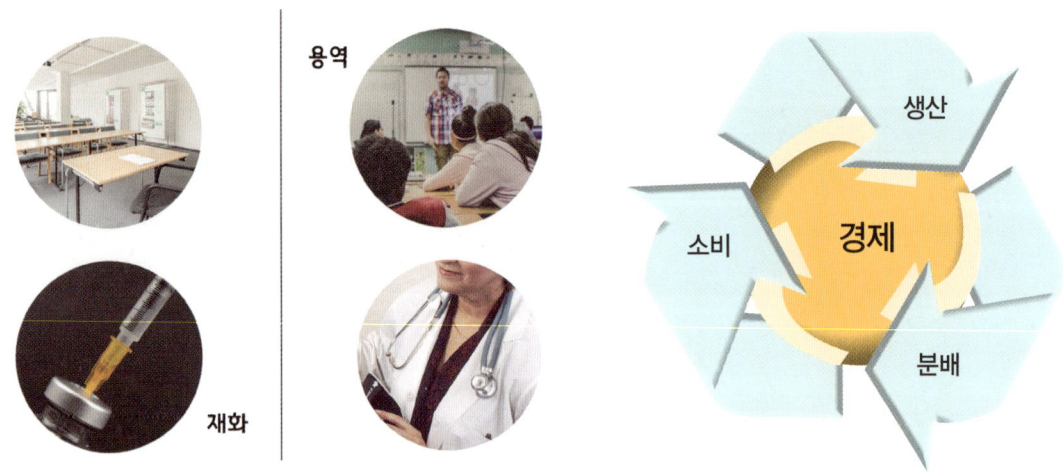

예를 들어, 우리가 학교에서 사용하는 책상과 의자는 재화에 해당하고, 선생님의 교육 활동이나 의사의 진료 활동은 용역에 해당합니다. 경제가 성장한다는 것은 재화와 용역이 생산·분배·소비되는 순환이 이전보다 더 활발하다

는 것을 뜻합니다.

그럼 그 순환은 어떻게 알 수 있을까요? 바로 한 나라의 경제를 나타내는 지표들을 보면 되는데요. 그중에서도 국내 총생산을 가장 많이 사용합니다. 흔히 영문 약자인 'GDP(gross domestic product)'라고 부르지요. 국내 총생산이란 한 나라에서 가계, 기업, 정부 등 모든 경제 주체가 일정한 기간 동안 생산한 재화 및 서비스의 시장 가격을 전부 더한 것을 의미합니다. 여기서 '일정 기간'이라는 단서가 붙어 있지요? GDP는 우리나라에서 1년 또는 1분기(3개월) 사이에 생산된 재화와 서비스만을 측정한다는 것을 의미해요. 국내 총생산을 살펴보면 이렇게 어떤 나라의 경제 수준이 어느 정도인지를 쉽게 알 수 있습니다.

1년 동안 생산한 물건들	2016		2017		2018
	5천만 원	1억 원	5천만 원	2억 원	1억 원

2017년에 만들어진 건 자동차랑 배밖에 없으니까 2017년의 GDP는 2억 5천만 원이야!

단위: 달러

2021년 국가별 GDP 순위		
1	미국	22조 9961억
2	중국	17조 7340억
3	일본	4조 9374억
4	독일	4조 2231억
5	영국	3조 1868억
6	인도	3조 1733억
7	프랑스	2조 9374억
8	이탈리아	2조 988억
9	캐나다	1조 9907억
10	대한민국	1조 8102억

출처: 통계청

2021년 GDP 순위표를 보니, 오늘날 경제 규모가 가장 큰 곳은 미국이구나.

모두가 고르게 참여했는지가 중요해

하지만 GDP가 높다고 해서 꼭 나라의 경제 수준이 높다는 의미는 아닙니다. 사람이 많으면 자연스럽게 그 나라에서 만들어지는 물건도 많아지겠지요? 그래서 인구수가 높은 나라일수록 GDP가 크기 쉽습니다. 따라서 국가보다 더 범위를 좁혀, '국민들의 경제 수준'을 측정할 때는 1인당 국내 총생산(GDP)이라는 개념을 사용합니다. 계산법은 간단합니다. 한 나라의 GDP를 국민들의 수로 나누기만 하면 돼요! 그 나라의 평균적인 경제 수준을 보려면 GDP보다 '1인당 GDP'를 보는 것이 더 정확하답니다.

단위: 달러

2021년 국가별 1인당 국내 총생산		
1	룩셈부르크	135,683
2	버뮤다	110,869
3	아일랜드	99,152
4	스위스	93,457
5	노르웨이	89,203
...		
24	프랑스	43,519
25	안도라	43,048
26	일본	39,285
27	이탈리아	35,551
28	대한민국	34,984
29	대만	33,708

출처: 통계청

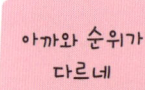
아까와 순위가 다르네

위에서 보았던 국가별 국내 총생산 순위와 1인당 국내 총생산 순위가 많이 다른 것을 확인할 수 있지요? GDP 1위였던 미국이 5위가 되었고, 10위권 안에 있던 프랑스, 이탈리아, 대한민국도 20위권으로 밀려났습니다. 이러한 차이가 생길 수 있기 때문에 두 지표를 살펴볼 때 유의해야 합니다.

1인당 GDP가 높다는 것은 국민 한 명 한 명이 모두 활발하게 나라 경제에 참여하고 있다는 뜻이라서, 국민들의 평균적인 생활수준이 높다는 것을 알 수 있어요. 그래서 한 나라의 GDP가 높은 데 비해 1인당 GDP는 몹시 낮다면 국민끼리 빈부 격차가 클 확률이 높지요.

엄연한 노동이지만 국내 총생산에는 측정되지 않는 것들이 있습니다. 대표적으로 가사 노동이 그러하지요. 흔히 집안일이라 불리는 청소와 요리, 빨래 같은 일들은 시장에서 거래되지 않기에 GDP에 포함되지 않습니다.

그런데 가사 노동은 우리 생활에 꼭 필요한 일이에요. 청소를 하지 않으면 집에 먼지가 쌓이고 쓰레기가 방에 넘쳐날 겁니다. 비위생적인 공간에서 지내다 보면 병에 걸릴 수도 있어요. 이렇게 GDP가 높아도 삶의 질에 큰 영향을 주는 집안 환경이 엉망이라면, 국민들의 삶은 행복하지 못하겠지요?

따라서 GDP는 우리의 기본적인 경제 상황을 알려 주는 지표로서 훌륭히 사용될 수 있지만, 한계가 있다는 사실을 알고 맹목적으로 GDP가 높기만 하면 행복할 것이란 생각은 버려야 해요!

■ 위의 예시와 함께 GDP에 포함되지 않는 것들 가운데 환경 오염도 있습니다. 환경 오염은 우리에게 큰 피해를 주지만 GDP에는 환경 오염으로 인한 비용이 포함되지 않아요. 그래서 '그린 GDP'라는 개념이 등장하게 되었습니다. 인터넷이나 책을 통해 그린 GDP가 무엇인지 찾아보고 아래에 정리해 볼까요?

한 줄 정리

☑ **국내 총생산(GDP)**: 한 나라에서 가계, 기업, 정부 등 모든 경제 주체가 일정 기간 동안 생산한 재화 및 서비스의 가치를 시장 가격으로 평가하여 합산한 것

☑ **1인당 국내 총생산**: 한 나라의 GDP를 그 나라의 국민 수로 나눈 것

10 성장과 함께 생각해야 할 것들

거시 경제

— 양극화, 효율성과 형평성

"우리 형편을 알려나?" 경제 형평성에 대한 요구 커져

"대통령이나 국회 의원들이 우리 사정을 알까요?" 시장에서 만난 A 씨는 길거리에 붙어 있는 정치인의 현수막을 보며 말했다. 그곳엔 정당 후보자들의 다짐이 쓰여 있었다. 후보자들의 현수막을 보며 A 씨는 점점 자신들과 같은 서민들의 삶이 힘들어져 간다고 푸념했다. "우리나라 경제는 성장해 간다는데 나한테는 별로 체감*이 되지 않아." A 씨는 후보자들이 반드시 양극화 해소*에 대해 신경 써야 한다고 말했다.

★ 체감(體感) 몸으로 어떤 감각을 느낌
★ 해소(解消) 어려운 일이나 문제를 해결해 없애 버림

국가 차원에서 성장을 할 때, 가장 중요한건 형평성이야.

하지만 효율적으로 국가 경제가 성장하는 게 가장 좋지 않겠어?

앞서 배운 대로 국내 총생산 수치가 오른다는 것은 나라 살림이 좋아지고 있다는 것이에요. 하지만 위 기사 속 A 씨의 말처럼 서민들에게는 실감되지 않는 이야기일 수도 있습니다. 경제가 활발히 돌아가면서 나라 전체가 돈을 많이 번다고 해도, 그 한정된 자원이 모든 국민에게 고루 돌아가지 않는 문제가 발생하기 때문이에요. 따라서 자원을 누구에게, 어떻게 나눌 것인지 정하는 문제는 모든 나라의 가장 큰 경제 고민일 거예요. 마치 두 친구의 의견이 다른 것처럼요!

경제 문제를 해결할 때 필요한 선택의 기준

우리 사회에는 다양한 경제 문제들이 발생해요. 나라의 예산을 어떻게 쓸 것인지, 기업에서 만들 물건은 무엇인지 등 경제와 관련된 선택의 문제는 끊임없이 발생하고 있지요. 문제를 해결하기 위해서는 나름의 기준이 필요해요. 대표적으로 언급되는 기준에는 '효율성'과 '형평성'이 있습니다.

효율성이란 최소의 비용으로 최대의 효과를 구하는 것을 의미해요. 그래서 경제 문제에서 효율성을 최고로 삼으면 그 성과를 눈으로 확인이 가능한 경우가 많아요. 돈이든 물건이든 많이 남을 테니까요! 반면에 형평성은 불공정을 해결하려는 도덕적 가치를 의미해요. 그래서 남는 것이 마땅치 않으니, 눈으로 확인할 수는 없어요. 그렇다고 형평성을 신경 쓰지 않으면 문제가 생긴답니다.

예를 하나 들어 볼게요. 우리나라에서 버스 노선을 개편★하는 사업을 추진한다고 생각해 봅시다. 효율성을 최우선 목표로 삼는다면 국가는 최소의 비용

★ **개편(改編)**
조직이나 예산 등을 고쳐서 다시 꾸밈

으로 최대의 효과(이득)를 얻어야 해요. 따라서 승객이 많이 타서 돈을 많이 버는 노선만 남기고, 승객이 적은 노선은 없애 버릴 거예요. 인구수가 많은 도시나 그 주변의 노선만 남게 되겠지요. 자연스럽게 시골이나 사람들이 잘 가지 않는 곳의 노선은 대부분 없어질 테고요.

그럼 여기에서 문제가 생깁니다. 버스 노선이 줄어든 지역은 자연스레 버스를 이용하기 어렵게 되어 주민들이 불편을 겪을 거예요. 헌법에 따라 모든 국민의 삶의 질을 높여야 하는 정부가 주민들의 불편을 외면해서는 안 되겠지요? 그러므로 형평성에 의거★해 인구가 적은 도시에도 꼭 필요한 버스 노선들은 만들어야 한답니다. 효율적이진 않지만 '주민들의 복지'라는 규범적 가치를 고려하는 선택이지요.

★ 의거(依據)
어떤 사실이나 원리 따위에 근거함

경제 성장이 부르는 양극화 문제

만약 경제 문제를 고민할 때 계속해서 형평성을 신경 쓰지 않는다면 어떨까요? 위에서처럼 쾌적한 버스 정류장을 세울 수 있는 돈이 잔뜩 쌓여도, 그 환경을 일부 사람들만 누리게 되겠지요. 경제 성장의 결과가 모두에게 똑같이 돌아가지 않는 거예요.

이러한 현상이 지속되면 사람들이 가지고 있는 재산에서 차이가 나게 되는 '양극★화 현상'이 나타나게 됩니다. 양극화 현상이란 경제적 불평등으로 인해 빈부 격차가 심해져 빈곤층이 증가하는 사회 현상을 의미해요. 이러한 현상은 양쪽 집단의 사회, 문화 그리고 교육 분야에서까지 일어나기 때문에 예방하고 해결해야 할 문제인데요. 우리나라는 어떤 상황일까요?

★ 양극(兩極)
서로 매우 심하게 거리가 있거나 상반되는 것

근로소득 상위 1%와 하위 50%의 소득 점유율

구분	2010	2014	2018	2019	2020
상위 1% 소득 점유율	7.6%	7.2%	7.3%	7.2%	7.5%
하위 50% 소득 점유율	14.9%	17.8%	19.5%	20.2%	20.1%

출처: 용혜인 의원실(국세청 제공자료 분석)

위 표는 국세청이 발표한 전 국민의 소득 내용을 분석해 만든 자료예요. '소득 점유율'이라는 것은 우리나라 국민 전체가 번 소득에서 어떤 집단이 벌어들인 금액이 차지하는 비중을 가리켜요. 예를 들어, 우리나라 사람들이 1년 동안 100만 원을 벌었는데 내가 만약 1만 원을 벌었다면 나의 소득 점유율은 1%인 거예요.

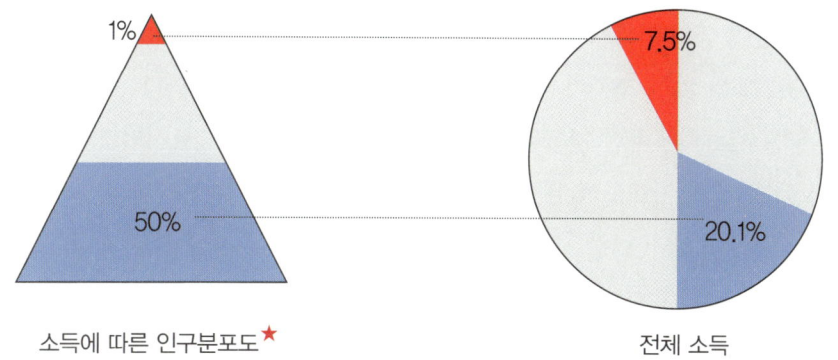

소득에 따른 인구분포도 ★

전체 소득

★ **인구분포도**
(人口分布圖)
인구의 지역별, 산업별, 민족별 등으로 어떻게 흩어져 있는지를 나타내는 지도

그럼 2020년 기준, 우리나라는 상위 소득 1%가 전체 소득의 약 7.5% 정도를 차지하고 있다는 뜻이겠네요. 다시 말해 우리나라에서 돈을 가장 많이 버는 단 1%의 사람들이 우리나라의 전체 소득 가운데 무려 7.5%에 해당하는 금액을 벌어들이고 있다는 거지요. 반면 하위권에서 중위권에 해당하는 50%의 사람들은 20.1%의 금액만을 벌고 있어요. 소득의 차이가 얼마나 큰지 감이 오시나요?

분배냐 성장이냐

사실 양극화는 전 세계적으로 나타나는 사회 문제예요. 왜 양극화는 쉽게 해결되지 못하는 걸까요? 경제 문제를 두고 효율성과 형평성은 서로 대립할 때가 많기 때문이에요. 정부에서 '경제 성장을 할 것인가, 국가 내 분배를 할 것인가! 그것이 문제로다!'라고 외치는 거지요. 여기서 '분배'란 나라에서 생산된 부를 어떤 사람들에게 얼마만큼 나눠 줄지 결정하는 것을 의미해요. 사회의 부는 가난한 사람에게 우선적으로 분배될 수도 있고, 능력이 가장 좋은 사람에게 우선적으로 분배될 수도 있습니다. 만약 국가가 효율성을 중요시한다면 양극화나 사회 문제는 고려하지 않고 GDP를 증가시키기 위한 정책만을 시행할 테지요. 반면, 국가가 형평성을 신경 쓴다면 경제 성장이 더디더라도 양극화를 해소시킬 분배 정책을 적극적으로 시행할 거예요.

그럼 형평성을 이루기 위해서는 어떻게 해야 할까요? 간단하게 말하자면 '부의 재분배'를 위한 제도가 필요합니다. 재분배란 다시 분배한다는 뜻으로, 어느 한쪽으로 치우쳐진 것들을 고르게 옮기는 것이에요. 대표적인 방법으로는 재산과 소득에 비례하게 세금을 걷어 들이고, 이를 복지 정책에 활용하는 거예요. 이를 통해 가난한 사람에게 금전적 지원을 해 주거나 의료 서비스나 교육 서비스 등을 값싸게 이용할 수 있습니다.

★ **환원(還元)**
원래 상태로 다시 돌아가거나 그렇게 되게 함

기업과 시민들의 노력도 양극화를 해소하는 데 중요한 역할을 할 수 있습니다. 어떤 기업들은 기업의 이윤을 사회적으로 환원★하거나, 기업만의 사회봉사 활동을 하는 등 다양한 노력을 할 수 있어요. 가난한 가정의 아이들을 위해 장학금을 준다거나, 가난한 사람을 위해 따로 단체를 만들어 도와줄 수도 있습니다. 가난한 사람들을 돕기 위한 기부 문화도 매우 중요한 요소입니다. 나보다 어려운 사람들과 함께 살아가기 위해서 나의 남는 몫을 옆 사람과 함께 나누겠다는 시민 의식을 품는 게 중요하겠지요?

○○○ 후보, "정부 정책의 방향을 '성장' 위주로 전환해야"

○○○ 후보는 우리나라 경제 정책의 방향이 분배가 아닌 '성장'을 목표로 해야 한다고 주장했다. 이전 정부의 정책 방향이 '선(先) 분배, 후(後) 성장'이었다고 말하며, 자신은 그것을 '성장 후 분배'로 바꿀 것이라 밝혔다. 그러면서 우리나라의 성장률을 4%대로 끌어올리겠다고 선언하며 각종 정책을 내놓았다. 분배를 강조하며 시행해 왔던 정부 주도의 경제 정책들을 기업 중심으로 전환하겠다고 발표한 것이다.

■ 위 기사에서 이야기하는 '선(先) 분배, 후(後) 성장'은 '먼저 분배한 후에 성장하겠다'라는 뜻이에요. 경제 정책들로 어떤 정책들이 있는지를 조사해 볼까요?

찬성	
반대	

■ 여러분들이 우리나라의 대통령이 된다면 어떤 방향으로 우리나라의 경제를 이끌어 나갈 건가요? 성장 중심인가요, 분배 중심인가요? 혹시 두 가지 모두를 잡을 순 없을까요?

한 줄 정리

- ☑ **효율성**: 최소의 비용으로 최대의 효과를 구하는 것
- ☑ **형평성**: 불공정을 해결하기 위한 규범적 가치
- ☑ **분배**: 생산된 재화 또는 용역이 그 사회 구성원 개개인 또는 집단에게 귀속되는 일
- ☑ **양극화**: 서로 다른 계층이나 집단이 점점 더 달라지고 멀어지게 되는 것

11 국가의 지갑이 텅 빈다면?

거시 경제

— 국가 재정과 세금

점점 증가하는 국가 예산으로 나라의 재정 상태가 악화되고 있습니다. 특히 대통령 후보들이 커다란 재원★이 필요한 공약들을 쏟아 내고 있어 우려가 높습니다. 국회는 재산세와 소득세를 비롯한 '직접세'와 여러 '간접세'를 증세★하는 것을 논의하고 있습니다.

★ **재원(財源)** 재화나 자금이 나올 근원지
★ **증세(增稅)** 세금의 액수를 늘리거나 세율을 높임

피할 수 없는 '증세'

'나랏돈'이 곧 우리 돈이었구나? 그런데 세금의 종류가 여러 개구나.

    국가는 헌법에 적혀 있는 것처럼 국민들의 행복과 더 나은 생활을 위해 다양한 활동들을 합니다. 그런데 나라에서 어떤 정책을 시행할 때에도 우리가 경제생활을 할 때와 마찬가지로 돈이 필요합니다. 이때 필요한 돈을

통틀어 국가의 '재정(財政)'이라고 합니다. 다시 말해 국가 재정이란 국가 또는 지방 자치 단체가 행정 활동이나 공공 정책을 시행하기 위하여 자금을 만들어 관리하고 이용하는 경제 활동을 뜻해요. 그럼 이 돈은 어디서 나오는 걸까요? 국가의 곳간을 채우는 세금에 대해서 알아볼게요!

국가의 지갑을 채우는 국민의 세금

우리 반에서 다 같이 피자를 시켜 먹기로 했어요. 누구 한 명이 한턱내는 것이 아니라면 반 친구들끼리 조금씩 돈을 모으겠지요. 반장이 대표로 돈을 거두어서 갖고 있다가 결제하는 이 상황을 국가로 바꾸어 보면 어떨까요? 모두가 한 푼 두 푼 내는 것이 세금이 되고, 한곳에 모아 둔 돈이 바로 국가의 재정이 된답니다.

이렇게 국가는 재정을 원활하게 다루기 위해 세금을 걷어요. '징수★하는 돈'이라는 뜻의 세금(稅金)은 국가 또는 지방 자치 단체가 정책 활동을 위하여 거두어들이는 돈을 말해요. 그럼 정확히 국가는 우리가 내는 세금으로 어떤 일을 할까요?

국가가 세금으로 진행하는 일은 크게 두 가지로 나눌 수 있어요. 첫째, 정부는 세금을 통해 경제를 조절하는 역할을 해요. 경제가 침체★될 위기에 처하면 소비를 권장하기 위해 세금을 줄이기도 하고, 반대로 너무 과열★되면 세금을 늘리는 등 상황에 맞게 세금을 조절하거든요. 만약 실업자가 많아지면 정부가 세금을 통해 여러 가지 사업을 벌여 일자리를 만들거나, 기업들을 지원하여 더 많은 사람을 고용할 수 있도록 돕는 식이에요.

둘째, 정부는 세금을 사회에 필요한 곳에 사용하여 나라의 재산을 재분배하는 역할을 해요. 세금은 기본적으로 돈이 많은 사람이 더 많이 내는 구조로 되어 있어요. 소득이 많으면 소득세를 더 많이 내고, 재산이 많으면 더 많은 재산세를 내지요. 정부는 이렇게 주머니 사정에 따라 거둔 세금을 복지에

★ 징수(徵收)
나라나 공공 단체 등이 법에 따라서 세금, 수수료, 벌금 따위를 거두어들이는 일

★ 침체(沈滯)
어떤 것이 나아가지 못하고 제자리에 머무름

★ 과열(過熱)
지나치게 뜨거워지거나 상승하는 등 활기를 띰

활용하거나 저소득층에 대한 지원을 해, 돈이 많은 사람으로부터 적은 사람에게 부(富)를 옮기는 역할을 합니다. 부자들과 서민들의 경제적 간극★을 줄이는 것이지요!

★ 간극(間隙)
사물 사이의 틈

우리가 내는 다양한 세금

그럼 이번에는 세금에 어떠한 종류가 있는지 알아볼까요? 국가는 우리 생활의 다양한 영역에서 세금을 걷고 있는데요. 각 세금별로 특징이 다양해서, 어떤 특징을 기준으로 세금을 바라보느냐에 따라 다양한 종류가 나올 수 있어요. 오늘은 국가에서 징수하는지, 지방 자치 단체에서 징수하는지를 기준으로 살펴볼게요.

국가가 국민에게 받는 세금은 '국세'고, 지방 자치 단체에서 주민에게 받는 세금은 '지방세'라고 해요. 그중에서도 우리가 주기적으로 내는 국세들은 위 표에 자세히 나와 있어요.

'소득세'란 우리가 버는 모든 소득에 대한 세금이에요. '종합부동산세(종부세)'는 내가 갖고 있는 재산 가운데 주택 및 토지 재산이 일정 금액 이상일 경우 내는 세금입니다. '상속★세'는 누군가 사망하며 나에게 대가 없이 유산을 물려 줄 경우, 그 금액에 따른 세금입니다. 반면 '증여★세'는 살아 있는 사람이 나에게 대가 없이 무언가를 넘겨 줄 때 내는 세금이에요.

지방세에 해당하는 '자동차세'는 자동차를 소유하고 있는 사람에게 받는 세금이고, '재산세'는 내가 갖고 있는 모든 재산에 대한 세금이에요. 종부세가 일정 금액을 넘는 부동산이 있을 때만 내는 데 비해, 재산세는 얼마든지 갖고 있는 양에 따라 낸답니다. 마지막으로 소개할 '주민세'는 지자체에서 징수하는 만큼, 그 지역 주민이라면 내는 세금이에요. 지역마다 개발하는 분야가 다르기 때문에 구역에 따라 따로 세금을 내는 거랍니다.

★ 상속(相續)
뒤를 이음

★ 증여(贈與)
물품 따위를 선물로 줌

만약에 내기 아깝다고 내지 않으면?

내가 열심히 해서 번 재산과 소득, 아무리 공짜로 받는 거라지만 개인끼리 주고받는 유산과 증여에 대해 왜 국가가 세금을 떼냐고 생각할 수도 있어요. 그 이유는 위에서 말한 세금의 역할을 떠올리면 힌트를 얻을 수 있어요. 바로 빈부 격차를 줄이기 위해서지요!

더욱이 우리 모두는 서로가 서로의 버팀목이 되고 안전망이 되어 주기 위해 함께 '국민'이라는 이름으로, '지역 주민'이라는 이름으로 살아가고 있습니다. 무상★ 급식과 무상 교육, 안전 및 복지 제도 등 알게 모르게 사회가 나를 위해 힘써 준 것은 수없이 많습니다. 그러니 나 혼자의 힘으로 살아가고 있다고 말할 수 있는 사람은 아무도 없을 거예요. 따라서 나에게는 충분히 많은데, 남에게 부족한 것이 있을 때는 기꺼이 사회에 되돌려 보내는 미덕이 필요해요. 이렇게 사회적 지위에 따르는 도덕적 의무를 '노블레스 오블리주(noblesse oblige)'라고 합니다.

★ 무상(無償)
어떤 행위에 대해 아무런 대가나 보상이 없음

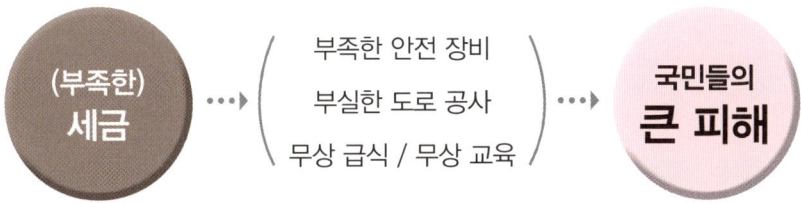

만약 이기적인 마음을 품고 세금을 내지 않거나 몰래 빼돌리면 어떻게 될까요? 이러한 행위를 '탈세(脫稅)'라고 하는데요. 세금은 지금까지 우리가 배운 것처럼 국가 경제와 국민들의 삶에 큰 역할을 하지요? 위 도표처럼 부족한 세금으로 구멍 난 국가 살림은 국민들에게 막심한 피해를 끼치게 됩니다. 또한 얼마의 재산 및 소득에 얼마의 세금을 의무적으로 내는지는 '세법'이라는 법으로 엄정하게 정해져 있는 만큼, 탈세는 다른 경제 범죄에 비해 큰 범죄에 속합니다.

더 알고 싶어요!

나도 세금을 내고 있을까?

혹시 세금은 어른들만의 이야기라고 생각했나요? 만약 여러분이 가게에서 물건을 샀던 경험이 있다면 세금을 내 본 거예요! 초등학생부터 성인까지 모두 동일하게 내고 있는 세금이 바로 '부가가치세'예요. 햄버거나 색연필, 미용실 커트 비용 등 여러분이 돈을 내고 구매하는 재화나 서비스에는 모두 이 세금이 포함되어 있습니다.

부가가치세란 상품을 판매하거나 서비스를 제공할 때 거래 금액에 일정 금액을 징수하여 납부하는 제도를 말해요. 돈을 버는 것에 대해서도 세금이 붙듯, 우리의 소비에도 세금이 붙는 거지요.

우리가 물건 값에 포함해 지불하는 부가가치세는 물건을 판 사람이 대신 받아 두었다가 6개월 또는 1년마다 국가에 지불한답니다. 그 이유가 뭐냐고요? 아주 단순해요. 그게 편하니까요!

```
[매장명] 버거퀸
[주소] 서울 ○○구
[매출일] 20○○-○○-○○ 17:31:57
============================
상품명            단가   수량   금액
불고기 버거 세트  4,800   1    4,800

합계 금액                        4,800

                부가세 과세물품가액  4,320
                       부가세       480

받을 금액                        4,800
받은 금액                        4,800
```

생각 플러스

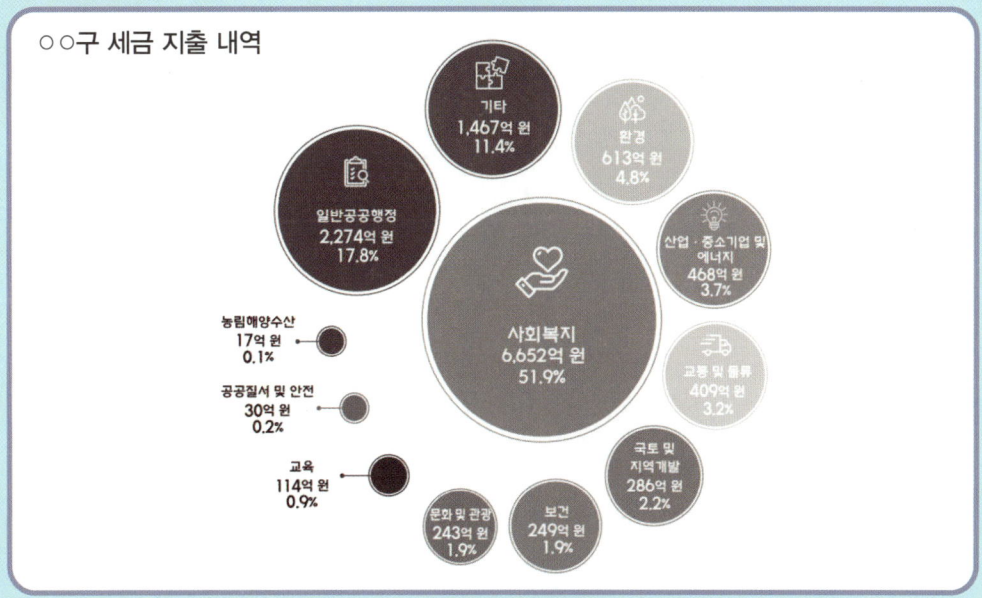

○○구 세금 지출 내역

위 도표는 실제 지역의 구청에서 올린 2020년의 재정 내역 보고서예요. 이렇게 국가 기관들은 소중한 세금을 어디에 썼는지를 투명하게 공개하고 있답니다.

■ 여러분이 살고 있는 지역의 자치 단체 누리집에서 '재정 정보'를 찾아보세요. 가장 많이 쓰인 곳은 어디였나요?

가장 많이 쓰인 곳:

가장 적게 쓰인 곳:

한 줄 정리

☑ **세금**: 국가나 지방 자치 단체가 국민으로부터 강제적으로 징수하는 금전 또는 재물

☑ **재정**: 공공의 욕구를 충족시키는 데 필요한 수단을 조달하고 관리하며 사용하는 모든 경제 활동

12 우리나라가 가장 많이 파는 물건은?

국제 경제  — 수출과 수입

우리나라 무역 규모의 성장

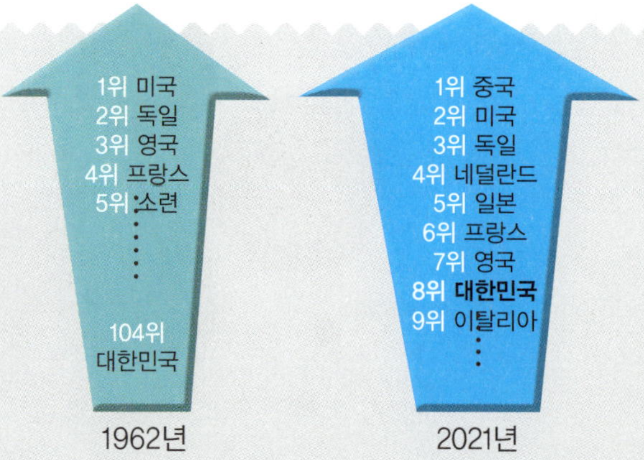

1962년
- 1위 미국
- 2위 독일
- 3위 영국
- 4위 프랑스
- 5위 소련
- ⋮
- 104위 대한민국

2021년
- 1위 중국
- 2위 미국
- 3위 독일
- 4위 네덜란드
- 5위 일본
- 6위 프랑스
- 7위 영국
- **8위 대한민국**
- 9위 이탈리아
- ⋮

2021년 우리나라 주요 수출국과 수입국

〈단위: 억 달러〉

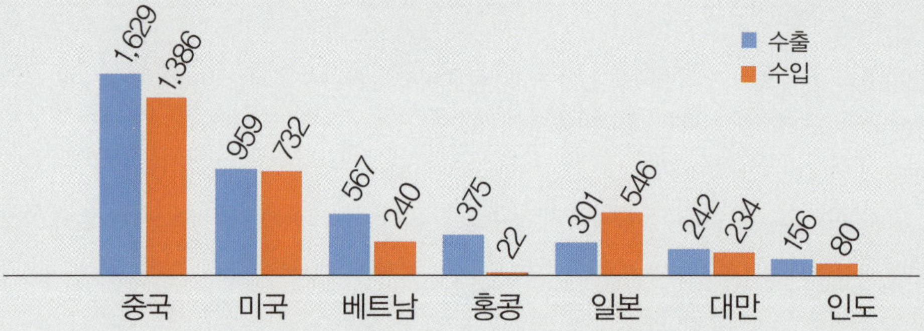

국가	수출	수입
중국	1,629	1,386
미국	959	732
베트남	567	240
홍콩	375	22
일본	301	546
대만	242	234
인도	156	80

와~ 우리나라가 이렇게 많은 나라와 거래를 하고 있구나!

특히 중국과 미국의 비중이 정말 크네!

스마트폰, 볼펜, 자동차 등 우리가 매일 사용하는 물건들은 전부 국산품*일까요? 백 퍼센트 우리나라에서 만든 거라고 생각한 상품들도 하나씩 뜯어보면 그렇지 않은 경우가 많아요! 특히 과자나 아이스크림의 원료, 스마트폰과 자동차에 들어가는 부품 가운데 대부분은 다른 나라로부터 사 온 것이랍니다. 이렇게 국경을 넘어 국가 간에 필요한 물건이나 서비스를 사고파는 것을 '무역'이라고 해요. 오늘날 세계는 무역을 통해 활발한 경제 활동이 이루어지고 있어요. 무역은 '수출'과 '수입'으로 구분할 수 있는데, 위 기사 속 도표는 우리나라의 무역 규모가 단기간에 얼마나 많이 성장했는지 잘 보여 주고 있네요.

★ **국산품(國産品)**
자기 나라에서 생산한 물품

외국으로 물건을 파는 수출

<u>수출은 자기 나라의 상품이나 기술을 외국으로 파는 것</u>을 말합니다. 처음에 나온 막대그래프를 잠시 살펴보도록 해요. 우리나라가 가장 많은 물건을 수출하는 나라는 어디인가요? 맞아요, 우리의 가장 큰 고객은 중국이라는 것을 알 수 있어요. 그다음으로 미국과 베트남도 중요한 고객이지요.

그렇다면 우리나라의 주요 수출품은 무엇이 있을까요? 우리나라는 천연자원이 풍부하지 않지만 자원을 가공*하여 다양한 물건을 만드는 기술이 뛰어난 국가예요. 아래 도표는 2021년 우리나라의 주요 수출 품목을 보여 주고 있습니다.

★ **가공(加工)**
원자재 등을 인공적으로 처리해 새로운 제품을 만들거나 질을 높임

2021년 우리나라 주요 수출 품목 규모 (출처: 산업통상 자원부)

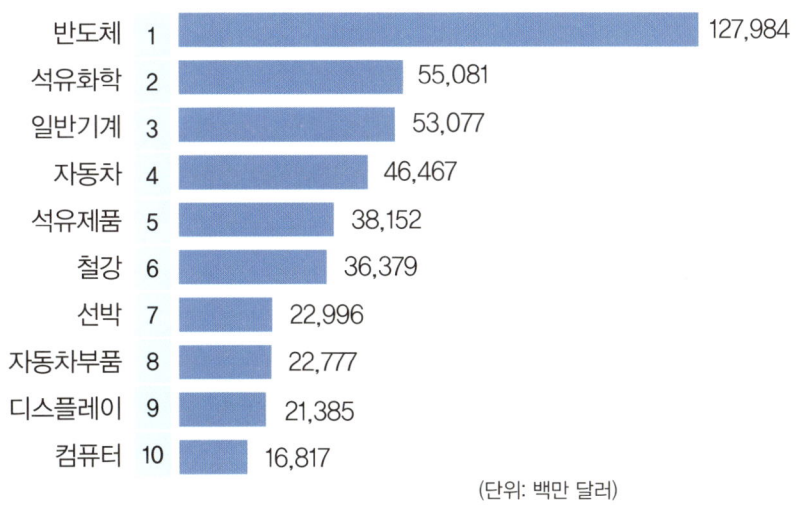

순위	품목	규모
1	반도체	127,984
2	석유화학	55,081
3	일반기계	53,077
4	자동차	46,467
5	석유제품	38,152
6	철강	36,379
7	선박	22,996
8	자동차부품	22,777
9	디스플레이	21,385
10	컴퓨터	16,817

(단위: 백만 달러)

★ **반도체**(半導體)
특별한 조건에서만 전기가 통하는 물질로, 어떤 기계 안에서 전류를 조절하는 데 사용됨

★ **급부상**(急浮上)
갑자기 세상에 알려지거나 영향력을 끼치게 됨

대표적 수출품으로는 '산업의 쌀'로 비유되는 반도체★를 비롯하여 자동차, 철강, 선박 등이 있네요. 순위에는 없지만, 음악과 영화, 드라마 같은 문화 콘텐츠도 최근 급부상★한 대한민국의 수출 서비스 상품이랍니다.

외국으로부터 물건을 사 오는 수입

수출과 달리 수입은 다른 나라로부터 상품이나 기술 따위를 국내로 사들인다는 뜻입니다. 처음 제시한 자료인 주요 수출입국 통계를 살펴보면, 우리나라는 중국과 미국에 수출을 많이 하는 동시에 두 나라로부터 수입 또한 많이 한다는 것을 알 수 있는데요. 그만큼 우리나라 입장에서는 중국과 미국에 대한 경제적 의존도가 높다고 할 수 있어요.

(단위: 억 달러)

거래 대상	수출	수입	총 이익
중국	1,629	1,386	+243
일본	301	546	−246

★ **무역 수지**
(貿易收支)
한 나라의 무역 수출과 수입의 차이

한편, 다른 나라들과는 달리 일본에겐 수출보다 수입을 더 많이 했는데요. 수출액이 수입액보다 많으면 '무역 수지★ 흑자'라고 말하고 반대로 수입액이 더 많으면 '무역 수지 적자'라고 표현해요. 흑자는 상품을 팔아서 들어온 돈이 상품을 사 오기 위해 나간 돈보다 많아서 이익이 생긴 경우를 가리키고, 적자는 그 반대로 손해가 생긴 경우를 가리켜요. 그래서 일본은 우리나라 입장에서는 '무역 적자 국가'인 셈이지요.

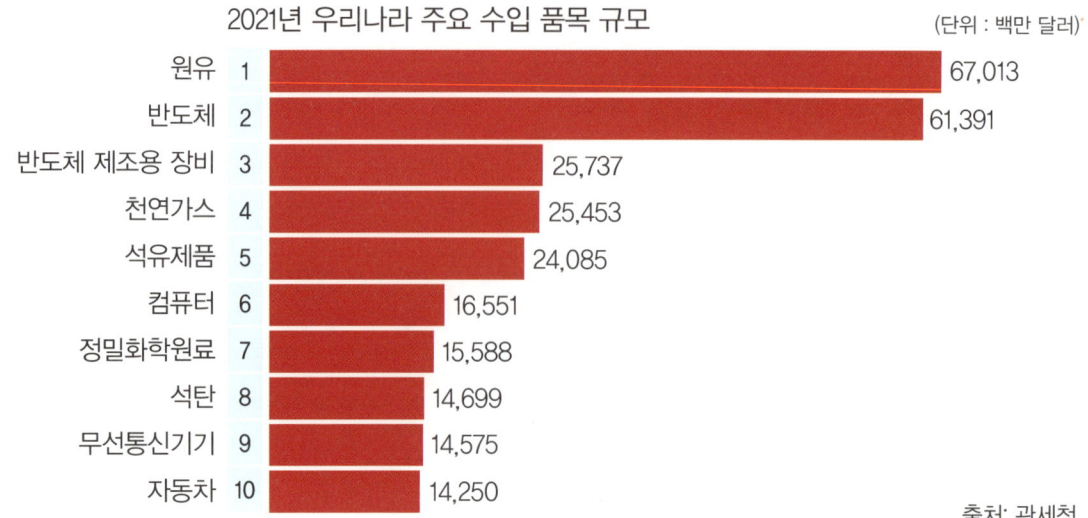

2021년 우리나라 주요 수입 품목 규모 (단위: 백만 달러)

순위	품목	금액
1	원유	67,013
2	반도체	61,391
3	반도체 제조용 장비	25,737
4	천연가스	25,453
5	석유제품	24,085
6	컴퓨터	16,551
7	정밀화학원료	15,588
8	석탄	14,699
9	무선통신기기	14,575
10	자동차	14,250

출처: 관세청

우리나라가 자원이 부족한 국가라는 사실은 10대 수입 품목을 살펴보면 알 수 있어요. 원유★, 천연가스, 석탄을 수입에 많이 의존하고 있군요. 또한 반도체는 수출 비중도 높지만 수입도 많이 한다는 걸 알 수 있습니다.

★ 원유(原油)
땅속에서 뽑아내 정제하지 않은 그대로의 기름으로, 여러 석유 제품과 석유 화학 공업의 원료로 쓰임

무역은 왜 하는 걸까?

지난해 우리나라의 무역 규모는 세계 8위를 기록했습니다. 1년간 우리나라의 무역액★은 1조 2,596억 달러(약 1,400조 원)였다고 하네요. 우리나라의 무역 규모가 이 정도라면 전 세계의 무역 규모는 어느 정도 될까요? 아마 상상을 초월할 규모라는 것을 쉽게 짐작할 수 있을 테지요! 이렇게 전 세계적으로 많은 무역이 일어나는 이유는 무엇일까요? 한 나라 안에서만 거래하는 것보다는 국가 간 거래인 무역을 하는 게 더 유리하기 때문이겠지요. ==그렇다면 무역을 하면 무엇이 좋을까요?==

★ 무역액(貿易額)
수출과 수입을 합친 총 금액

우선 무역은 자연환경에서 오는 제약을 극복하게 해 줍니다. 기후와 지형에 영향을 많이 받는 농수산물의 경우, 나라마다 잘 재배되고 생산되는 품목이 달라요. 망고나 바나나와 같은 열대과실을 우리가 한겨울에도 맛볼 수 있는 이유가 바로 무역 덕택이랍니다.

또한, 나라마다 자원과 기술도 달라서 무역으로 서로 이익을 보기도 해요. 반도체나 자동차는 우리나라가 뛰어난 기술력을 갖고 있어서 수많은 국가에 수출할 수 있었어요. 호주는 철광석, 석탄과 같은 지하자원이, 우크라이나는 밀, 옥수수 같은 식량자원이 풍부하여 다른 나라에 팔아서 이익을 내요. 인도네시아는 스마트폰이나 자동차를 수입하지만, 스마트폰 배터리에 필요한 구리와 니켈 그리고 타이어의 원료인 천연 고무는 수출하지요. 이렇게 ==무역을 통해 서로 부족한 부분을 채운다면 두 나라 모두 경제적 이익과 삶의 만족감을 얻을 수 있답니다.==

요소수 대란, 지나친 중국 의존도가 문제?

중국에서 시작된 '요소수' 품귀 현상의 불똥이 한국으로 번지고 있다. 대형 화물차 같은 디젤 엔진★ 차량에 꼭 필요한 요소수의 수입이 어려워지면서 국내 물류 산업이 발목을 잡혔다.

이번 사태는 중국 정부가 요소수의 원재료인 '요소' 수출을 제한하면서 시작되었다. 그런데 우리나라는 요소를 중국으로부터 98%나 수입하고 있다. 따라서 이후로도 만약 중국이 생산·수출을 통제할 경우 경제 타격은 피할 수 없어 보인다.

중국의 패권★ 경쟁으로 한국이 피해를 본 것은 이번이 처음이 아니다. 지난 2016년 7월에 미국과 한국이 한반도 국방을 위해 사드(THAAD, 고고도 미사일 방어 체계)를 배치하자, 중국은 한국 관광을 막고 한국 제품 판매를 금지하는 등 경제 보복을 가했다. 이로 인해 관광 수입이 21조 원 이상 줄어들었다는 분석이 있다.

★ 디젤 엔진 휘발유가 아닌 경유를 사용하는 엔진
★ 패권(霸權) 어떤 국가가 경제력이나 무력으로 다른 나라를 압박하여 세력을 넓히려는 권력

■ 위 기사를 읽고 특정 국가에 무역(수입, 수출)을 지나치게 의존했을 때 발생할 수 있는 문제점에 대해 생각해봅시다.

한 줄 정리

☑ **수출**: 국내의 상품이나 기술을 외국으로 팔아 내보냄
☑ **수입**: 다른 나라로부터 상품이나 기술 따위를 국내로 사들임

13 로마에 가면 로마의 돈을 써야지!

국제 경제 — 환전과 환율

'환율 1,300원 돌파' 산업별로 희비 엇갈려…

달러 환율이 1,300원대를 넘어서며 산업마다 희비*가 엇갈리고 있다. 수출 비중이 높은 자동차·조선·가전제품은 이러한 현상을 반기고 있다. 자동차 업계 관계자는 "원화 약세*로 해외 시장에서 가격 경쟁력이 높아지므로 단기적으로 장점"이라고 밝혔다.

반면 원유·원자재를 달러로 계산해야 하는 업계는 환율 상승에 따른 손실이 불가피하다. 특히나 철강·건설업계는 원재료를 대부분 해외에서 수입해 오기에 손해가 클 것으로 예측된다. 항공업계 또한 망연자실한 모습이다. 항공업계는 기름 값과 항공기 임대료 등에 대한 비용 부담이 높은 데다 모든 비용을 달러로 결제한다.

금감원* 보고서에 따르면 ○○ 항공은 환율이 10원 오를 때 자그마치 490억 원의 손실을 입는다. 2021년 환율 상승에 따른 ○○ 항공의 손실은 5,531억 원에 이르며, 환율이 오름세를 지속할 경우 올해 손실은 더욱 커질 전망이다.

★ 희비(喜悲) 기쁨과 슬픔을 함께 이르는 말
★ 원화 약세(圓貨弱勢) 원화의 가치가 떨어지는 것을 의미함
★ 금융감독원(金融監督院) 금융 기관의 건전성을 확보하고 공정한 시장 질서를 목적으로 만든 국가 기관

국제 거래를 하는 기업은 환율 변동에 큰 영향을 받나 봐.

해외 출장을 자주 가는 우리 이모도 환율을 자주 살피셨어.

처음 보는 용어가 많아서 어려웠지요? 1달러를 우리나라 돈으로 환산하는 '원-달러 환율'이 1,300원대를 넘어섰는데, 산업별로 반응이 다르다는 내용이었어요. 어째서 산업에 따라서 환율에 대한 반응이 다른 걸까요? 우선 환율과 환전에 대한 것부터 이해해야겠지요? 이처럼 경제에 미치는 영향이 매우 큰 환율에 대해 알아볼게요!

우리 돈과 외국 돈을 교환하는 환전

많은 나라들이 서로 다른 언어를 사용하듯이 나라마다 쓰는 화폐의 단위도 제각각이에요. 그래서 해외여행을 떠나기 전에 그 나라에서 사용할 수 있는 돈을 미리 준비해야 하지요. 보통 은행에 들러서 우리나라 돈을 외국 돈(외화)으로 바꾸는데, 이것을 '환전'이라고 해요.

만약 중국 여행을 간다면 중국에서 사용되는 화폐인 '위안'으로 환전해야 하고, 일본으로 떠난다면 '엔'으로 교환해야겠지요. 대부분 국가에서 사용이 가능한 화폐인 '달러'로 바꿀 수도 있어요. 환전은 일반 은행이나 우체국에서 할 수 있지만, 여행 당일까지 깜빡 잊고 하지 않았다면 공항 환전소에서도 할 수 있답니다. 서로 다른 언어를 쓰는 나라 간에는 통역을 통해 의사소통하는 것처럼, 다른 화폐를 쓰는 나라를 여행할 땐 이렇게 환전을 통해 원활한 경제 활동을 할 수 있어요!

각국의 화폐

매일매일 바뀌는 교환 비율

그럼 실제로 우리 돈 100만 원을 환전하기 위해 은행에 간다고 생각해 볼까요? 100만 원으로 얼마만큼의 달러, 유로, 위안으로 바꿀 수 있을까요? 그리고 그 기준은 무엇일까요? 이것을 결정하는 게 바로 '환율'이에요! 환율은 서로 다른 두 나라간의 화폐를 교환할 때 그 비율을 말하는데, 우리나라 입장에서는 우리 돈(원)과 외국 돈의 교환 비율이라고 생각하면 돼요. 나라마다 화폐의 단위와 가치가 다르기 때문에 환전을 어떤 비율로 할 것인지가 결정되어야 돈을 바꿀 수 있어요.

현재 원-달러 환율을 1,000원이라고 가정해 볼게요. 원-달러 환율이 1,000원이라는 말은 우리나라 돈 1,000원과 1달러가 같은 비율로 교환된다는 말입니다. '미국 돈 1달러를 얻기 위해서 한국 돈 1,000원이 필요하다'라고 표현할 수도 있어요.

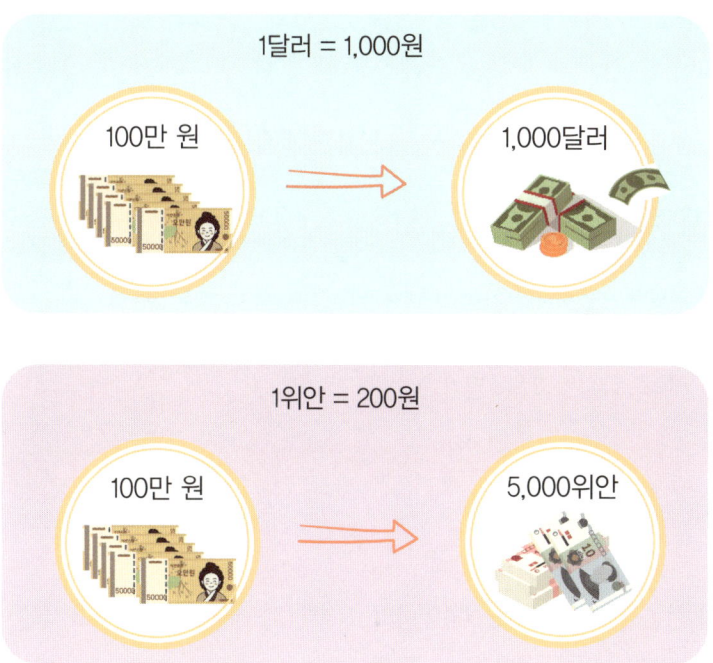

위 표처럼 100만 원을 가지고 은행에서 달러로 환전을 신청하면 은행 직원은 현재 환율을 적용하여 여러분에게 1,000달러를 내어 줄 거예요. 사실 은행에

★ **수수료(手數料)**
어떤 일을 맡아 처리해 준 데 대가로서 주는 요금

는 환전 수수료★라는 게 있어서 실제로는 1,000달러보다 조금 적게 줄 테지만요. 이런 식으로 우리나라 돈 원화를 외국돈으로 환전할 때는 두 나라 화폐끼리의 교환 비율 즉 환율을 적용해요. 물론 유로-위안, 달러-엔 환율처럼 외국 화폐끼리의 환율도 있겠지요?

참고로 환율은 각 나라의 경제 사정과 국제 경제의 흐름에 따라 매일 조금씩 바뀌는데요. 물건 값을 정하는 원리와 유사해요. 물건을 사고파는 시장처럼 '외환 시장'이 존재하거든요. 각국의 은행은 자기네 고객이 필요로 하는 외화를 외환 시장에서 구입하거나, 고객이 은행에 판매한 외화를 시장에 되팝니다. 이때 서로 '얼마에 살래? 얼마에 팔래?' 하고 가격을 제시하다가 일치하면 그 가격으로 환율이 정해지는 거지요!

더 알고 싶어요!

환율을 표시하는 방법

환율을 표시하는 방법에는 '자국 화폐 표시법'과 '외국 화폐 표시법' 이렇게 2가지가 있어요.

	○월 ○일	○월 △일	○월 ×일	
1$	1,000원	1,210원	1,180원	→ 자국 화폐 표시법
1,000원	1$	1.21$	1.18$	→ 외국 화폐 표시법

외국 화폐와 우리나라 화폐 가운데 어떤 것을 기준으로 삼느냐에 따라 다른 표기법입니다. 대부분의 국가는 외국 돈 얼마에 우리나라 돈이 얼마인가를 좀 더 빨리 파악할 수 있는 자국 화폐 표시법을 많이 쓴답니다.

환율이 올랐다면 우리 돈의 가치는?

★ 여기서 환율은 전 세계에서 가장 일반적으로 통용되는 기본 통화는 달러($)이기 때문에 특별한 말 없이 '환율'이라고 말하면 우리 돈과 달러의 교환 비율이라고 생각하면 돼요!

현재 환율을 다시 1$=1,000원이라고 가정해 볼게요.★ 여기서 '환율이 오른다'라는 것은 1$=1,100원, 1$=1,200원, 1$=1,300원 이렇게 계속 올라가는 것을 의미해요. 다시 말해 1달러와 교환되는 우리 돈의 액수가 높아진다는 것이지요. '1달러를 얻기 위해 우리 돈이 점점 더 많이 필요해진다'라는 의미이기도 하고요. 그렇다면 환율이 상승한다는 것은 우리 돈의 가치가 올라가는 것인가요? 아니면 떨어지는 것인가요?

1달러와 바꾸기 위해서 100원, 200원, 300원… 더 많은 우리 돈이 필요하게 되는 것이니, 환율이 오르면 우리 돈의 가치는 낮아지는 것이겠군요. 우리 돈의 가치가 낮아지면 상대적으로 달러의 가치는 높아지는 것일 테고요!

> 환율 ↑ = 한국 돈의 가치 ↓ = 달러가 비싸졌다!

> 환율 ↓ = 한국 돈의 가치 ↑ = 달러가 싸졌다!

환율에 울고 웃는 우리나라 수출 기업

그럼 환율의 변화가 무역에 어떤 영향을 줄까요? 자동차나 가전을 수출하는 우리나라 기업은 환율이 상승하면 유리할까요, 불리할까요? 앞에서 환율이 상승하면 우리 돈의 가치가 낮아진다고 했지요. 예를 들어 우리나라 S 전자가 스마트폰 1대당 1,000$의 가격을 매겼다고 해 보아요. 그리고 아래 표를 확인해 봅시다.

	환율	수출량	수출액(수익)	
(1대당 1,000$)	1,000원	100대	*1,000($)×100(대)×1,000(원) = 1억 원	2천만 원 이득
	1,200원	100대	1,000($)×100(대)×1,200(원) = 1억 2천만 원	

* 1대당 1,000$인 스마트폰을 100대 팔았으니깐 달러 기준으로 수출액은 10만$(1,000$*100대)인데 우리 돈으로 환산하기 위해 1,000원을 곱하여 계산함.

이렇게 환율이 200원 오르면 수출량은 그대로인데 수익이 2,000만 원이나 오르는 마법 같은 일이 발생하게 된답니다. 그래서 우리나라 수출 회사는 환율이 상승할수록 이익이 더 많이 날 수 있어요.

반면에 항공, 철강 업계는 왜 환율 상승으로 손실이 커지는 걸까요? 항공업은 비행기를 움직이게 하는 원유를 수입하고 철강 업계는 철광석을 수입해서 가공하는 회사예요. 즉 둘 다 공통으로 해외에서 원료를 수입하는 것이지요. 이것도 아래 표를 확인해 볼까요?

	환율	수입량	수입액(비용)
(1 배럴★당 130$)	1,000원	1,000 배럴	130$×1,000배럴×1,000(원) = 1억 3천만 원
	1,200원	1,000 배럴	130$×1,000배럴×1,200(원) = 1억 5천 6백만 원

2,600만 원 손실

★ 배럴(barrel)
영국과 미국에서 쓰는 부피 단위(1배럴은 약 159ℓ)

위 표와 같이 원재료를 수입하는 국내 기업은 환율 상승으로 원료 가격이 비싸져서 같은 양을 수입할 때 이전보다 더 많은 비용을 지불해야하므로 손실이 발생한답니다. 물론, 환율이 하락했을 때는 반대의 현상이 발생하겠지요? 이렇게 수출과 수입은 환율의 변화에 매우 민감하게 영향을 받게 되는데요. 해외 여러 나라와 많은 무역을 하는 우리나라의 기업들은 시시각각 변하는 환율의 움직임을 늘 주의 깊게 관찰할 수밖에 없다고 하네요.

■ 현재 환율이 가파르게 상승하고 있습니다! 위 그림 속에서 이익을 보는 사람과 손해를 보는 사람은 누구누구일까요?

이익을 보는 사람과 그 이유는?

손해를 보는 사람과 그 이유는?

한 줄 정리

- ☑ **환전**: 우리 돈과 외국 돈을 바꾸는 것
- ☑ **환율**: 우리 돈과 외국 돈의 교환 비율
- ☑ **환율 상승**: 한국 돈의 가치가 낮아지고 달러가 비싸지는 것
- ☑ **환율 하락**: 한국 돈의 가치가 높아지고 달러가 싸지는 것

14 생산품의 무게에 따라 구분되는 산업

국제 경제 — 경공업과 중공업

北, 대북 제재와 코로나19로 경제 타격

최근 북한은 국제 사회의 대북*제재* 속에서 코로나 여파까지 겹쳐 경제적 어려움이 매우 큰 것으로 파악되고 있습니다. 최○○ 통일 연구 위원은 "제재의 충격은 수출에 집중돼 광업과 중공업을 중심으로 큰 타격을 줬지만, 코로나19가 농림과 어업, 경공업 등에 큰 악영향을 주면서 경제 전반과 민생*에 타격*을 줬다"라고 분석했습니다.

★ 대북(對北) '북쪽에 대한'의 뜻을 나타내는 말
★ 제재(制裁) 법이나 규정을 어겼을 때 국가 차원에서 처벌이나 금지 등을 행함
★ 민생(民生) 국민들의 생활 및 생계
★ 타격(打擊) 어떤 일에서 크게 기를 꺾음 또는 그로 인한 손해

북한은 왜 국제 사회에서 경제 제재를 받고 있는 것일까?

국민을 돌보지 않고 핵무기나 미사일 개발에 몰두하고 있기 때문이지.

2018년 남북 정상들의 만남을 계기로 한반도에 평화 분위기가 조성되었지만, 더 큰 화합을 이루지 못하고 지금까지(2022년 상반기) 남북 관계는 냉랭한 분위기가 계속되고 있어요. 그러다 보니 북한은 본인들의 안전을 빌미로 핵무기와 신형 미사일 개발을 이어가고 있습니다. 어느 한 나라가 세계를 위협하는 무기를 만든다면 전 세계 분위기가 흉흉하겠지요? 따라서 미국을 중심으로 국제 사회는 북한에게 '멈추세요!'라며 경제적 제재를 가하고 있습니다. 그로 인해 북한은 중공업에 큰 타격을 받았고, 코로나19까지 찾아오며 경공업에도 이상이 생겼다고 하네요. 여기서 말하는 경공업과 중공업은 무엇을 말하는지 살펴볼게요!

1차, 2차, 3차 … 다양한 산업의 형태

산업은 기준에 따라 여러 가지로 분류할 수 있어요. 경공업과 중공업의 차이를 살펴보기 전에 우선 산업을 구분하는 가장 기본적인 방식부터 알아볼게요!

일반적으로 산업을 구분할 때는 영국의 경제학자인 콜린 클라크(Colin Clark)가 만든 방식을 사용한답니다. 클라크는 경제가 나아갈수록 산업의 구조가 1차에서 2차, 2차에서 3차로 점점 그 비중이 옮겨 간다고 얘기했어요.

| 1차 산업 | 2차 산업 | 3차 산업 |

▶ 밀을 생산한다.　　▶ 밀을 원료로 식빵을 생산한다.　　▶ 기내식 서비스로 식빵을 제공한다.

여기서 말하는 '1차 산업'은 땅이나 바다 등 자연환경에 직접 노동력을 투입해 필요한 물품을 얻거나 생산하는 산업을 말해요. 대표적으로 농업, 목축업★, 임업★, 수산업 등이 있지요.

'2차 산업'은 1차 산업에서 얻은 생산물이나 천연자원을 가공해 우리 생활에 필요한 물건으로 만드는 산업이에요. 제조업, 건설업 같은 공업과 광업 등을 가리켜요. 우리가 다음에 살펴볼 경공업과 중공업은 2차 산업에 속해요.

'3차 산업'은 1, 2차 산업에서 생산된 물품을 소비자에게 판매하거나 각종 서비스를 제공하는 서비스 산업을 말해요. 상업, 운수업★, 통신업, 금융업 등이

★ 목축업(牧畜業)
소나 돼지 같은 가축을 대량으로 기르는 사업

★ 임업(林業)
산림에서 나는 물품으로 경제적 이윤을 내는 사업

★ 운수업(運輸業)
사람을 태워 나르거나 물건을 실어 나르는 사업

해당되지요. 시대가 바뀌며 3차 산업 가운데 정보나 의료·교육 서비스 같은 지식 산업은 '4차 산업'으로 분리하기도 해요. 그중에서도 유행으로 빠르게 변하는 패션이나 오락 및 레저 산업은 '5차 산업'이라고도 하고요!

생산물의 무게로 구분하는 경공업과 중공업

기본적으로 공업은 2차 산업이지만, 생산품의 무게에 따라 경공업(輕工業)과 중공업(重工業)으로 나눌 수 있어요. 가볍다는 뜻의 '경(輕)'과 무겁다는 뜻의 '중(重)'에서 눈치를 채셨나요?

경공업은 부피에 비하여 무게가 가벼운 물건을 만드는 일이에요. 목화나 양털 등 가벼운 원료를 이용하는 천(섬유)이나 식료품, 책 등 우리가 주로 일상에서 직접 소비하는 물건들이지요. 또한 노동력이 비중이 크다는 특징이 있어요. 반면 중공업은 제품의 부피에 비해 중량이 상대적으로 무거운 것을 만드는 공업을 말해요. 경공업에 비해 공장이나 트럭, 포클레인 등 자본과 기술의 비중이 큰 특징을 갖고 있어요. 철강, 조선(배), 기계 공업이 여기에 속한답니다.

공업은 일반적으로 경공업에서 중공업으로 발전하게 되어요. 왜냐하면 경공업은 사람의 손, 기술 등 말 그대로 '인력(人力)'만 있으면 어떻게든 운영되지만, 건물이나 배를 만들어야 하는 중공업은 장비 없이 사람만 있어서는 제조가 어려우니까요! 다시 말해 경공업이 중공업보다 초기 시설비가 적게 드니깐 부담 없이 시작할 수 있어요.

우리나라는 어땠을까?

6.25 전쟁 이후 우리나라는 농업, 수산업, 임업 등 1차 산업을 중심으로 한 산업 구조를 갖고 있었어요. 전쟁으로 나라 전체가 폐허로 변한 상황이라, 본격적으로 공업이 발달하기 어려운 상황이었지요. 이후 본격적인 2차 산업의 발달은 경제 개발 5개년 계획★이 추진되면서 시작되었어요.

★ **경제 개발 5개년 계획**
경제 발전을 목적으로 박정희 정부 때 추진한 경제 계획으로, 1962년부터 1986년까지 5년 단위로 실시함

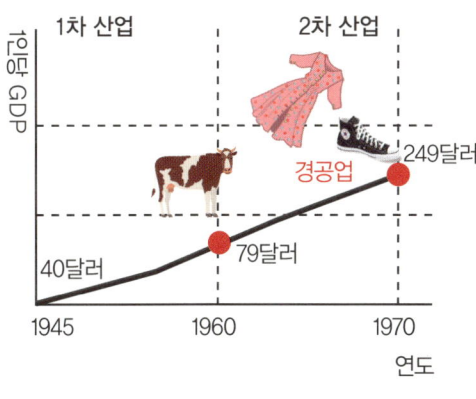

그 당시 우리나라는 자원이 풍부하지도 않았고 높은 기술력을 갖고 있지도 않았어요. 유일한 강점은 바로 풍부한 노동력이었지요! 그래서 큰 자본이 필요하지 않은 섬유, 신발, 의류, 가방 등과 같은 경공업이 국가 경제를 이끌었어요. 저렴한 가격으로 많은 제품을 만들어 낸 덕분에 우리나라 제품은 해외 시장에서 인기를 얻었고, 빠르게 경제를 성장시킬 수 있었어요.

1970년대부터 정부는 경공업보다 많은 돈과 높은 기술력이 요구되는 중화학 공업★을 성장시키기 위한 다양한 노력을 시작해요. 대기업에 돈을 빌려 주기도 하고 기술력을 높이기 위해 고급 인력을 키우는 데 많은 투자를 했어요. 70년대는 조선과 철강이나 석유 화학 산업이, 80년대에는 자동차나 전자 기계 산업이 성장하게 되었지요. 정부와 기업 그리고 노동자들의 노력으로 우리나라의 중화학 공업은 세계적인 수준으로 인정받았지요.

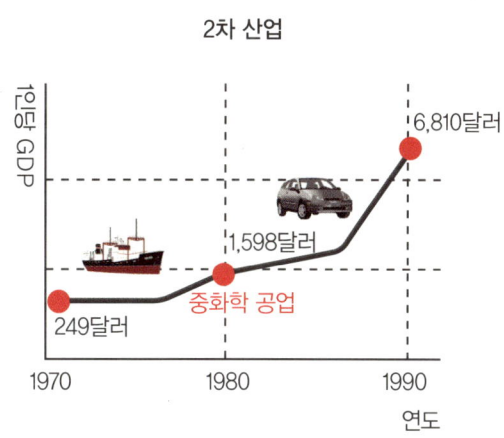

★ **중화학 공업 (重化學工業)**
플라스틱, 고무, 화학 섬유 제품을 생산하는 '화학 산업'과 중공업을 합친 말

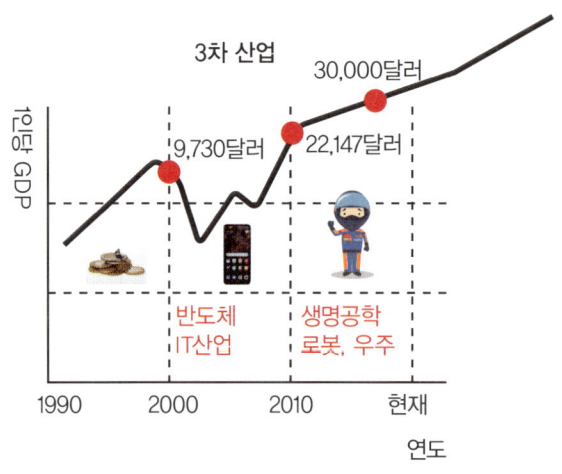

세계화와 정보화가 본격적으로 시작한 1990년대는 정보 통신 기술(IT)과 관광 산업이 발달하면서 3차 산업의 비중이 커지게 되었어요. 이 시기에 국내 기업들이 컴퓨터를 개발하면서 관련 산업이 발달하기 시작했는데요. 특히 반도체 산업은 세계 시장에서 경쟁력을 얻어, 현재 우리나라 1등 수출 상품의 자리를 차지하고 있어요!

2000년대 이후 생명공학, 항공 우주 등 고도★의 기술력이 요구되는 첨단 산업★과 함께 문화 콘텐츠 산업, 의료 서비스 산업처럼 삶의 질을 높여 주는 산업들이 계속 발달하고 있어요. 코로나 19 이후 새롭게 펼쳐질 세상에서 우리나라 경제를 또 한 번 성장시킬 산업은 과연 무엇이 될까요?

★ 고도(高度)
수준이나 정도 따위가 매우 높거나 뛰어남

★ 첨단(尖端)
시대의 학문 유행 등의 맨 앞

★ 첨단 산업(尖端産業)
다양한 기술이 많이 필요하고, 기술 개발이 곧 산업 전체의 발전이 되는 산업 분야

■ 다음 상품들이 주로 생산되었던 시기를 앞에서 배운 우리나라의 산업 발달 과정을 떠올려보며 연결해 볼까요?

자동차	● — ●	1950년대
컴퓨터	● — ●	1960년대
쌀	● — ●	1970년대
로봇	● — ●	1980년대
신발	● — ●	1990년대
선박	● — ●	2000년대 이후

한 줄 정리

- ☑ **경공업**: 생산물의 무게가 가벼운 물건을 만드는 공업
- ☑ **중공업**: 제품의 부피에 비해 중량이 상대적으로 무거운 것을 만드는 공업
- ☑ **1차 산업**: 자연환경에 직접 노동력을 투입해 필요한 물품을 얻거나 생산하는 산업
- ☑ **2차 산업**: 1차 산업에서 얻은 생산물을 가공하여 생활에 필요한 것을 만드는 산업
- ☑ **3차 산업**: 1, 2차 산업에서 생산된 물품을 소비자에게 판매하거나 각종 서비스를 제공하는 서비스 산업

15 국제 경제

자유와 보호, 어떤 게 필요할까?

- 자유 무역과 보호 무역

'한한령'으로 수출 길이 막힌 한류

2016년부터 이어져 온 중국의 '한한령'이 여전하다. 한한령(限韓令)이란 중국에서 내린 '한류 제한 명령'이라는 뜻의 경제 정책이다. 이에 따라 한국에서 제작한 콘텐츠나 한국 연예인의 중국 방송 출연이 금지되었고, 여행사에서는 한국으로 떠나는 단체 관광 상품을 판매할 수 없게 되었다. 이것은 2016년 한반도의 사드(고고도 미사일 방어 체계) 배치에 중국이 반발하며 내린 조치*였다.

전문가들은 중국이 한한령을 한동안 유지할 것이라 판단한다. K-콘텐츠의 힘이 무척 강해졌기 때문이다. 우리나라는 영화, 드라마, 음악 분야에서 6년 전보다 훨씬 더 큰 성장을 거두었다. 사실 이미 많은 중국인들이 우리나라 문화를 암암리*에 즐기고 있기에 한한령을 해제하는 순간, 중국의 문화 산업은 상당한 타격을 받을 수밖에 없다.

그러므로 몇몇 전문가들은 지금의 한한령은 이미 '보호 무역'이라고 봐야 한다고 말한다. 중국 스스로를 지키기 위한 정책이라는 것이다. 그러나 중국은 늘 자신들이 '자유 무역의 수호자'라고 선언해 왔기에 이 정책은 무척이나 모순*이라고 할 수 있다.

★ 조치(措置) 어떠한 사태를 대처하기 위한 계획이나 수단
★ 암암리(暗暗裡) 남이 모르는 사이
★ 모순(矛盾) 어떤 사실의 앞뒤가 맞지 않음

중국의 한한령으로 우리나라의 여행, 게임, 연예 산업은 큰 피해를 보았어.

보호와 자유, 무엇이 나라에 더 이익이 되는 걸까?

위 기사에 나오는 '사드(THAAD)'는 앞선 글에서도 잠시 등장했었는데요. 쉽게 말하면 적의 미사일이 우리 땅에 떨어지기 전에 공중에서 우리의 미사일로 그것을 맞추어 폭파시키는 방어 무기예요. 그런데 미국이 2016년에 사드를 우리나라에 배치할 것을 요구했습니다! 북한으로부터 주한 미군★과 우리나라를 보호해야 한다면서요. 우리나라는 고민 끝에 미국의 요구를 받아들이고 경상북도 성주에 사드를 배치했지요. 그러자 중국은 자신들을 위협하는 무기를 설치했다며 한한령을 내린 거예요. 이로 인해 우리나라의 수출 길이 막히면서 지금까지도 많은 기업이 피해를 보고 있습니다. 중국의 '한한령'은 자유 무역일까요, 보호 무역일까요?

★ **주한 미군(駐韓美軍)**
6.25 전쟁 이후 '한미 상호 방위 조약'에 따라 우리나라에 머물며 한반도를 지키고 있는 미군 부대

국가의 간섭을 최소화하는 자유 무역

여러분들은 맛있는 간식의 유혹이 밀려오면 어떻게 하시나요? 용돈이 있다면 자유롭게 음식을 살 수 있겠지요. 그런데 혹시 돈이 있어도 부모님의 반대 때문에 사 먹지 못한 경우는 없었나요? '국가 간의 거래'인 무역도 부모님 같은 역할을 하는 정부가 어떤 입장을 지니느냐에 따라 2가지 형태로 구분할 수 있어요.

내 용돈의 범위에서 하는 소비를 부모님이 자유롭게 허락해주시듯 '자유 무역'은 정부의 간섭★을 최소화해 자유로운 거래가 이루어지는 무역을 말해요. 여기서의 간섭은 어떤 걸 의미할까요? 보통 외국에서 자기 나라로 들어오는 물품에 세금을 부과하거나 수량을 제한하고, 아니면 아예 수입을 금지하는 것

★ **간섭(干涉)**
둘 사이의 일에 부당하게 참견함

★ 장벽(障壁)
장애가 되는 것이나 극복하기 어려운 것을 비유함

★ 유해(有害)
해로움이 있음

★ 부과(賦課)
세금이나 부담금 따위를 매기어 내도록 함

을 가리킵니다. 이렇게 정부가 간섭을 하게 되면 국가 간 거래에는 장애물이 생기는 거겠지요? 이러한 장벽★을 낮추는 것이 자유 무역인 셈이지요.

물론 유해★ 식품, 총기류, 마약같이 위험한 물품들이 들어오는 것은 정부가 통제하고 수입을 막아야 하겠지요. 이런 최소한의 간섭을 제외하고는 최대한 자유롭게 국경을 넘어 기업 간의 또는 개인과 기업 간의 무역이 이루어지지요.

우리나라의 산업을 지키는 보호 무역

여러분의 간식 예시를 다시 생각해 볼까요? 만약 부모님이 간식을 사려는 내 소비를 반대한다면 그 이유는 무엇일까요? '간식부터 먹으면 배탈 난다', '건강에 나쁘다' 뭐 이런 이유겠지요? 결국 나의 건강을 보호하기 위한 제재인 셈이에요!

'보호 무역'은 자유 무역과는 달리 외국에서 들어오는 수입품에 대해 정부가 간섭하는 것입니다. 보호 무역을 실시하는 나라들은 외국에서 국내로 들어오는 물품에 세금을 부과★해요. '관세'라고 부르는 이 세금은 국경을 통과할 때 부과하는 일종의 통행세 같은 거예요.

관세는 어떤 효과가 있을까요? 만약 어떤 수입품에 관세가 부과되면 그 상품이 국내에 들어올 때는 부과된 관세만큼 수입품 가격이 비싸지겠지요? 회사 입장에서는 이익을 줄일 수 없을 테니까요. 이렇게 되면 관세를 신경 쓸 필요가 없는 국내 기업의 경쟁력이 높아져요. 즉 관세는 수입품의 가격을 비싸게 만들어 국내산 소비를 장려하는 효과를 발생시킵니다. 그래서 자국의 기업 및 해당 산업 전체를 보호하는 효과가 발생하게 돼요. 게다가 관세를 받으면 국가 수입도 증가하니 일거양득★이 되겠군요!

보호 무역의 종류에는 관세를 매기는 방법 말고도 아예 수입량을 제한하거나 절차를 까다롭게 하여 수입을 최소화되도록 유도하는 방법도 있답니다. 이러한 정부의 조치들은 국내 산업과 기업을 보호하려는 목적으로 실시되는데요. 앞에서 살펴보았던 중국의 '한한령'은 결국 영화 드라마, 음악 등 우리나라 문화 산업의 수입을 억제하고, 자국(중국)의 관련 산업을 보호하려는 조치로 보호 무역의 한 형태라고 볼 수 있습니다.

★ 일거양득
(一擧兩得)
한 가지 일로써 두 가지 이익을 얻는다는 뜻

어떤 게 우리나라에 더 좋을까?

사실 보호 무역이든 자유 무역이든, 어느 한쪽만이 더 유리하다고 할 수는 없어요. 실제로 무역의 역사를 확인해 보면 자유 무역과 보호 무역이 번갈아 가면서 유행했다는 것을 알 수 있는데요. 서로 장단점이 뚜렷하게 존재하기 때문이랍니다.

자유 무역을 주장하는 사람들은 국내에서 생산하기 어려운 물건은 수입하고, 국내에서 생산하기 쉬운 상품은 수출하면 모든 국가가 이익을 볼 수 있다고 말해요. 이때 무역 대상에는 물건이나 서비스뿐만 아니라 기술과 노동, 자본의 이동도 포함돼요. 수많은 외국인 노동자들은 더 많은 임금을 받기 위해

협력적인 국제 사회!
다양한 기술 유입!

자유 무역이 효율적이라고!

국내 산업 발전!
자체 기술 개발!

보호 무역이 안전하다고!

우리나라로 왔는데요. 국내 기업도 외국인 노동자 덕택으로 인건비를 줄일 수 있었지요. 이 경우가 바로 노동력을 수입한 것이라고 볼 수 있어요.

하지만 값싼 인건비만 생각해 모든 국내 기업이 외국인 노동자들만 고용한다면 어떤 문제가 발생할까요? 국내 노동자들이 일할 자리가 사라지고 말 거예요. 또한 우리나라만의 기술 발전은 더뎌지고 경쟁에서 밀려날 가능성이 큽니다.

그래서 보호 무역이 필요하다고 주장하는 사람들도 있어요. 거대한 해외 기업들과의 경쟁으로 인해 우리나라의 크고 작은 회사들은 결국 파산할 거라고 말이에요. 그럼 정부는 자국의 유치★산업과 기업을 보호하기 위해 수입을 억제하고, 유리한 분야는 수출을 늘려 나가려 하겠지요. 그렇지만 모든 나라가 보호 무역만 하려고 한다면 활발한 거래가 오고 갈 수 없어요. 결국 전 세계가 무역의 확대로 인한 장점을 누리기 위해서는 국제적인 협력과 신뢰를 서로 쌓아가는 것이 중요하답니다!

★ **유치(幼稚)**
나이가 어리거나 미숙함

★ **유치산업(幼稚産業)**
미래에는 성장이 기대되지만, 지금은 수준이 낮아 국제 경쟁에 살아남기 어려운 산업

더 알고 싶어요!

더욱 자유로운 무역을 위해 '자유 무역 협정(FTA)'

'자유 무역 협정(FTA, Free Trade Agreement)'이란 뉴스에 무척 많이 등장하는 용어로, 나라와 나라 사이의 모든 무역 장벽을 줄이거나 아예 없애서 자유롭게 무역하자는 약속을 말해요. 그래서 자유 무역 협정이 이루어지면 관세를 없애거나 줄여서 두 나라의 국민들은 싼값에 물건을 살 수 있게 되지요. 우리나라는 2004년 칠레를 시작으로, 미국과 캐나다 등 다양한 나라와 FTA를 체결했어요. 아직 협상 중인 FTA도 여러 건이 있고요!

무역을 하다 문제가 생기면 '세계 무역 기구(WTO)'

'세계 무역 기구(WTO, World Trade Organization)'는 전 세계적인 경제 발전을 목적으로 1995년에 만들어진 국제기구예요. 현재는 164개국이 회원국으로 가입되어 있답니다. 당연히 우리나라도 회원국이에요! WTO는 자유 무역을 지향하며, 공정한 무역을 방해하는 국가 행위나 제도를 고치기 위한 다양한 활동을 해요. 또한 회원국들 사이에 무역에 관한 분쟁이 발생하면 이를 조정하는 심판자의 역할을 하며, 재판 결과에 따라 벌금도 부과할 수 있는 힘이 있답니다!

생각 플러스

A 무역을 통한 이익을 다 함께 누리기 위해서는 자유 무역이 바람직해. 경제적으로 자국에 유리할 뿐만 아니라 국제 경제에서도 유리해.

시골에서 포도 농사를 지으시는 할아버지께서 칠레에서 수입하는 값싼 포도 때문에 많이 힘들다고 하셨어. 외국과의 경쟁에서 불리한 분야는 보호해야지.  B

C 무역이 확대되면 다양한 물건이 들어올 테니 내가 좋아하는 걸 골라서 살 수 있어!

무역을 할 때 경쟁이 치열해지면 선진국만 살아남지 않을까? 선진국에 유리하다면 결국 국가 간 빈부 격차가 커질 거야. D

■ 생각이 비슷한 친구끼리 묶어 볼까요?

 A　　 B

 C　　 D

■ 친구들의 대화를 본 뒤, 여러분의 생각을 정리해 보세요.

내 생각은

한 줄 정리

☑ **자유 무역**: 국가 간 물건을 사고팔 때 정부의 간섭을 최소화하는 무역 제도
☑ **보호 무역**: 국가 간 물건을 사고팔 때 자국의 산업을 보호하기 위해 정부가 개입하는 무역 제도

16 주식이 곧 투자를 뜻할까?

금융 활동

— 주식과 주식회사

미성년 주식 투자자, 2년 사이 234% 증가

투자의 접근성*이 좋아지고, 일찍이 경제 교육을 시키는 분위기가 조성*되면서 미성년 주주들도 꾸준하게 증가하고 있다. 그 덕에 2019년에 4만 9,000명이던 고객 수는 2022년 상반기*에 16만 3,000명으로 234% 증가했다. 그들은 성인에 비해 장기 투자 성격이 강하며, 일상생활에서 쉽게 접할 수 있는 기업들의 주식을 사들인 것으로 나타났다. 업계 관계자들은 젊은 세대의 투자 비중이 높아진 만큼 미성년 고객도 계속 증가할 것으로 예상된다고 전망을 밝혔다.

★ **접근성**(接近性) 어떤 것에 접근해 편하게 이용할 수 있는 정도
★ **조성**(造成) 분위기 등이 만들어짐
★ **상반기**(上半期) 한 해나 어떤 기간을 둘로 나눌 때에 앞의 절반 기간 (반대말: 하반기)

투자가 주식과 무슨 상관이지? 주식을 사는 게 투자인가?

그럼 투자에 실패한다는 건 주식을 못 샀다는 건가?

여러분의 주변에는 주식 거래를 해 보았다는 친구가 있나요? 아니면 여러분 스스로가 해 보신 적이 있나요? 과거에 주식 투자라는 것은 성인들만 하는 거라고 생각했지만, 위 기사 속 내용처럼 처음으로 주식을 경험하는 연령은 점차 낮아지고 있습니다. 기술이 발전하면서 스마트폰으로도 주식을 사고팔 수 있어진 만큼 앞으로 주식 분야는 여러분의 일상에 쉽게 녹아들 거예요! 그날을 대비하기 위한 공부를 해 볼까요?

주식회사가 발행한 주식을 사는 것이 투자!

어떤 회사가 운영되기 위해서는 돈이 필요합니다. 만약 연필을 만드는 회사라면 연필의 재료도 구매해야 하고, 연필을 만들 공장도 세워야지요. 이렇게 회사에 필요한 돈을 마련하는 데에는 다양한 방법이 있어요. 그중 하나가 바로 회사에 투자해 줄 사람, 즉 투자자를 모집하는 거예요! 이때 회사에 투자한 투자자에게 '우리 회사는 당신의 투자를 받았습니다'라는 증거로 문서를 발행해 줍니다. 이 문서를 크게는 '증권'이라고 불러요. 그리고 만약 투자한 대가로 그 회사의 지분★을 받게 되었을 경우, 그때 그 증권을 바로 '주식'이라고 부릅니다. 다시 말해 회사가 발행한 주식을 산다는 것은 그 회사에 투자하는 거예요.

★ **지분(持分)**
어떤 것을 함께 소유할 때 각자 소유하는 몫

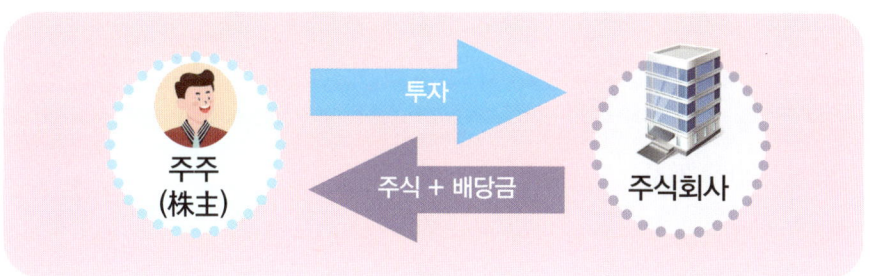

그럼 기업과 투자자는 어떤 관계를 가질까요? 앞서 말한 것처럼 기업은 경영에 필요한 자본을 마련하기 위해 주식을 발행해 투자자에게 판매합니다. 투자자는 주식을 구매하면서 회사에 그 값을 내고요. 이렇게 주식을 가진 투자자를 주식의 주인이라는 뜻으로 '주주'라고 불러요. 투자자가 낸 돈으로 경영이 이루어지니, 주주는 구매한 주식의 양만큼 기업을 소유하는 것과 마찬가지입니다. 그리고 주인이라는 이름답게 그 회사의 경영에 결정권을 휘두를 수 있

★ 배당금(配當金)
주식회사가 회사의 이익금을 주주에게 나누어 주는 돈

어요. 또한 투자한 금액에 비례하는 회사의 이익을 '배당금'★이라는 이름으로 받을 수 있답니다.

더 알고 싶어요!

10대 투자자가 되기 위한 절차

우선 주식 투자를 하려면 증권 회사의 계좌를 개설★해야 합니다. 그런데 미성년자가 증권 회사의 계좌를 개설하는 것은 성인이 개설할 때보다 더 복잡해요.

① 주민 센터에서 기본 증명서와 가족 관계 증명서를 발급받기
② 위 서류, 본인과 보호자의 신분증, 본인의 도장을 챙겨 보호자와 함께 증권사 방문하기

★ 개설(開設)
은행에서 새로운 계좌를 마련하는 일

굉장히 복잡하지요? 이렇게 절차가 복잡한 이유는 주식 투자를 하게 될 경우 원금★을 잃을 수 있기 때문이에요. 그 위험성을 여러분이 충분히 이해하고 감당할 수 있는지 여러 번 확인받는 것이지요!

★ 원금(元金)
장사나 사업을 할 때 밑천으로 들인 돈을 전문적으로 이르는 말

내가 구매한 주식, 10년 뒤에도 같은 가격일까?

'투자에 실패했다'라는 건 어떠한 경우일까요? 주주는 자신이 구매한 주식을 다른 사람에게 판매할 수도 있어요. 사고팔 수 있다는 것은 시장이 존재한다는 뜻입니다. 그렇게 주식을 사고팔 수 있는 시장이 '증권 거래소'예요. 주식의 가격은 어떻게 결정되느냐고요? 이제는 익숙하겠지요, 가격이니 수요와 공급의 영향을 받아 시시각각 바뀌어요!

아까 말한 연필 회사 A를 다시 떠올려 볼까요? A 회사의 연필이 대박이 났다고 생각해 보세요. 판매량이 늘어나 회사의 이익이 커지면 자연스럽게 배당금은 늘어날 거예요. 투자를 많이 한 사람은 배당금을 많이 받게 될 거예요. 그럼 이 회사의 주식을 원하는 투자자가 늘어날 겁니다. 투자자라면 모두가 A 회사의 주식을 사고 싶어 할 겁니다.

하지만 여기서 잠깐! 사실 어느 회사의 주식에는 마치 물건처럼 개수가 정해져 있어요. 그러니 살 수 있는 주식의 개수는 정해져 있는데, 사겠다는 사람이 많아지면 주식 가치가 높아져서 가격은 오르게 됩니다. 이렇게 주주는 배당금 말고도 싸게 산 주식을 비싸게 팔아서 이익을 얻을 수도 있습니다.

반대로 이런 상황을 상상해 볼게요. A 회사의 연필에 불량품이 무척 많다는 사실이 밝혀졌습니다. 이제 문구점에서 가장 잘 팔리는 연필은 다른 회사의 제품이 되어 버렸지요. 고객이 줄어드니 당연히 판매량은 줄어들고, 주주들에게 돌아오는 배당금도 적어졌습니다. 그럼 투자자들도 서서히 기대감이 사라질 거예요. 어느 회사의 주식을 사겠다는 사람보다 팔겠다는 사람이 더 많아지면 주식의 가치가 낮아져 가격은 떨어지게 됩니다. 만약 비싼 값에 주식을 샀던 투자자가 같은 주식을 절반밖에 되지 않는 가격에 판다면 손해를 보게 되겠지요? 이렇게 주식을 사고파는 과정에서 이익을 볼 수도 있고 손실을 볼 수도 있답니다.

어느 회사에 투자하는 게 좋은 걸까?

앞서 말한 것처럼 한 회사의 주식에는 정해진 개수가 존재합니다. 주식의 단위는 '주'로, 곧 1주(또는 한 주)는 주식을 사고팔 수 있는 최소 단위인 주식 한 개를 가리켜요. 그리고 그 1주의 가격을 '주가'라고 부릅니다. 그럼 주가가 가장 높은 회사가 가장 규모가 큰 회사일까요? 아니요, 주가가 높다고 기업의 가치가 높다고 볼 수는 없어요!

기업의 가치를 평가하고 비교할 때에는 특별한 기준이 필요한데요. 그중 하나가 '시가 총액'을 알아보는 거예요. 시가 총액이란 '특정한 시기(時)의 가격(價)을 모두 합친 액수(總額)'라는 뜻입니다. 여기서 말하는 가격은 증권 거래소에서 그날 마지막으로 거래된 금액인 '종가'를 가리킵니다. 그렇게 현재 시장에 나와 있는 주식의 총 금액을 평가하는 것이 바로 시가 총액입니다.

주가(종가) × 주식 수 = 시가 총액

A회사 vs B회사, 어느 쪽이 더 큰 기업일까?

	A회사	B회사
주가(종가)	9,000원	12,000원
주식 수	200주	120주
시가 총액	?	?

※ 답: A 회사의 시가 총액은 180만 원(9,000원×200주)이고 B 회사는 144만 원(12,000원×120주)이므로, A가 B보다 기업 가치가 더 큰 회사예요!

　세계적인 투자 전문가 워런 버핏(Warren Buffett)은 기업의 진짜 가치를 보고 투자해야 한다고 말했어요. 현재의 가치에 미래의 가치까지 고려하라는 것이지요. 5년, 10년, 20년 후에도 계속해서 성장할 것으로 예상할 수 있는 기업의 주식을 합리적인 가격에 산다면 미래에 이득을 볼 수 있을 테니까요.

　따라서 주식을 살 때에는 그 기업에 대해 잘 알고, 우리 주변을 둘러싼 경제 상황에도 관심을 가져야 합니다. 다른 사람의 이야기만 듣고 잘 모른 채 투자를 하거나, 남들의 말만 듣고 투자하는 '묻지 마 투자'를 하는 것도 주의해야 합니다. 여러분이 투자한 주식회사의 주가가 떨어지면 손해를 볼 수도 있고, 하물며 회사가 망하기라도 하면 여러분이 투자한 원금은 공중에 사라지게 될 테니까요!

생각 플러스

역대 시가 총액 상위 기업

	1995년	2020년
1	한△전력공사	삼△전자
2	삼△전자	△△하이닉스
3	포△종합제철	삼△바이오로직스
4	△△중공업	네△버
5	△△이동통신	△트리온
6	L△전자	L△화학
7	현△자동차	삼△SDI
8	유△ 기업	현△자동차
9	신◇은행	카△오
10	조△은행	L△생활건강

출처: 한국거래소

    2020년 국내 기업의 시가 총액 순위를 보면 IT 기업과 제약 회사가 눈에 띄네요. 1995년에는 중공업 기업과 은행 등 금융 기업이 상위권이었답니다. 당시 상위권에 있었던 기업 중에는 지금은 역사 속으로 사라진 곳도 있어요. 우리나라의 주요 산업 형태가 2차 산업에서 3차 산업 그리고 4차 산업으로 점차 바뀌었기 때문이에요. 이처럼 주가는 우리 사회의 변화를 반영하고 있답니다. 10년 후, 20년 후에는 어떤 분야의 기업이 상위권에 존재할까요?

■ 지금의 시가 총액 순위를 검색해서 확인한 뒤에, 미래를 예측해 보세요!

한 줄 정리

☑ **주식**: 기업이 운영에 필요한 돈을 마련하기 위해 투자자를 모집하고, 투자자들에게 투자받았다는 증거로 발행하는 문서
☑ **시가 총액**: 상장 주식을 시가로 평가한 총액

17 사람마다 돈을 모으는 방법은 달라!

금융 활동
— 수익성과 유동성, 안정성

통계청 발표에 따르면 올해 소비자 물가 상승률은 2.5% 수준으로, 생활 물가 지수는 작년 대비 3.2% 올랐습니다. 반면 임금 상승률은 3.9%라서 명목 임금★이 상승했지만, 물가도 함께 올랐기 때문에 실질 임금★이 늘어났다고 느끼기 어렵습니다.

★ 명목 임금(名目賃金) 물가 상승을 고려하지 않고 단순히 화폐 액수로 나타낸 근로자의 임금
★ 실질 임금(實質賃金) 임금의 실질적인 가치를 나타내는 금액
★ 실질(實質) 실제 사실을 이루는 진짜 바탕

물가는 상승하는데, 월급은 '제자리걸음'

지금 같은 상황에서는 예금이 유리할까요, 주식 투자가 유리할까요?

저는 수익률 좋은 펀드를 생각하고 있어요.

여러분에게는 아직 먼 이야기겠지만, 직장인들은 종종 "월급만 빼고 다 올랐다"라는 한탄을 하곤 합니다. 그런데 분명 월급이 조금이라도 올랐을 사람도 이런 말을 하는데요. 그 이유는 월급이 올랐어도 물가가 더 많이 올랐다면 결

국 실제로는 임금은 오르지 않은 셈이기 때문이에요. 이처럼 물가 상승은 돈의 가치에 영향을 줍니다. 따라서 자산★을 더 불릴 요량★으로 투자 열풍이 불기도 합니다. 기자님들도 직장인인 만큼 위 뉴스를 보며 예금과 투자, 펀드 가운데 무엇이 유리할지를 고민하고 있네요! 무턱대고 남들이 하는 대로 따라하는 것은 위험해요. 각자 자산을 관리하는 방법은 다르답니다.

★ 자산(資産)
개인이 소유하고 있는 모든 형태의 재산

★ 요량(料量)
앞일을 잘 헤아려 생각함

돈을 관리하는 자산 관리

여러분들은 용돈을 받으면 어떻게 보관하고 있나요? 저금통에 차곡차곡 현금으로 가지고 있거나, 부모님께 모든 관리를 맡기고 있나요? 아마 부모님께서 돈을 관리하는 방법은 여러분보다 훨씬 다양할 거예요. 은행에 돈을 저금해 두거나 앞에서 배운 주식처럼 '금융 자산'으로 보유하고 있을 수도 있고요. 부동산, 금, 자동차 같은 '실물 자산'으로 보유할 수 있어요.

실물 자산

금융 자산

그런데 만약 내가 모아 둔 용돈은 그대로인데, 여러분이 사려고 했던 스티커 가격이 올라간다면 어떨까요? 살 수 있는 스티커의 개수가 줄어들었기 때문에 돈의 가치가 하락한 거예요. 15년 전만 해도 천 원짜리 지폐 1장이면 어른도 지하철을 탈 수 있었지만 지금은 천 원이 훌쩍 넘어서 탈 수 없어요. 천 원으로 할 수 있는 일이 줄었다는 것은 천 원의 가치가 달라진 거지요. 이처럼 대체로 가격은 상승하는 경향이 있기 때문에 자산 가치가 하락하지 않도록 관리하는 것이 중요합니다. 그렇다면 금융 자산이나 실물 자산 등 다양한 자산의 형태로 돈을 관리할 때 무엇을 고려해야 할까요?

자산 관리의 3가지 요소

내 돈을 어떤 유형으로 가지고 있을지, 그것을 언제 구입하거나 처분할지를 결정할 때에는 **자산 관리의 3가지 요소**를 따져 봐야 해요! 바로 안정성, 수익성, 유동성입니다.

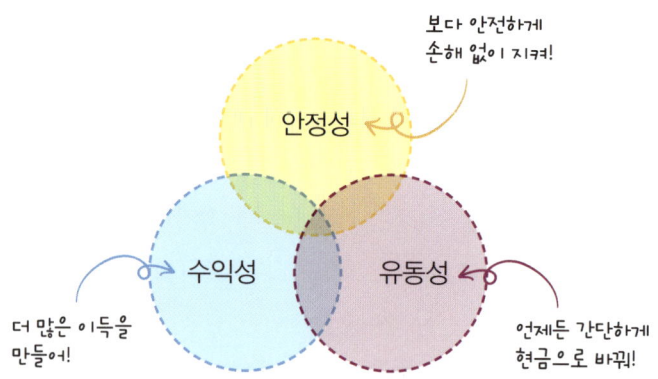

'**안정성**'이란 **자산의 원래 가치가 줄어들지 않을 가능성**을 의미해요. 여러분에게 만 원이 생겼을 때, 그걸 1년 동안 그대로 저금통에 넣어 현금으로 보관한다면 어떨까요? 1년 뒤에도 여전히 만 원이겠지요. 이렇게 손실이 발생할 가능성이 낮은 경우 안정성이 높다고 볼 수 있어요. 그런데 이때도 손실이 아예 발생하지 않은 것은 아니에요. 앞선 신문 기사처럼 1년 사이에 물가가 많이 오른다면 만 원의 가치가 낮아진 것이니 손실이 발생한 것일테니까요!

'**수익성**'이란 **자산 가치가 상승하거나 수익을 거둘 수 있는 정도**를 의미해요. 누군가에게 자산을 빌려주고 그 대가로 이자★를 얻는 것도 여기에 속하지요. 그런데 일반적으로 높은 수익을 기대할수록 원금을 손실할 수 있는 가능성이 높아지기 때문에 안정성이 낮은 경우가 많습니다.

마지막으로 '**유동성**'이란 **자산을 쉽고 빠르게 현금으로 바꿀 수 있는 정도**를 의미해요. 건물이나 땅 형태의 자산을 가리키는 부동산(不動産)은 말 그대로 '움직여 옮길 수 없는 재산'이라는 뜻인데요. 이러한 부동산이 대표적으로 낮은 유동성의 재산이랍니다. 왜냐하면 어느 한 지역에 묶여 있는 건물이나 땅은 모두가 사려고 하지 않고 특별히 그 지역을 원하는 사람만 사려고 하니까요. 또한 부동산은 고가라서 내가 원할 때 팔아서 현금화하기가 어렵기도 해요.

★ **이자(利子)**
남에게 돈을 빌려 쓴 대가로 치르는 일정한 비율의 돈

자산을 관리하거나 투자를 할 때는 이 3가지 요소를 잘 따져서 결정하는 것이 가장 중요해요. 높은 수익성만 추구하면 원금 손실이 커져서 안정성이 낮아지고 또 안정성만 고려하다 보면 유동성이 낮아 급하게 현금이 필요할 때 곤란한 상황이 발생할 수도 있어요.

금융 자산의 종류: 예금, 주식, 펀드!

여러분들 중에는 자신의 이름으로 은행에서 발급한 통장을 갖고 있는 친구들도 있을 텐데요. 이처럼 은행 같은 금융 회사의 저축 상품에 돈을 맡기는 것을 '예금'이라고 합니다. 예금을 하면 금융회사는 돈을 맡겨 두는 기간에 따라 원금의 몇 퍼센트씩 이자를 준답니다. 주식이나 펀드보다 수익성은 낮지만 원금 손실없이 이자까지 받을 수 있는 거지요. 그런데 예금은 그냥 돈을 은행에 넣어 둘 뿐인데 어떻게 수익을 내는 걸까요?

여러분이 우선 은행에 돈을 맡기면, 은행은 돈이 필요한 다른 사람이나 기업에게 모아 둔 자신들의 돈을 빌려주는데요. 이렇게 대출★을 받은 사람은 빌린 기간이 길어질수록 일정한 비율로 이자를 내게 되고, 그 이자 가운데 일부가 여러분에게 가는 거랍니다.

은행에 돈을 저축하는 또 다른 방법으로는 '적금'이 있어요. 적금이란 매달 정해진 금액을 정해진 기간 동안 입금하여 돈을 모으는 상품이에요. 그렇게 돈을 차곡차곡 모으다가 기간이 만료★되면 여러분이 모은 원금과 그에 상응하는 이자를 계산해 받을 수 있지요! 대신 그 기간을 다 채우지 못하면 이자를 적게 받게 되어요. 그래서 적금은 1년 이상 보관하기 때문에 유동성은 낮지만, 일반 예금보다는 높은 이자율이 적용되어요.

주식은 이미 배운 것처럼 주식회사가 필요한 돈을 마련하기 위해 투자자를 모집하고, 투자자들에게 그 증거로 발행하는 문서를 말하지요. 예금보다는 높

★ 대출(貸出)
돈이나 물건 따위를 빌려주거나 빌림

★ 만료(滿了)
기한이 다 차서 끝남

은 수익률을 기대할 수 있지만, 주식은 가격 변동이 크기 때문에 안전성이 낮아요. 이러한 주식에 직접 투자하려면 다양한 정보를 알아야 하는데, 이를 수집하고 분석하기 어렵다면 전문가에게 맡길 수도 있어요. '펀드'가 바로 투자 전문가들이 투자자들로부터 얼마씩 돈을 받아 대신 투자를 해 주는 상품이에요. 이 또한 투자이기 때문에 물론 원금을 잃을 수도 있어요.

우리나라 법에서는 주식을 거래하거나 펀드에 가입하기 위하여 금융 회사에 계좌를 개설하려면 투자 성향을 파악하도록 하고 있어요. 투자를 한다는 것은 미래를 위해 현재 소비를 억제하는 거예요. 그런데 선택에 따라 고생해서 모은 돈을 잃을 수도 있으니, 당장에 다 써도 생활에 문제없는 여윳돈★인 게 좋겠지요? 그러므로 투자를 할 때는 자신의 돈이 얼마나 있는지, 자신의 성향에 따라 어떤 금융 상품에 얼마나 투자할지를 신중하게 결정해야 해요!

★ **여윳돈(餘裕돈)**
넉넉하여 남는 돈

생각 플러스

■ 나에게 가장 중요한 자산 관리 요소는 무엇일까요? 빈칸에 부등호를 넣어 보세요.

수익성 ☐ 안정성
안정성 ☐ 유동성
유동성 ☐ 수익성

= 가장 중요한 요소는 _____ 이다.

■ 이제 위에서 결정한 기준에 맞게 어떻게 자산을 분배할 것인지 생각해 볼까요? 여러분에게 100만 원이 있다고 생각하고, 아래 원 그래프를 나누어 분배해 보세요.

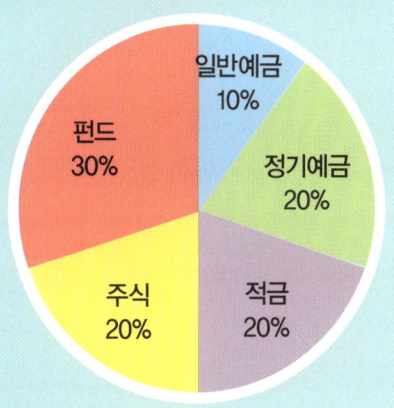

----- **한 줄 정리** ■

☑ **수익성**: 자산 관리에 있어 수익을 거둘 수 있는 정도
☑ **안정성**: 자산 관리에 있어 원금 손실이 발생하지 않을 가능성
☑ **유동성**: 자산 관리에 있어 자산을 쉽고 빠르게 현금으로 바꿀 수 있는 정도

18 현금 없이도 물건을 살 수 있다!

금융 활동 — 신용과 신용카드

사회 초년생, 신용 카드 써도 괜찮을까?

사회 초년생*들은 소득이 생기면서부터 신용 카드를 사용하게 되는데 만약 체크 카드와 신용 카드를 함께 사용하면 '신용 점수'를 잘 관리할 수 있다.

우선 신용 카드로 결제하고 연체* 없이 상환*만 한다면 신용 평가가 올라간다. 연체가 없다는 것은 고객이 좋은 신용도를 유지했다는 뜻이므로 카드사는 고객을 신뢰할 수 있게 되기 때문이다. 신용 카드를 사용하면 할부* 등 이용한 유연한 소비가 가능하고 신용 점수를 높일 수 있지만 책임이 뒤따른다는 것을 유의해야 한다.

★ **사회 초년생(社會初年生)** 사회에 나와 일을 시작한 지 얼마 되지 않은 사람
★ **연체(延滯)** 정해 둔 기한에 약속을 지키지 못하고 지체함
★ **상환(償還)** 갚거나 돌려줌
★ **할부(割賦)** 돈을 여러 번에 나누어서 냄

연체, 상환… 신용 카드로 구매한다는 건 값을 바로 지불하는 게 아닌 건가?

맞아! 카드 회사가 대신 내고, 이후에 내가 그 금액을 카드 회사에 갚는 방식이야.

만약 여러분이 오늘 밤에 확실히 용돈을 받을 예정이라고 생각해 보세요. 그런데 그날 하굣길에 떡볶이가 너무 먹고 싶어진 거예요. 하지만 딱 100원이 모자라네! 그럼 어쩔 수 없이 그냥 돌아가야겠지요. '당장 집에 가면 분명히 용돈을 받을 텐데…' 하고 아쉬워하면서요.

이때 만약 여러분이 떡볶이 가게 사장님과 잘 알고 지내는 사이라면 어떨까요? 사장님께서 "그럼 내일 100원을 더 가져다주렴!"이라고 흔쾌히 말씀하셨다면? 맛있는 떡볶이도 먹고, 다음 날 맘 편히 모자란 돈을 가져다드리면 되겠지요. 이게 바로 신용 카드의 원리랍니다. 여기서 포인트는 바로 사장님께서 여러분이 누구인지 알고, 내일 정직하게 돈을 갚을 거라는 '신용'★이 있었기에 가능한 거래라는 거예요!

★ 신용
거래한 재화의 대가를 앞으로 치를 수 있음을 보이는 능력

금융 거래에서 중요한 신용

'금융 거래'란 돈을 주고받는 경제 활동이 가능하게 하는 것을 말해요. 보통 돈을 빌릴 때에는 빌려갈 금액, 빌리는 기간과 그 기간 동안 이자를 얼마나 치를 것인지를 정합니다. 금융 거래는 개인과 개인 간에도 이루어지지만, 은행이나 증권 회사, 보험 회사 같은 금융 기관을 통해서도 이루어집니다.

여러분에게 큰돈이 필요해 금융 기관에 대출을 받으려고 합니다. 그럼 은행은 나의 무엇을 믿고 돈을 빌려줄까요? 당연히 약속한 날에 제대로 갚을 수 있을지를 확인하겠지요. 이때 제대로 거래할 수 있는 능력 여부가 바로 '신용'입니다. 그리고 신용을 판단하기 위한 정보를 '신용 정보'라고 합니다. 신용 정보에 따라 빌려줄 수 있는 돈의 최대치와 이자도 달라진답니다!

대출 거래가 활발하면 우리 회사의 이익도 커지니까, 이 사람이 우리 회사를 자주 이용하도록 혜택이나 조건을 잘해 줘야겠다!

신용 평가가 높은 사람

혹시라도 이 사람이 빌려간 돈을 갚지 않으면 우리 회사의 손해가 커지니까 최소한의 돈만 빌려줘야겠어.

신용 평가가 낮은 사람

평소 신용이 좋았다면 대출 금액도 많아지고, 대출 이자율도 낮아져요. 왜냐하면 이만큼을 빌려가도 제때 갚을 거라는 신뢰가 있으니까요. 반대로 신용이 낮다면 대출 금액도 줄어들고, 대출 이자율도 높아져요. 더욱이 아예 금융 기관이 돈을 빌려주지 않는 경우도 있습니다. 금융 회사는 돈을 빌려줄 때 혹시라도 돌려받지 못할 위험을 피하기 위해, 그 사람의 신용 정보를 반드시 확인합니다. 그렇기 때문에 "누구나 전화 한 통화면 대출 가능", "신용에 관계없이 누구나 대출 가능!" 이렇게 말하는 광고는 거짓으로 과장된 것일 수밖에 없어요.

성명: 김 OO
주민 등록 번호: XXXXXX-XXXXXXX
직업 / 소득: 회사원 / 연봉 X000만 원
재산 내역: 자동차 1대, 주택 무소유
연체 내역: 0 건
세금 체납 내역: 0 건

그럼 신용 정보에는 어떠한 것들이 있을까요? 신용 정보는 개인이 누구인지 알 수 있는 성명, 주민 등록 번호를 비롯하여, 개인의 경제적 능력을 알려 주는 직업, 소득, 재산 등이 포함되어 있어요. 그리고 갚아야 할 돈을 연체한 적이 있는지, 돈을 빌리거나 물건을 구매하면서 생긴 금융 거래 정보들, 세금 또는 공공요금 등을 체납★한 적이 있는지도 나와 있지요. 금융 회사는 이러한 신용 정보를 바탕으로 '신용 점수'를 매기는데 1점부터 1000점으로 나뉘고 점수가 높을수록 우량★ 또는 우수 고객으로 평가합니다. 참고로 우리나라의 신용 점수는 만 18세가 되는 모든 개인에게 부여됩니다.

★ 체납(滯納)
세금 따위를 기한까지 내지 못하여 밀림

★ 우량(優良)
상태가 좋음

신용으로 물건을 구입할 수 있다고?

식당에서 맛있는 음식을 먹고 계산을 하는데 현금을 내미는 사람이 있는가 하면 네모난 카드를 내미는 사람도 있지요? 신용 카드 또는 체크 카드(직불형 카드)랍니다.

신용 카드가 있다면 일정한 날짜에 금액을 갚는다는 조건으로 현금 없이 물건이나 서비스를 구입할 수 있어요. 그래서 자유롭고 효율적으로 예산을 관리할 수 있다는 편리함이 있습니다. 회사에서 월급날이 매달 10일인데, 그 전에 물건을 구입해야 한다면 미리 물건을 구입하고 나중에 돈을 지불할 수 있으니까요. 하지만 과도한 신용 카드 사용은 조심해야 해요. 당장 갚지 않아도 된

★ 카드빚
과다한 신용 카드 사용으로 생긴 빚

★ 권장(勸獎)
권하여 장려함

다는 마음 때문에 현금이 충분하지 않은데도 물건을 사 버리는 경우가 많거든요. 그럼 가진 돈의 범위를 넘어서는 소비를 하고 마는 것이지요. 실제로 이러한 과도한 신용 카드 사용으로 가계의 카드빚★이 증가하고, 과소비를 조장하는 문제가 발생하였어요.

따라서 되도록이면 체크 카드를 권장★하는 사회적 분위기도 생겨났습니다. 체크 카드는 신용 카드와 달리 본인의 은행 계좌에 예금되어 있는 금액 내에서만 결제가 가능해요. 돈이 없으면 결제를 할 수가 없으니 과소비는 방지되고, 카드빚을 지는 일도 생기지 않겠지요? 물건이나 서비스를 제공받고 바로 값을 치른다는 점에서 '직불(直拂)형 카드'라고도 부릅니다.

더 알고 싶어요!

신용 카드의 원조?

1950년, 미국의 한 사업가가 뉴욕의 한 고급 식당에서 고객들을 초대해 저녁 식사를 대접했어요. 그리고 계산을 하려는데, 아뿔싸 지갑을 두고 와 낭패를 겪었지요. 이후에 그는 비슷한 경험을 한 사람들이 많다는 사실에 주목했습니다. 그래서 현금 없이 자신의 신용만으로 결제를 대신할 수 있는 수단을 떠올렸어요!

이것이 오늘날 신용 카드의 원조라고 불리는 '다이너스클럽(Diners Club) 카드' 이야기예요. 식사하는 사람들의 모임이라는 뜻답게, 이 카드는 식당에서 처음 사용되었고 점차 호텔, 오락 시설 등으로 확대되었어요. 당시에 신용 카드는 주로 고액 소득자만이 가질 수 있어서 카드를 갖고 있다는 것만으로도 부러움의 대상이었다고 해요.

■ 금융 거래에서 신용이 중요한 만큼 일상생활에서 약속을 지키는 일은 매우 중요해요. 우리 일상생활에서 이러한 신용을 지킬 수 있는 일들로 어떤 게 있을까요?

예시	도서관에서 책을 빌린 후 기한 내에 책을 돌려줍니다.
01	
02	
03	
04	
05	

■ 신용과 관련된 간단한 퀴즈를 한번 맞춰볼까요?

1. 신용 정보를 조회하면 신용 등급이 내려간다. (O, ×)

2. 공과금, 세금, 통신 요금 체납은 신용도에 영향을 준다. (O, ×)

3. A 은행에서 대출을 받았지만 B 은행, C 은행에서는 모를 것이다. (O, ×)

4. 연체금을 갚으면 신용도가 이전으로 곧바로 회복된다. (O, ×)

> **정답**
> 1번: ×, 신용 정보를 조회하더라도 신용 등급에 반영되지 않아요.
> 2번: O, 연체 정보로 기록되어 신용 등급에 영향을 미칩니다.
> 3번: ×, 신용 정보에는 모든 금융 회사에서 진행한 거래 정보가 나와요.
> 4번: ×, 과거 연체 기록은 일정 기간 보존돼요. 그래서 신용도가 바로 회복되지 않습니다.

한 줄 정리

- ☑ **신용**: 돈을 빌리는 사람이 미래에 빚을 갚을 수 있는 능력
- ☑ **신용 카드**: 현금을 대신하여 일정 기한 후 갚는 조건으로 물건이나 서비스를 구입하는 기능을 가진 카드

오늘의 미디어 문해력

1쇄 인쇄 2022년 10월 25일
1쇄 발행 2022년 10월 30일

지은이 전국사회교사모임
펴낸이 김영철
펴낸곳 국민출판사
등록 제6-0515호
주소 서울특별시 마포구 동교로12길 41-13(서교동)
전화 02)322-2434
팩스 02)322-2083
이메일 kukminpub@hanmail.net

ⓒ 국민출판사, 2022

ISBN 978-89-8165-645-4 73370

※ 이 책은 저작권법에 따라 보호받는 저작물이므로 무단전재와 무단복제를 금지하며,
  이 책의 전부 또는 일부를 이용하려면 국민출판사의 서면 동의를 받아야 합니다.
※ 잘못된 책은 구입한 서점에서 교환하여 드립니다.